第三次全球化浪潮

颠覆我们认知的全球经济重构

王世渝◎著

中国出版集团 | 全国百佳图书
中国民主法制出版社 | 出版单位

图书在版编目（CIP）数据

第三次全球化浪潮 / 王世渝著 . 一北京 : 中国民
主法制出版社, 2020.1
ISBN 978-7-5162-2155-6

Ⅰ . ①第… Ⅱ . ①王… Ⅲ . ①经济全球化—研究
Ⅳ . ① F114.41

中国版本图书馆 CIP 数据核字（2019）第 281320 号

图书出品人 / 刘海涛
出版统筹 / 周锡培
责任编辑 / 梁　惠　张　婷

书名 / 第三次全球化浪潮
作者 / 王世渝　著

出版·发行 / 中国民主法制出版社
地址 / 北京市丰台区右安门外玉林里 7 号（100069）
电话 /（010）63292534　63057714（营销中心）　63055259（总编室）
传真 /（010）63055259
http: //www.npcpub.com
E-mail: mzfz@npcpub.com
经销 / 新华书店
开本 / 32 开　880 毫米 ×1230 毫米
印张 / 9.125
字数 / 199 千字
版本 / 2020 年 2 月第 1 版　2020 年 2 月第 1 次印刷
印刷 / 北京新华印刷有限公司

书号 / ISBN 978-7-5162-2155-6
定价 / 59.80 元
出版声明 / 版权所有，侵权必究。

自序

　　写下这个书名的时候，我突然想起，在 1984 年，我还是一个风华正茂的青年，曾经读过一本风靡全球的未来学畅销书《第三次浪潮》。美国未来学家阿尔文·托夫勒的这本书，让 20 世纪 80 年代刚刚经历改革开放，如梦初醒的中国年轻人，无不激情昂扬，充满了"团结起来、振兴中华"的斗志。没敢想 35 年之后，我竟然斗胆来写《第三次全球化浪潮》这么一个沉甸甸的题目，这样的题目都是世界级的政治家、金融家、经济学者或者人文学者们探讨的话题，甚至，至今没有一个中国学者，写过一本全球化专著。我之所以敢给自己这么大的压力和挑战，还是因为这些年来在中国与全球范围资本市场的实践，让我有机会站在资本和产业的高度看到全球性的一些运动规律和逻辑。

　　《第三次浪潮》主要是写人类文明发展的三个阶段，从农耕文明、工业文明到信息文明。可我当初读这本书的时候，中国刚刚从农耕文明时代踏上现代工业文明。托夫勒先生这本书，对发达国家的工业文明和刚刚开启的信息文明前景的描述，让我感到非常遥远，中国与之相比有些望尘莫及，也令人深深地感慨中国和发达国家的巨大差距。

仅仅 35 年之后，作为亲历者，伴随着中国走进了工业革命中后期的同时，我们竟然和发达国家都进入到信息社会了。恍然如梦！

《第三次全球化浪潮》毫无疑问是一本关于全球化的书。今天的世界天天都在议论全球化，但是我们对全球化缺乏系统的理解和认识，尤其是中国！本书讨论的是第三次全球化浪潮，既然有第三次，那么前两次全球化浪潮何时发生、何时结束？两者之间有什么关联、什么规律？什么是第三次全球化浪潮？它和前两次之间有什么关系？我思考这些问题的时候才发现，目前，全球范围内也没有任何一个人对于三次全球化浪潮的起始、成因、内涵、作用、意义、运动规律进行全面、系统地认识和梳理。

什么是全球化？不同的时代，不同的人一定有不同的解读。

罗马的天主教皇一定认为，十字军的旗帜插到哪里，哪里就是他的全球化；成吉思汗也会认为，蒙古铁蹄踏过的地方，就是他的全球化；大英帝国女王的全球化，可能就是全球都是其殖民地；希特勒的全球化，就是法西斯战车碾压过的所有土地；美国的全球化，可能就是全世界都游荡着美国投资银行家和美国大兵，到处都是美国的产品。

强者的全球化，显示了强者的征服欲望；而弱者反对全球化，他们希望守护他们宁静的家园。全球化带来世界的繁荣和进步，也会带来战争和贫穷，美好的全球化愿景是一切善良、友谊、尊重、共同创造、共同分享、求同存异、勤奋智慧的结晶，丑陋的全球化意志是征服、奴役、掠夺、欺凌、杀戮的真实写照。

人类走到今天，没有人能够阻挡全球化，也没有任何力量能够让全球化的一切都是美好的。即使是再美好的全球化愿景，也不能保证全球化不会走偏、不会被利用、不会有阴谋和破坏。

写这本书的过程中，我一直在学习和理解"全球化"三个字的意义，也在不断深化我的全球化观念，与此同时，也发现这样一个高频的词语，我们对它的认知却很有限——我们觉得全球化离我们很近，触手可及；同时也觉得全球化离我们很远，不知道我们是不是需要全球化，更不清楚我们需要什么样的全球化。

全球化是一个世界命题，在国际学术界有很多论述和观点。诺贝尔经济学奖获得者约瑟夫·斯蒂格利茨所著的《让全球化造福全球》，对于全球化过程中出现的经济、环境、社会、全球治理问题进行了很多有意义的观察和思考，尤其是对于发展中国家在全球化过程中所遭遇的不公平待遇提出了尖锐的观点，同时提出了他的解决方案；哈佛大学教授托马斯·弗里德曼的著作《世界是平的》，提出了"全球化3.0"的划分，对于解读全球化系统也非常有借鉴意义；最新的一部著作是哈佛大学教授罗德里克的《全球化的悖论》，从全球化的多个维度，解读了全球化浪潮给我们今天带来的利弊。

近年来，不论是国际的，还是国内的学术界已经提出了关于第三次全球化浪潮的观点，有人认为是第四次全球化浪潮。不管是第几次，更多的观点还是希望把全球化浪潮规范在经济的全球化浪潮中，而不是全球性的征服、宗教传播或者战争。比较一致的观点是，学术界都认为已经过去了两次经济全球化浪潮，也认同第一次全球化浪潮开始于第一次工业革命，这次工业革命造就了世界上第一批发达国家，以英国为首的发达国家把科技和工业革命成果通过殖民地和简单的贸易方式推向全球，让全世界都分享了工业革命成果，同时，也建立了资本主义市场经济的基础。

第二次全球化浪潮开始于第二次世界大战之后，由美国推动的以电力技术、电子技术为核心的第二次、第三次工业革命取代了大英帝国的领导地位，通过复杂成熟的资本主义市场经济制度，开创了一个新的全球化时代。

但是第三次全球化浪潮有什么样的经济特征、和前两次全球化有什么区别、会带来什么结果、由谁领导、会不会掉进"修昔底德陷阱"？则有很多观点和争议。

全球化概念什么时候进入中国的，是谁把这个概念引进中国的，已经无从考证。多年来，中国的学术界缺乏对全球化的讨论，也缺乏在中国和世界范围内贡献关于全球化与中国的观点。作为一个中国投资银行家，我于1979年参加工作，已经有了40年的从业经历，见证了中国改革开放的历程；1991年我开始涉足中国资本市场，如今已有近30年实践经验，非常了解中国资本市场建立过程中，该如何推动中国企业的公司化、资本化改造和运营；2008年，我开始从事全球并购与推动中国企业全球化业务，拥有了长达10多年的全球化投资融资、重组并购的经历，已经接触过数百个全球企业。投资银行家从并购整合的角度研究一个标的，一定要从产品到技术，从技术到市场，再到企业团队、企业财务、企业资本结构，然后再到这个企业所在的行业，再从行业梳理产业链、价值链、供应链、资本链在全球范围内的关系。于是，几百个项目做下来，我几乎研究了所有行业在全球范围的分布规律和运动轨迹，它们非常庞大而复杂，背后又充满了地缘经济、地缘政治、知识产权、文化与禁忌、环境和资源、种族与宗教、科学研究、国与国的关系、商业秘密、国家机密、阴谋和狡诈等包罗万象的内容。

从投资银行家的角度看经济全球化，是一件令人激动的事情。每天从全球各国飘出来的新闻事件和奇闻趣事中，捕捉与全球化相关的信息，然后再和经济全球化动态与规律联系起来，这给我带来的收获，绝不亚于哥伦布发现新大陆。

我真想使出浑身解数，把经济全球化过程中每天都在运行的，分布在每一个国家、每一个角落的最重要的三个链条——产业链、价值链、供应链图谱，以及公开的、不公开的、神秘莫测的资本链条用我的智慧描绘出来，呈现给世界。但事实上是，谁也没有这个能力，大数据、人工智能、云计算都不可能。一是体量和规模太大；二是太复杂；三是这些东西每时每刻都在变化之中。

诺贝尔经济学奖得主迈克尔·斯宾塞为 2017 年《全球价值链发展报告》所作的序里写道："全球经济正以惊人的速度发展演变，呈现出一幅复杂多变的图景。全球经济发展的潮流、蕴藏的机会和带来的挑战影响着地球上每一个人的生活。但是贸易的作用和结果、经济结构和就业、收入和人力资本价值的关系，直到现在还未被完全解释清楚。"

我只能说，我要写的是一个中国投资银行家眼中的全球化，尤其是第二次全球化浪潮和第三次全球化浪潮交织阶段的图景。

我深深地觉得，在改革开放 40 多年之后，中国再次来到了命运的十字路口，其实不光是中国，世界也来到了十字路口。正如习近平主席所讲的，当今世界正处于百年未有之大变局。

2018 年，美国总统特朗普在中国"两会"之后，突然发难，掀起中美之间的贸易冲突，然后逐渐升级，从贸易冲突到打压华为，中美贸易冲突成为这一年的主题，从而影响世界。最后时刻，习近平主席和特朗普总统在布宜诺斯艾利斯的 G20 峰会上，勉强达成共识，中美"休战"90 天，给了双方短暂的中场休息时间，让大家喘口气。而后，2019 年 5 月，中美双方谈判破裂，美国大举提高关税，极限施压。2018 年的 3 月底和 4 月初，我正好在美国进行商务考察并洽谈合作，但是对于中美冲突，我们基本闭口不谈，也不去预测未来的发展。直到后来，几乎所有人的观点都是，中美冲突已经不是贸易那么简单；中美冲突说明中美之间的关系已经不可能回到过去；中美冲突也不仅仅是中美两个国家的事情；中美冲突最后演变成为什么谁也无法预测。中美冲突使 2018 年有可能成为一个标志性的年份，我认为，因为中美冲突，2018 年成为了第二次全球化与第三次全球化交织的里程碑，成为了新技术时代的全球化模式和传统产业全球化模式更替的里程碑，吹响了新的全球化时代来临的号角。

但是这个新时代的全球化场景是什么呢？到底是前一次全球化浪潮的延续，还是新的全球化浪潮带来的全球经济秩序的重构，我们不得而知。

从 1978 年到 2018 年，中国在发展的"上半场"，国民生产总值增长了 226 倍，成为全球经济增长最快的国家，排到世界第二。应该说，中国一开始并没有引起世界太多的担忧，因为中国刚从一贫如洗的经济弱国起步，完全没有能力对西方构成任何威胁，反而是西方国家需要中国来延伸其经济长度。但是当中国在2001年加入西方主导的全球化模式，并运行了17年之后，西方人才突然发现，中国并没有完全融入其体系。

2018年11月20日，美国前副国务卿、基辛格智库事务所副主席、投资银行家霍玛茨在北京京城俱乐部作主题为"关注中国，就是关注未来"的演讲时就说："美国不担心日本成为世界第二，因为那是美国的盟友，但是中国成为世界第二，那就是美国的对手。"

也就是说，中国的发展进入"下半场"的时候，绝不应该仅仅考虑怎么按照自己设计的"三步走"的方式走下去，而更要考虑，在往下走的时候，要如何处理自己和世界的关系。这个问题回答不好，中国必将寸步难行。

因为，世界经济政治格局和秩序40多年来完全变了样。更重要的是，中国走过这40多年，渐渐接近发达国家的工业化、现代化水平的同时，一场新的技术革命同期到来。那就是以计算机为基础的新型信息化数字技术的革命，包括以5G为技术支撑的移动互联网、物联网、大数据技术。人工智能、区块链以及这些技术在传统技术和产业领域、金融领域、生物技术领域，当然也包括军事领域的应用和延伸，让我们突然感到一种面对未来前所未有的惊恐和焦虑。我们发现，我们正进入一个我们自己制造的、同时也很难预见的未知世界。我们不断把已知迅速变成过去，不断让未知迅速来临。

我们突然发现一个非常有趣的现象，当发达国家不断地因为中国的崛起而惊呼"中国威胁"的时候，有一家非常低调的中国公司成为了这个世界每天的新闻议论热点。那就是华为，"中国威胁论"突然变成了"华为威胁论"。

以华为为代表的中国企业在全球范围内显示出越来越强大的优势。这代表着一个全新的全球化模式所主导的第三次全球化浪潮开始了吗？存在着一个既不融入发达文明，又不与发达文明发生冲突而进入现代化的先例吗？过去没有。那么中国的道路和方法是什么呢？我认为方法只有三个字：全球化，是从"主义"之争到"文明"之争的全球化。

我通过粗浅的思考和整理，提出三次全球化概念。本书讲的全球化主要是指：人类社会通过科学技术的进步、商业发展和工业文明、社会文明的发展所推动的影响世界发展进程的经济、文化、政治现象和秩序。

在对三次全球化梳理的过程中，可以发现一个规律，那就是发达国家之所以发达，是因为进入了工业革命，从工业革命开始至今的 200 多年，中间不管经历什么战争、灾难、革命，以资本主义制度为基础的市场经济体系一直没有中断。从产品、技术、公司、产业、法律、市场游戏规则再到市场秩序和经济体系，构成了发达国家基本经济系统，这个系统形成了国际化、全球化的从产品到企业到产业的市场经济体系，而所有在这个体系内的国家都是在这个体系规则下运作的国家，这个体系内的企业都是国际化、全球化企业。

中国改革开放需要向发达国家学习技术、资本、管理，但是中国又不能完全照搬西方发达国家的市场经济体系。中国企业也总是希望学习先进的技术、管理，总想把别人的东西变成自己的，很排斥与西方的融合。在"走出去"和"引进来"的过程中，自卑和自负的心理经常相互交织在一起。我认为，中国必须走国际化、全球化道路，但中国的全球化需求与全球化能力存在着较大差距。

我在 2016 年出版了一本畅销书《全球并购，中国整合：第六次并购浪潮》，在书中我指出中国企业在全球并购中存在非常大的障碍，中国对全球企业的并购是发展中国家的企业对发达国家企业的逆向并购，绝大多数企业并没有真正掌握国际并购的技术和经验，但我还是乐观地认为，中国将掀起世界第六次并购浪潮。这本书出版之后，中国海外并购单数与金额直线上升，很快达到 2000 亿美元的年度并购交易总额，并购对象也从过去以矿产资源、石油、天然气为主发展到先进制造、医疗健康、节能环保等行业。但是由于外汇储备急剧下降，大量在海外投资的项目涉嫌资产转移、变相洗钱等，导致并购浪潮迅速降温。

这让我看到中国与国际化、全球化之间深深的鸿沟。中国完全不具备大规模走向海外进行并购整合的能力。中国企业和发达国家企业完全不在同一文明程度上，两种经济体制在全球化的经济交往中，处于深层次的不兼容状态。但是我又发现一个矛盾，就是中国经济国际化、全球化程度已经远远领先于企业国际化和全球化的程度了。虽然中国企业国际化、全球化程度很难量化评价，也没有看到相应的评价指标，但以我多年的观察，我认为，国内企业国际化、全球化程度不到 5% 或者不到 1%，且与中国经济的国际化和全球化程度不成正比，与后者脱节必将会拖住中国经济国际化和全球化的后腿。没有中国企业的国际化、全球化，经济的国际化、全球化以及国家的国际化和全球化是不可能实现的，至少，是低水平的，这也是中国经济能否突破中等收入陷阱的关键。

2018 年 11 月 11 日，这一天正值中国的"光棍节"，这一天也被中国的互联网电子商务公司营销成网络购物节。这种疯狂的低附加值互联网商品倾销模式，终有一天会被认为是中国产业转型升级的羁绊，以及陷入中等收入陷阱的诱因，同样是逆国际化和逆全球化的。而发起这个节日的是中国著名的互联网企业阿里巴巴，而其创始人马云先生，却是积极主张中国企业全球化的，他曾经在国际演讲中说道："不管你是大企业还是小企业，都应该成为全球化的企业。"

就是在这天夜里，我和中国医学科学院肿瘤医院外科主任王晓簏以及助理小赵代表菏泽国际医疗健康示范区项目组，搭乘以色列航空公司航班从北京飞往特拉维夫，继续我的全球化之旅。

飞机在黑夜里西行，在飞机上，我开始了这本书的写作。

作为一个在中国土生土长的投资银行家，我无意之中走过了整整 10 年的投资银行全球之旅。如果以这次以色列之行作为这 10 年的句号，我已经艰难走过了所有发达国家，我相信我的这段经历在中国没有第二人。之所以艰难，是因为整整 10 年的探索就像找矿一样，都是人力、物力、财力的巨大投入，不知道最终是否能够获得巨大发现和回报，或者这些回报是否属于你或者你的支持者。

我把这 10 年，称为发现的 10 年、震撼的 10 年，也是我整个生命最有价值的 10 年。因为我觉得我发现了中国企业、中国资本或者中国经济国际化、全球化的巨大商机。

我认为，中国经济的下半场一定要走高水平国际化和全球化道路，高水平国际化和全球化必须是中国企业从产品、技术、服务、管理、投资、融资、人才、市场、品牌、营销、质量、信用、资本、财务、法律以及市场规则、市场生态、市场化程度、企业文化、理念、远景、战略、价值观都要走向国际、走向全球，成为真正的国际化、全球化企业，达到和发达国家企业同等的国际化、全球化水平。只有这样，才能有效地支持国家"一带一路"倡议，支撑国家国际化、全球化经济战略。只有中国企业国际化、全球化程度提高了，才会有中国经济质量的提高，也才有中国经济由高速发展到高质量发展的坚实基础。

有了多年参与全球化项目的经验积累，再面对今天经济全球化浪潮给我们呈现的一幅一幅浩瀚的图画，我经过一系列的思考，终于鼓起勇气，决定着手写作这部作品。期望这部作品能够引起各方面对经济全球化的关注和重视，也希望有更多的中国企业能够勇敢地涌入企业全球化的滚滚洪流。

本书试图解读人类历史上以经济全球化为特征的三次全球化浪潮发生的时间、原因、进程、周期、特点、形态，以及对人类文明的意义。分别是殖民地时代的全球化浪潮、资本主义时代的全球化浪潮、信息社会时代的数字全球化浪潮。在本书中，第一次提出世界已经进入第二次和第三次全球化浪潮交织的阶段这一观点，对这个阶段的分析正好是今天中美两国冲突、矛盾的本质和焦点。

在第三次全球化浪潮滚滚而来之际，不管你是大企业还是小企业，不管你是国有企业还是民营企业，你都应该成为国际化、全球化企业，去拥抱变革、拥抱创新、拥抱颠覆！

一同走过全球化，拥抱第三次全球化浪潮！

世界就在脚下！

目 录

第一章

全球化并非一个新命题

我出生在中国重庆，由于那个年代的特殊性，我没有机会接受更好的教育，尤其是没有接受更好的语言教育，所以除了中文外，我至今不会其他任何一个国家的语言。这在中国被称为"土鳖"。

1987年，那个时代几乎所有的人都"孔雀东南飞"，到深圳、珠海、海南等地下海闯荡，拥抱改革开放前沿阵地。而我背道而驰，来到四川东部的大巴山麓深处，在当时的巫山县官阳镇当了一个小小的副区长，整整3年。

1991年，离开大巴山后，我来到海南，第一次脱离体制，去追求心中的自由。

1993年底，我在海南顺丰股份有限公司担任执行董事。董事长范日旭、总裁李静和我，应香港安永一位高级合伙人吕镇冰的邀请，第一次来到人类历史上第一个掀起全球化浪潮的国家——英国，我们此行的目的是来讨论并购一家英国的上市公司。

那个时候，我进入资本市场仅仅2年时间，对资本的理解刚刚开始，所知甚少。

在这一年，中国深圳、上海的两个证券交易所才成立3年时间，中国上市公司也不过几十家，中国第一部公司法刚刚通过不久。中国北京只有一家从事企业兼并破产事务的咨询机构，那就是中国第一部破产法起草者之一的曹思源先生创办的"北京思源兼并与破产咨询事务所"。绝大多数中国人不知道并购为何物，更没有人到海外，尤其是大英帝国去做并购。虽然我们各方面都不具备并购海外公司的条件，整个中国也没有一个人懂得这个商业行为，但是，那毕竟是我人生中第一次海外并购之旅，也是我的第一次全球化之旅。

2001年，我进入著名的"德隆系"。从1998年开始一直到2004年，唐万新领导下的"德隆系"，作为当时最著名的民营企业，通过战略并购、战略整合以及战略管理，对国内外企业进行了一系列眼花缭乱的并购，发现了全球并购、中国整合的过程中蕴藏着巨大的价值投资机会，让我第一次对全球化关系有了系统性认识。

2008年10月25日，应日本亚洲资产管理株式会社会长古川令治先生和其公司合伙人万文莉女士的邀请，我到日本访问。日本之行让我有机会看到日本在全球化中的地位，以及和全球化的关系。这一次考察让我大开眼界，印象最深刻的就是，企业经营和上市公司资本价值之间的关系并没有那么敏感，资本价值高低是投资者的事情，企业经营好坏是经营者的事情。每一个日本企业都没有因为公司资本价值下降而经营不善、流失团队、企业遭受信用危机。对日本的考察和接下来的合作推进，让我看到了国家与国家之间的企业、产业、资本、技术、团队系统关系的协同性，看到了日本企业在全球产业链分工中所具备的优势，也让我对产业和经济的全球化有了一定的认识。

没想到，这次考察之后，我的全球化之旅愈来愈丰富。从2008年到2011年，我多次往来于中国和日本之间，对日本的公司以及资本市场、市场经济制度有了很多理解。考察日本之后，我又去韩国、加拿大、英国、美国、以色列等发达国家，在这些国家发掘了数百个重组并购和投资融资项目，几乎涉及所有行业。如此 10 年下来，数百个标的在我的大脑里构成了一幅全球产业生态图，这个图就是一幅产业链、价值链、供应链的宏大画卷，而这些画卷背后又蕴藏了浩如烟海的规则和逻辑。我不得不感叹，原来这就叫全球化。**全球化作为一个庞大而复杂的全球性经济秩序是活脱脱存在的，而且这个秩序是有规律的，是符合一定逻辑的。**

于是，我开始了对全球化的思考。我发现，全球化是一个很有意思、充满争议的概念。世界各国在全球化过程中相互关联，但是又扮演着不同的角色，产生了对全球化不同的解读。学术界几乎都认可经济的全球化从大英帝国开始，都赞同大英帝国通过工业革命成为世界最大经济强国的过程是人类历史上第一次经济全球化的过程，也把从工业革命到大英帝国的称霸，称为第一次全球化浪潮；把大英帝国的衰落、美国的崛起称为第二次全球化时代的到来，也把美国的崛起和发展过程所推动的经济全球化，称为第二次全球化浪潮。

从 1978 年到 2018 年的短短 40 年间，中国从一个濒于崩溃的国家发展成为世界第二大经济体，成为世界经济史上的奇迹。于是，很多观点认为中国将取代美国成为世界最大经济强国，中国将成为世界领导者，由此带来世界第三次全球化浪潮。会不会是这样一个演进，这个世界存在不同的声音。

从企业到商业，从中国到全球，从经济到社会，到底什么是全球化？除了经济这个范畴之外，全球化还有更广泛的意义。我认为广义的全球化应该是人类文明在地球或者太空范畴内的活动进程，包括人的全球化、文化的全球化、语言的全球化、宗教的全球化，也包括国家的政治、军事、经济、科学的全球化过程。

其实，人类从低等生物进化到智慧生物的过程，本身就是一个全球化的过程。

全球化梦想曲

远古的时候，我们村就是世界，就是地球。今天的全球化就是把地球当成我们村，变成地球村。

在我们村里，就那么几十户人家，谁都知道你家有几亩地、几头牲口。张家儿媳妇是李家的女儿，李家还有两个儿子，一个娶了王家的女儿，还有一个娶了刘家的闺女。刘家除了这个儿子之外，还有一个闺女，这个闺女嫁给邓家生了两个娃。多年之后，这个村都是一家人。你在村口大树下喊一嗓子，全村人都可以来集合。这个村和那个村因为女人、粮食经常打架，然后这个村把那个村征服了。一个村出来的人骁勇善战，征服了很多个村。

能力和欲望帮助人们不断扩大自己村子的地盘，每个村的头领都带着全村人的希望规划着未来。就这样，部落诞生了，城邦诞生了，国家诞生了。

突然有一天，有个村发明了更会打架的武器，战胜了很多个村。这就是英国，这就是第一次全球化。后来大家都学会了制作和使用这些武器，有的村子就对占领了很多村子的头领不服了，觉得自己才是王者，挑起斗殴，全世界各村打成一团。这就是世界大战。

大家一边打仗，一边学会了做生意。有一个村很聪明，总是把自己制造的武器卖给别人去打仗，大家打得头破血流之后，这个卖武器的村赚了很多钱。于是，他们发明了不用打仗的方式，让所有有钱的村联合起来一起赚钱。这就是美国，这就是第二次全球化。

到今天为止，人类实际上已经进入到高度全球化时代。人们对于全球化也有各种各样的解读，有的赞同，有的反对。反对的没能阻挡全球化的进程，赞同的也受到很大的挑战。美国是公认的第二次全球化的推动者、领导者。今天的美国却也成为新全球化的阻拦者。

没有全球化就没有人类社会的高度发达与文明，同样，持续的、无节制的全球化会不会让人类走向毁灭，而不是光明与幸福？人类到底要干什么？人类到底要到哪里去？

当我写作这本书的时候，再次思考那些人类早期的先贤，发现很多不可思议的疑问。

无论是希腊古典哲学家苏格拉底、柏拉图、亚里士多德，还是耶稣、释迦牟尼、穆罕默德以及中国的老子、孔子、孟子，他们都不知道自己生活以外的其他国家，更不知道宇宙银河。在那么狭小的空间里，他们所创造的思想，竟然让人感觉到他们是在相同的频道里对话，仿佛他们之间有过交流。好像孔子周游的不是鲁国、齐国、燕国、赵国，而是今天的耶路撒冷、雅典和罗马。为何他们在那个时代产生的思想几千年后的思想家们都超越不了？

相传苏格拉底说："世间最珍贵的不是'得不到'和'已失去'，而是现在能把握的幸福。"2000多年之后，你觉得这样的哲学思想过时了吗？

苏格拉底的徒弟柏拉图说："明天对于世界而言，永远是一个奇迹。"

从柏拉图到现在，过了多少个明天了，柏拉图说的明天，确实已经发生了很多的奇迹，问题是2000多年之后，我们还可以说：明天对于世界而言，永远是一个奇迹。

亚里士多德认为，天体是物质的实体，地球是球形的，是宇宙的中心。他既没有现代的观察设备，也没有围绕地球走上一圈，凭什么可以得出这样的科学结论？

古印度时期的释迦牟尼，在菩提树下参悟出一个令人难以置信的观点。他说一粒沙子里面有三千世界，每一粒沙子都是由三千世界构成的。释迦牟尼没有显微镜，也没有学过物理学和生物学，但是今天可以证明他说的是对的。

中国儒家学派的创始人孔子所周游的列国，也不过就是今天黄河中下游一带，连中国都没有出去过。但是，他的"天下观"和今天的"天下观"却是一样的。所以，孔子的学说才可以从当年的山东、河北、河南的"天下"，传到今天世界各国这个巨大的"天下"。

在物质文明远远没有全球化之前，古老的思想打开了全球传播之门。

早在中国的汉代，两位印度高僧带着佛经、佛像来到洛阳，开始了佛教在中国的传播。近2000年来，佛教对中国文明产生了重要影响。基督教诞生600多年后，由波斯人把经书带到唐朝的长安，开始在中国传播，至今也有非常庞大的教徒群体。同样，中国古代的思想也传播到世界各地。16世纪，《道德经》由西方的商人带到西方之后，一直对西方文化的发展产生着重要的影响，西方古典主义哲学家也在老子的思想影响之下，创立了非常丰富的哲学经典。1852年，意大利传教士利玛窦来到中国传教的同时，把孔子的著作带到西方。中世纪的西方在非常保守的状态下，仍然允许了儒家文化的传播。

所以说，全球化的根源在于古代思想家们所创造的伟大思想。在物质文明非常匮乏的时候，精神文明成为最早的全球化内容。正是由于这些文明的传播，带来了后来人与人的融合，带动了物质文明的发展和传播。

全球化到了工业革命时代，产生了本质的飞跃，过去更多是通过人来传播，工业革命之后，传播方式发生了根本性变化，关键是人类的时空关系发生了很大变化。这个变化使得国家成为人类最大的法律组织。英国推动的科技发展和工业革命让世界很多国家强大起来，强国之间的竞争引发了世界大战，破坏了原有的世界平衡，一个新的世界强国随之出现，那就是美国。美国的强大重新制定了世界经济的游戏规则，这个规则最重要的治理模式就是资本主义主导的市场经济，一个高水平的全球化治理模式从1945年开始，又过去了70多年。这个时期，全球化的内涵出现了一个非常重大的变化，这就是经济的全球化。科学技术带来了工业革命，工业革命让人类的生产能力成倍提高，生产能力的提高丰富了产品、创造了巨大的财富。全球化于是就从文化、宗教、政治、生活方式、战争进入到经济全球化时代。

当经济全球化浪潮进入到21世纪后，那个曾经辉煌而后沦落的中国，经过几十年的改革开放，再次打破世界的沉寂，成为经济全球化体系中的重要一员。尤其是2001年之后，中国加入WTO，开始融入世界，渐渐对美国构成了的影响。由于中国的历史、经济、政治、文化都和发达国家不一致，中国的崛起让世界开始担心。未来的中国到底会给这个世界带来什么呢？成为一个巨大的问号。

一个新的全球化时代扑面而来！

全球化与逆全球化

今天总是在讨论全球化与逆全球化问题，全球化不是个人的意愿，不会因为哪个国家、哪个人需要全球化就可以推动全球化，或者不需要全球化就可以阻挠全球化。这个观点主要来自于美国总统特朗普，他的主要观点是：过去几十年来，中国成为全球化的最大赢家，美国过去几任总统让中国从全球化中占了便宜，中国依靠窃取美国的技术发展起来，构成了对美国的威胁。美国必须要让美国优先，让美国重新伟大起来。特朗普上任以来，不遗余力地推销宣传这样的观点，同时，在这样一种观点指导下，掀起了中美贸易战，美国也一直企图说服发达国家和他站在一起，阻挠中国的崛起。于是，美国号召所有美国大型企业回美国投资，重振美国制造，美国也从若干国际组织退出，不再承担国际责任和义务，逆全球化势头来势汹涌。

我相信，任正非当年创办华为的时候，他一定没有想到华为和全球化浪潮有什么关系。全球化既不是以哪个人，也不是以哪个国家的意志为转移的。

100年前，远在北美新大陆的美国，通过电力发明，形成新的产业模式和公司，汽车、铁路、钢铁、石油这些重资产行业迅速崛起，在资本的集聚效应下，打下了全球化的基础。第二次世界大战结束，作为战胜国，美国有机会把他们积聚的这些产业通过其在全球话语权，实现产业的全球化配置。这些配置在资本的驱动下不断进行产业更迭和转型升级，美国成为高科技和高端服务轻资产结构的国家。在过去的全球化浪潮中，美国就是全球化最大的赢家，难道他们是真的要放弃全球化的红利吗？

几十年后，中国的开放和加入 WTO 再次重构了全球的产业链、价值链和供应链关系，全球化出现了新的趋势。美国的全球化模式变成了以中美为重心的全球化模式，美国主导的全球化秩序受到了严重挑战，于是，新的全球化阻碍就产生了。

全球化和逆全球化成为一个新的世界命题。全球化与逆全球化的本质是扩张与反扩张，控制与反控制，占有与反占有，强大与弱小，平衡与倾斜动荡之间的矛盾。全球化从来都是对原有秩序的破坏与颠覆，所以全球化推进过程中，必然遭到原有秩序的抵制和反抗。我们需要研究全球化的科学性、合理性，也要研究逆全球化的科学性与合理性。尤其需要从价值观的角度去研究全球化和逆全球化之间的关系，包括意识形态、宗教、民族与传承、生活方式、环境价值观、资源价值观、可持续发展价值观等方面。

全球化是不可逆转的，主要原因来自科学技术的进步以及科学技术与经济利益的结合，也包括全世界每一个人对于全球化生活方式的接受。比如，中国人在刚刚改革开放的时候，从电影里看到美国、日本等发达国家的现代化生活方式，没有一个人不向往自己的国家也会高楼林立、高速公路交错，每个人都有能力开着汽车奔驰在大街小巷。于是，中国通过改革开放输入了发达国家的市场经济，让发达国家的产品、技术、公司、管理、产业、研发、标准等由浅入深地进入中国。对于中国来说，这是输入了发达国家已经形成的经济全球化体系，没有成为逆全球化的阻碍。但是中国不是一个小国家，不会简单地成为被全球化的一个国家和区域，中国过去不是全球化的一部分，也不是全球化的主导者和规则制定者，但是中国有自己独立的文化、社会制度、价值观和意识形态，还拥有巨大的市场和众多聪明勤劳的人民，已有的全球化规则和体系在融入中国的过程中会出现冲突，甚至是排斥、颠覆。当全球化体系输入中国的时候，可能会被中国修改和重构，然后再贴上中国的标签，带着中国文明的符号走向世界。

所有发达国家都是全球化的受益者，因为他们是全球化规则的制定者，全球化体系的设计者和主导者，也是既往全球化利益的分享者。如果中国没有改革开放，继续过着苦难的日子，但是这样的中国是中国需要的吗？对世界有意义吗？

中国的改革开放，让发达国家有机会把汽车、装备制造、化工业等他们需要但是又不能赚钱的行业一股脑转移到中国来。发达国家从国家到公司再到人民都能够分享中国改革开放带来的好处，他们是全球化的最大受益者。同样，中国通过改革开放也成为全球化的受益者，中国引进了全球的商品，让中国人民的生活水平提高了；引进了技术，加快了中国工业化的进程；引进了西方的管理模式，提高了中国企业国际化和管理水平；引进了资本，让很多产业都能够在中国快速发展起来。中国也会在被动的、输入式全球化过程中渐渐融入深层次的全球化体系，包括经济、文化、制度、生活方式、生产方式。

技术进步和中国的发展让全球的产业链、价值链、供应链之间的关系发生巨大变化，过去的社会生产力、生产关系以及社会结构不能适应新的产业生态，从而导致全球化的外延和内涵都有了变化。

比如在中国，大家开玩笑地说，乞讨的人都已经有二维码了，普遍使用支付宝和微信支付的时候，中国已经很难接受没有移动支付系统带来的便利了。移动支付已经十分常见了，但是到了曾经我们仰慕的发达国家和地区，比如美国、欧洲、日本等，移动支付还是稀缺物种。

到日本京都，每一个古色古香的小店都可以激起你的消费欲望，但只有很少的店铺有微信或者支付宝的支付服务，不会日语，有交流问题，对于大多数中国消费者来说，很容易就直接进入到有移动支付的店铺，一句话不用说，就可以买到你所需要的商品。

中国的电子商务包括跨境电商是全世界做得最活跃的产品销售模式，其触角几乎已经伸向了全球每一个角落，而发达国家的商品零售基本上还是依靠传统渠道、线下销售，信用卡是主要支付方式。许多发达国家的优质消费品经常在云里雾里之间，就被中国消费者通过电子商务买到短缺。

作为世界经济的头号强国，美国在经济上的一举一动都有可能牵一发动全身。以美国为领导的第二次全球化浪潮已经持续了六七十年时间，几十年形成的世界经济秩序一直没有受到太大挑战。美国认为中国的崛起给美国主导的全球化造成了威胁，于是希望通过对世界经济秩序的重构来遏制中国的发展，同时创建对于美国非常有利的新的全球经济秩序。所以，我认为特朗普上任以来所制定的一系列经济政策不是在逆全球化，而是在阻拦中国主导的全球化，是在重构以美国为核心的全球新秩序。

但是特朗普或者美国的政治家过于理想化了，他们应该清楚，今天美国的产业结构也是从 1945 年开始经过几十年的全球化历程构造的，是美国这个市场经济国家在全球化过程中遵循全球产业运动规律而形成的。美国主导的这个产业结构在全球范围内已经根深蒂固，即使需要调整，也是在符合全球化规律的方法之下来调整，与主要的全球化国家进行协商之后进行调整，完全可以通过产业链和价值链、供应链重构找到最佳的解决方案，美国有那么多投资银行家，这是他们的长项，完全用不着轻易挥舞关税大棒，快速通过霸权思维来处理经济全球化的已有秩序。

比如美国希望从中东撤出，是因为从经济的角度来说，美国在中东的成本太高，当年大举投入是因为需要控制中东的石油资源，而目前，美国已经通过页岩油气的开发，从一个能源进口国成为能源输出国，通过一系列的能源革命，大大降低了石油和煤炭的应用比重。特朗普这位精明的商人总统当然希望撤离中东这个火药桶，降低美国在这个地区的干预成本。

中美贸易冲突的实质是因为特朗普的逆全球化思维吗？显然不是。中美这两个既竞争又合作的大国，政治体制和意识形态不一样，中国不可能发展得越来越像美国，作为商人总统，特朗普显然不认同前几任政治家出身的总统，他希望通过贸易战，来改变中美贸易中对美国不利的贸易结构和产业结构，尤其是希望通过加大知识产权的保护力度，让美国技术含量很高的产品和产业进入中国，获得更大的市场。

从经济全球化角度来看，其实是没有国家愿意失去全球化

机会的，所谓的逆全球化，实际上是一些国家在失去全球化新机会后所采取的遏制策略而已。

再比如，2013 年，习近平主席提出了"一带一路"倡议，这是中国实施对外开放、建立全球化互联互通机制的一个非常好的战略，这对发达国家、发展中国家都非常有利。中国通过改革开放输入性地接受全球化之后，由于自身能力的提高，具备了一定的对外输出能力，努力寻求对外合作空间，把中国的优势与产业和价值链相对薄弱的一些亚洲、非洲国家的劣势结合起来，填补全球产业发展的空间。中国、日本、韩国、新加坡这些国家都有机会成为"一带一路"倡议的输出性受益者，也具有在产品、人才、资本、技术领域的输出能力，这是一个互利互惠的全球化战略。但是这个战略一直没有得到美国的积极响应。一开始，也有不少发达国家对中国的"一带一路"倡议持反对的意见，认为"一带一路"倡议增强了中国与一些发达国家在国际上的竞争关系，提高了全球化的成本。于是中国和日本等国提出，共同利用各自优势，开发第三方市场，大大减少大国和强国在发展中国家的恶性竞争，而不是从逆全球化的角度互相拆台。

"一带一路"倡议历经 5 年多之后，慢慢成熟，得到世界100 多个国家和地区的支持。这说明大多数国家和地区是不愿意走闭关锁国的发展道路的，不愿意成为全球化的障碍，而是做多边主义、全球化的推动者。中国推动"一带一路"倡议，也不是为了中国的国家利益、控制"一带一路"倡议沿线国家和市场的机会，而是为了搭建一个谁都可以加入的全球性利益平台。不同国家、不同地区、不同主体都可以在"一带一路"倡议中找到适合自己的角色和利益，谁也不排斥谁。

在全球化和逆全球化这个话题里，关键是我们对全球化模式和制度体系的理解和设计。当科技和资本结合推动经济的全球化的时候，必然会涉及全球化主导者的文化、价值观对其他国家的影响。被全球化的国家和地区希望全球化给他们带来经济增长和教育科技的发展，但同时自己国家的主权、文化、文明、生活方式、自然资源也需要受到尊重和保护。如果这些东西受到了冲击，出现了矛盾，全球化的性质就会受到质疑，全球化的进程也会受到影响。

经济全球化背后那只看不见的手

本书讨论的是经济全球化，但是，全球化从来都和政治有关，不存在脱离政治的经济全球化。主导经济全球化大潮起落兴衰的，看起来是摩根、罗斯柴尔德、洛克菲勒，或者是西门子、卡特彼勒、福特、通用、丰田等企业，但背后都有政治家们看不见的手。同样，每一个全球性重大政治事件，也无不掩藏着巨大的经济目的。

政治来源于价值观和意识形态的驱使，强大的政治力量推动国家的创立。

全世界逐渐确立了由一个个国家在相互承认的情况下，建立的全球化国家秩序。这个国家秩序由全球大大小小的国家组成，每个国家都有独立的主权、疆域、司法、军队以及政治体制。每个独立的国家通过外交关系，形成国与国之间的主权关系。世界各国又创建了联合国，来协调全球的共同事务，由此形成了全球政治秩序。

各国在尊重国家主权的基础上，建立国家间平等的政治秩序，展开各种交流与合作，包括经济、文化、宗教、艺术、军事、外交等。这个秩序也是人类文明经过数千年之后走到今天形成的一个相对和平、安全、稳定的政治秩序。虽然这个秩序内部总是因为各种原因产生着内部的纷争、分歧、摩擦，但依然是人类文明发展到今天最稳定、最和谐、最美好的秩序。

全球的政治秩序虽然是相对稳定的，但是内部的经济结构、人口结构、宗教结构、文化结构、社会治理结构等一直都在不停地变化着。

第二次世界大战之后，作为主要战胜国的苏联，和同是信仰共产主义的其他国家结成全球化的国际共产主义联盟，这个联盟与英、法、西德、意、美、加、日所组成的西方发达国家的资本主义体系形成高度的两极对立，这样的政治对立曾经让第三次世界大战到了一触即发的边缘。苏联的政治解体，使这个世界在政治上从多极治理变为单极治理模式。中国在改革开放之前，经济总量排在全球第十位，40 年之后，排到了第二位，这个变化还在持续，很有可能超过美国成为世界经济总量最大的国家。这40 年带给全球地缘政治和经济很大的变化。中国的崛起不是西方世界乐意看到的。全球化过程中再次出现两个不同意识形态和政治制度治理下的大国。政治体制不同、价值观不同必然带来世界两大不同体系的矛盾和冲突，还有可能引来文明的冲突。中国越强大，冲突越明显。

欧洲的经济以及文明程度都高度发达。欧洲开创了文艺复兴时代，绵延数百年，构建了代表今天最高水准的文明和政治体系，成为世界各国效法的榜样，并通过创建欧盟，发行欧元，建立欧盟政治生态，在保证国家相对独立的基础上，创建了更加深刻的国家联盟政治体制。但是，随着英国脱欧、难民涌入问题接踵而至，不同的经济政治诉求也让欧盟难以达到创立之初的理想状态。美国的强大、中国的崛起都会对世界格局带来冲击和挑战。欧盟以及欧洲的其他国家如果不能在政治上形成高度共识，并通过政治的共识加强经济的合作，保持欧洲经济的整体性，欧洲的经济将会受到很大的影响，整体的衰退难以避免。

如何解决政治与全球化的关系，将成为全球化最大的命题，也是全球化能否给全世界带来福祉的最大命题。经济的全球化不可能脱离政治。虽然从历史上来看，第一次全球化是科技推动的，但是没有资产阶级的发展，没有资产阶级对于国家政权的掌握，没有资产阶级政权从政治上的推动，经济全球化也是不可能发展的。

以欧洲为例，1950 年，法国外长罗贝尔·舒曼建议，把法国和西德的煤、钢生产置于一个"超国家"机构领导之下，以保障钢铁生产和煤炭生产之间的上下游产业链关系，提高生产效率，降低成本。1951 年，法国、西德、荷兰、比利时、卢森堡根据"舒曼计划"，把法国和西德的关系扩大到 6 个欧洲国家创建的欧洲市场，最后发展成为欧洲经济共同体。这是经济全球化在一个地区的需求带来国家与政治合作的典型范例。欧洲各国很多年都希望统一，建立一个强大统一的欧洲，但是因为各种原因一直没有实现。欧洲经济共同体经过几十年运行之后，终于在 1991 年通过了《欧洲联盟条约》。1993 年 11 月 1 日，欧洲联盟正式生效。这是人类文明史上第一个由多个国家组成的从经济联盟到政治联盟的实体组织。欧盟的创立使欧盟成员国之间在商品贸易、金融结算、投资合作、技术开发、人才流动等方面建立了深度的联盟关系，大大提高了欧洲的经济实力。以"空客"为例，如果没有欧盟，德国有德国的飞机制造公司，意大利有意大利的飞机制造企业，法国也有法国的航空航天制造基地。随着欧盟的建立，欧洲在航空器制造上进行了深度整合，创建了空中客车公司，并由此形成了覆盖欧洲多国的航空工业研发生产体系。

经济的全球化对于政治、国家之间同样具有很大的推动促进作用。

在亚洲，尤其是东亚，中、日、韩三国之间同样存在巨大的产业协同性和经济之间的相互依赖。如果三国之间从经济利益出发，解除三国之间在外交、关税、金融、产业政策上的很多限制，建立投资融资、自由贸易、金融结算、人才交流、科技研发等深度融合关系，就会形成更加强大的国际区域合作体系，超越政治、超越意识形态、超越历史渊源，同样会给三国人民和三国经济带来巨大的利益和福祉。但是，三国之间，相互存在一定的历史渊源和纠结，同时，美国和日本之间存在特殊的政治和经济利益关系，日本也是美国在亚洲战略中的重要棋子，美国千方百计在中、日、韩之间设置障碍。而日本和韩国之间同样因为历史上的侵略关系形成隔阂，同时这两个国家在国际市场存在同质化竞争关系，两国之间缺少差异化和协同性，如果日韩两国单独的合作竞争大过协同，如果由中国来协调日韩关系，建立中、日、韩三国三边或者多边贸易合作协定，相信会比日韩双边合作的机会更大。而背后的难度还是这两个国家内部对于中国与美国关系的政治选边。

政治力量驱动着经济的全球化，同样，经济的全球化也在不断改变着全球政治力量的平衡，经济中有政治，政治中包含着经济。只有对经济和政治之间的关系有非常清晰的认识，才能深刻理解每一次全球化浪潮，理解每一次全球化浪潮的成因、发展和结束。

别看全球这么多国家，这么多的财富，这么复杂的经济文化关系，其实，全球化的规则和权力，掌握在极少数人手里。

全球化与宗教

全球化的宗教和宗教的全球化都是在不断演进的敏感话题。从物质和精神两个维度来看这个世界超越国界的东西，物质从来没有精神那么容易穿越人群，走出国境而影响全球。从历史来看，其实不论经济也好还是政治制度也好，真正改变世界、影响世界，让人类最先走向全球的是宗教。从经济上来看，你想把一个人的钱从其口袋中掏出来，装进另一个人的口袋，可不是一件容易的事情，但是，宗教却可以把一种思想装进你的脑袋，然后再让你把钱放到宗教指引的地方去，甚至让你的生命都可以为之付出。自从宗教创建以来，宗教信仰影响全球的感人至深的故事举不胜举。

从汉代、东晋至唐宋，佛教经历了众僧们艰辛地传播进入中国。唐代高僧玄奘看到传进中国的佛经所形成的佛教流派很不统一，为了探寻真经，正本清源，纠正分歧，一个人不辞辛劳地出行，西行5万里，前后历时17年到印度佛教中心那烂陀寺取经，成为中国佛教文化传播最伟大的使者，根据他的故事创作的文学巨著《西游记》也成为中国历史上伟大的四大名著之一，唐僧、孙悟空成为享誉世界的文学人物形象，成为文明发展全球化的经典。

经济的全球化、政治的全球化、文化的全球化、民族的全球化、思想的全球化等，我认为，宗教的全球化或者宗教推动的全球化是最伟大的全球化。最早的宗教起源之后，我们之所以相信神，是因为我们认为神是指引人获得幸福，避开灾难，走向美好的精神力量。然后，每个受到神指引的人，都需要把这个理念传播给天下所有的人，于是，宗教在全球的传播，就使得宗教传播的全球化成为最早的全球化，也是程度最深的全球化。

我们今天公认的世界三大宗教是佛教、基督教、伊斯兰教。除了这三大宗教之外，还有很多宗教组织，有的很早诞生，有的很晚才诞生，有的在传播过程中消失了，有的传播了很多年，规模也不大，但是今天依然存在。基督教是对信奉耶稣基督为救世主的各教派的统称，基督教诞生在今天的耶路撒冷，这里在今天属于中东，亚洲西部，欧亚结合部。但是为什么几乎整个欧洲都信仰诞生在亚洲的基督教呢，因为基督教当年诞生的时候，这个地方属于古罗马帝国统治。由于不同的传播和群体，基督教也有主要的三大流派，一个是天主教、一个是新教、一个是东正教。不论哪个流派，基督教的所有教徒都把《圣经》当成他们传承和信仰的唯一经典。

同样是佛教，原始佛教诞生于公元前5世纪的古印度。在发展过程中，原始佛教分裂，分为南传和北传佛教。汉传佛教被称为北传佛教，传至中国后，渐渐被汉化；藏传佛教主要流行于中国的西北部和西南部，包括西藏、甘肃、青海、四川、云南等地；南传佛教也被称为上座部佛教，主要在东南亚一带传播。这些不同的教派传播到不同的地方分化成为差距很大的规则。基督教、伊斯兰教也是这样。

宗教是人类社会发展到一定阶段的精神组织，关于宗教的起源和本质已经有无数的哲学和社会科学、历史学、宗教学者有过文献论述。从讨论全球化的角度，不管是政治、意识形态、经济、社会等任意方面，都少不了和宗教产生关系。讨论任何维度的全球化都不可能回避宗教的全球化。也可以说，宗教是全球化过程中非常重要的内容，甚至宗教的全球化历程比其他的全球化更广泛，更深远。即使今天，宗教问题也是全球化过程中非常重要的问题。宗教本身也是全球化的，宗教是人类文明全球化最大的贡献者。

很有意思，世界主要的宗教都诞生在东西方的结合部，今天的耶路撒冷就诞生了3个宗教，可以称之为世界宗教的圣地。2018年11月，我在考察以色列医药产业过程中，来过这个神圣的地方。

地中海东南部这个起伏不平的丘陵，没有多少植物。一眼望去非常开阔，满眼都是充满神秘色彩的被称为"耶路撒冷石"的浅鹅黄色岩石。来自世界各地的游客几乎每个人都带着虔诚的表情，凝重地游览在每一个景点，听着各种语言分享盖亚、亚伯拉罕、穆罕默德的故事。每个人都行进在耶稣走过的土地上，感觉在和这位伟大的先知同行，甚至可以和耶稣在每一个空间交换彼此的呼吸。

多位人世间的先知的话语被记录为《圣经》，传播到全球，几千年来一直到今天还在不断传播，不断传承，不论生老病死，不论悲欢离合，什么东西都在生生灭灭，《圣经》总是能够在人类不断颠沛流离的过程中，保持着它独有的影响力，成为这个世界上每时每刻让人的精神和灵魂得以慰藉的宝典。千百年来，世界上没有一部著作的发行量和阅读量可以超过这部典籍。

宗教的全球化是全球化非常重要的一种形式，宗教的全球化也推动了经济贸易的全球化，推动了生产方式和生活方式的全球化。语言的传播、文字的传播、商业的流通、科学技术的传播，都和宗教的全球化有关系。尤其是早期，宗教的诞生和传播就像媒介，宗教传播者成为人类文明最重要的传播者。

物质社会几千年来变化很大，科学技术几千年来变化很大，人们的生活方式、生产方式、表达方式、价值观、审美观一代代发展下来变化也很大，但是没有人把宗教彻底改变了，宗教的稳定性、信仰的稳定性如此之牢固，而且不管世界怎么变化，耶稣始终没变，真主始终没有变。宗教除了稳定性，其传承能力一点也没有因为世界的高度发展而减弱。历史上的欧洲曾经有政教合一统治欧洲1000年的中世纪，中国的西藏即使在几十年前也还几乎处在政教合一的统治之下。

即使今天，宗教同样是全球化不可忽略的重要形式之一。基督教，仍然是全球最大的宗教，在全世界拥有数以亿计的信徒。伊斯兰教不仅在中东，进入新世纪以来，通过各种方式使其在欧洲的传播越加广泛，引起全球的普遍关注。全球性的恐怖主义事件经常和宗教有着密不可分的关系。

经济的全球化和宗教在全球的传播不无关系。有相同的宗教组织和宗教信仰的国家和国家之间，经济的国际化和全球化联系就比较紧密，也比较畅通。

以色列是全球化与种族、宗教关系最特别的国家。以色列是犹太人的祖国，犹太人在中东地区最早创立了犹太教。他们的始祖是亚伯拉罕，由于饥荒，以色列诞生地的 12 个部落只好移居埃及，沦为奴隶。几百年之后，犹太人的领袖摩西带领犹太人的后裔离开埃及，流浪 40 年之后回到他们的故地，创立犹太宗教。由于不同的几大宗教都创立在今天的耶路撒冷，不同的宗教信仰，造成了这个地区多年的战乱一直持续到今天。千百年来历尽坎坷的犹太人终于又在 1948 年重新回到他们当年的故乡，再次创建以色列国。在这样颠沛流离的状态下，能够支撑犹太人信仰和信心的就是他们的宗教，在宗教指引下，他们重视教育，重视科技，重视金融，从而成为全球在科技、教育、金融领域的一个充满神奇也创造了很多奇迹的国度。

人是全球化的核心

全球化与人，这是最容易理解的关系，没有人就没有全球化的一切，人是全球化的核心，人的全球化带来了全球化的一切。但同时这也是最难理解的关系，人既是全球化的主体，又是全球化的客体。人主导和创造了全球化的今天，也在全球化的不同阶段中扮演着不同的角色。有的人成天飞行在全球各地，有的人从生到死也只是生活在大漠戈壁或者亚马逊丛林，根本不知道"全球"为何物。

所有文明的进程都是人的进化过程。人的进化带来了文明的进步。原始社会的人通过不断发明工具扩大生存范围，把文明的种子扩展到更大的空间。酋长们统治自己的部落时，最重要的就是不断扩大控制领地，只有这样才能有安全感，才能抵抗其他部落的侵略。在弱肉强食的过程中，为了巩固自己的地盘，传承自己的文明，他们就必须要找很多的女人为其生孩子，等孩子长大了再把孩子放出去镇守自己打下来的天下。到了封建时代，这种通过人的血缘关系传承的势力范围越来越大，中国就是其中的典型。

以人为核心的全球化是工业革命之前人类文明发展和传播的主要方法。其实直到今天，在科技、经济、政治已经高度发展的状况下，世界上还有国家依然保持着封建社会留下来的传承模式。比如朝鲜，朝鲜建国领袖金日成去世之后，把他的领导权传给了儿子金正日，金正日去世之后，再把他的权力传给了第三代的金正恩。

同样，即使工业革命已经过去几百年了，今天的大英帝国也还象征性地保留着封建时代"家天下"的统治痕迹，英国封建贵族精神仍被传承，高度发达的亚洲国家日本，同样保留了封建社会的文化传承。2019 年，日本确定了新的年号"令和"，这是迄今为止世界上唯一一个还在使用年号的国家。

工业革命之后，人与全球化之间的关系发生了本质性变化。资产阶级改变了人类社会以人为核心的管理模式，财产权决定了新的社会权力分配，在这个权力分配之下，一个独立的国家再也不是以家族成员的传承来控制的国家，而是代表财产关系和权力来控制的国家，人类进入资本主义革命的时代。

全球经济政治的发展给人的全球化带来巨大的变化。第二次世界大战之后，虽然处于冷战阶段，但是发达国家很快在经济发展中脱颖而出，美国、日本等发达国家和地区的人民由于经济收入增加，开始在全球范围旅行，带来了人的全球化流动。40年前，中国改革开放，发达国家的游客把中国这个文明古国当成他们出行的目的地，曾经神秘的中国揭开了面纱。近年来，中国经济高速增长，人民收入水平大大提高，于是，成千上万中国人走出国门，涌向世界各地，开阔了眼界，认识了不同的文明，大大开阔了中国人全球化的视野。

科技发达带来交通的便捷和快速，提高了人的全球化流动速度和频率，人的全球化是物的全球化的动力和基础。同样，人的全球化使全球人群通婚更加容易，移民也更加便利。商业贸易、读书学习、科技研发、人文交流等各种方式使人的全球化程度大大高于历史任何时期。这样的交流成为减少全球化障碍最重要的环节。以中日关系为例，没有去过日本的中国人，在电视里看到有关抗日的电视剧，对日本充满了仇恨。但是，一旦到日本旅游观光，你就会惊奇地发现，今天日本的发达程度、文明程度，很难让你把这个民族和曾经的凶残、狰狞联系起来。我们不能忘记历史，但是我们需要用今天的沟通和交流来填平仇恨的鸿沟，共同创造和平的世界。

信息通信技术的发达，大大丰富了全球范围内人与人之间的沟通交流方式。人的全球化已经不再仅仅是人群的全球化流动了，而是更多地体现在现代通信系统下的及时沟通和交流。最早是书信，后来是电报，再后来是有线电话、收音机和电视，目前是全球范围内的即时社交通信平台。这个平台的逐渐发展创造出一个虚拟世界，颠覆了我们对于传统世界的认知。以区块链为例，这个世界完全超越人类的地理和地缘限制，超越意识形态、宗教、种族等。人们通过无数个这样的虚拟世界建立和进入各种虚拟组织，创造虚拟世界中的生存方式和生活方式，尤其是虚拟货币和加密不可更改的账户的出现，虚拟社会建立的信用可能高于现实社会的信用，虚拟社会可以满足现实社会无法满足的需求，给现实社会的人带来更多的幸福，使人的全球化进入一个全新的时代。

美国总统特朗普在社交平台上表达他的治国观点和他对世界事务的看法，这种治国方式，把人的全球化推向了一个新的高度，但他毕竟还是现实社会中的一个国家领导者，在未来的虚拟世界。人是超越一切力量的存在。

在高度全球化的今天，几乎每个人都在主动或者被动地关心着全球的事物。全球化是人创造和主宰的，但是因为历史、民族、宗教、政治、环境、战争等原因，每个人都在全球化过程中扮演着不同的角色，拥有着不同的命运。对于渺小的个体，自己往往很难去想自己在全球化中是一个什么样的角色。全球化是由世界 70 多亿人构成的，但是这 70 多亿人就是 70 多亿的个体，70 多亿的个体分散在世界不同的地方，又有多少人知道自己和全球化的关系呢？全球化实际上是由极少数人掌控的，极少数人在研究、主导着全球的经济、政治、外交和环境。我希望掌握着全球 70 多亿人命运的极少数人，在决策主导全球化的时候，能够站在 70 多亿人的立场和利益去考虑今天和未来。

第二章

大英帝国和其领导的第一次全球化浪潮

前面说的人类的全球化和文明的全球化是一个非常漫长的过程，只表明一个意思：就是今天分布在世界各地的民族、文化、文明，曾经都是从一个地方慢慢发展起来的。各国、各民族、各宗教、各意识形态所构成的文明本来就是相互关联的，没有谁是孤立的、封闭的。

　　而这里以及本书要讨论的，则是人类进入工业革命之后，技术、工业、经济、政治的发展，改变并且加快了人类文明发展进程，改变了人类的生存方式，也改变了人与自然的关系以及人和人的关系。今天的全球化是一个更加紧密的全球化，科学、技术、经济带来的全球化把过去数万年人类进化和繁衍创造的文明带向了一个巅峰。经济的全球化是人类全球化的一个划时代标志。

　　经济的全球化和其他形式的全球化完全不一样。经济全球化从第一次全球化浪潮诞生到现在不过200多年时间，但它给世界带来的变化，创造的经济财富和文化，以及对人的认知水平产生的影响却是巨大的。

　　经济的全球化是通过科技发展推动工业的进步并且改变全球经济、政治、社会、文明的全球化，是推动人类社会进步和繁荣的全球化。它和农耕时代的全球化进程有着本质的区别。

　　农耕时代，人类还在相对狭小的范围内活动。家庭化的生产组织，部落化的社会体系都不是社会化的，生产出来的产品也是自种自收，即使到了封建社会后期，商品贸易出现，形成了早期的贸易全球化过程，但也没有形成全球化的组织体系。

从这个角度理解，人们通常把第一次工业革命的诞生作为第一次全球化浪潮的开始，把第二次世界大战的结束作为第一次全球化浪潮的结束和第二次全球化浪潮的开始，把今天正在经历的第三次、第四次工业革命称之为第三次全球化浪潮。不管这种划分是不是准确，是不是具有权威性，是不是可以被很多人接受，但至少可以让我们更容易地理解全球化的过去、今天和未来，也有利于我们在不可阻挡的全球化过程中，了解全球化的内涵、特征和运动规律，不要迷失自己。当我从微观操作出发，再宏观观察全球化的时候，确确实实地看到了第二次全球化浪潮诞生以来庞大的全球化浪潮所形成的体系，这个体系的承前启后就是已经结束的漫长的农耕文明、第一次全球化浪潮以及刚刚开始的第三次全球化浪潮。这些梦幻一样的运动规律深深吸引我要对这三次全球化浪潮去探个究竟。

所以，当我们解读全球化这个概念的时候，必须把全球化和工业革命紧紧地结合起来。全球化与工业革命的结合形成了全球化的经济体系和经济规则。规则内的所有国家和地区必须打破区域限制，打破市场准入篱笆，遵守共同的税收、贸易、金融结算和汇兑规则。

第一次工业革命诞生之前就已经开始了第一次全球化浪潮的萌动，可以理解为第一次全球化浪潮的早期。此期间以及之前1000多年，这个世界上最强大的国家是中国，尤其是中国通过陆上和海上两个大通道，将中国的丝绸、茶叶、瓷器以及中华文明传输到沿途，一直到达欧洲、非洲，也就是我们今天所说的丝绸之路。这个历史阶段被著名学者和社会活动家、达沃斯世界经济论坛创立者施瓦布先生称之为"全球化1.0"。我个人不同意这样的观点，因为这个时候完全没有形成经济全球化的体系和规则，仅仅是贸易全球化的开端。

大航海时代的地理大发现使欧洲各国强大起来，在各国相互争夺利益、争夺殖民地的过程中，大英帝国横空崛起。英国的崛起极大地推动了第一次工业革命，并诞生了人类历史上第一个工业大国。毫无疑问，大英帝国成为第一次全球化浪潮的领导者。

第一次全球化浪潮以经济利益作为驱动力，以军事手段作为扩张方式，以殖民地模式作为权力统治和控制方式，用简单粗暴的商品贸易作为利益交换和掠夺的手段，是人类有史以来第一次复杂的、大范围的、全方位的、持续时间很长的、影响整个人类社会发展进程并且有很大延续性的全球化过程。和单纯的战争征服、宗教统治以及产品贸易的全球化不可同日而语。

第一次全球化浪潮是由科技和工业推动的，使人类文明发展史进入了一个全新的阶段。第一次全球化浪潮有全球化的经济体系、产品体系、工业体系、制度体系，这种体系不受地理和国度的限制，可以在全球范围内建立体系之间的联系。

第一次工业革命把全球化带到了一个新阶段

从工业革命开始，人类开启了新的全球化时代。这就是指以科技和工业革命为核心的，以经济发展和扩张为主要目的在全球范围内开展贸易、投资、生产制造形成全球化产业关系和市场规则的全球化。能够达到这个全球化标准的时代一定是以工业化为先导的时代。这个时代被称为工业革命时代，工业革命这样一场具有划时代意义的革命，开启了人类社会的新纪元。第一次工业革命推动的全球化浪潮把全球化带入了一个全新的阶段。经济全球化取代以往任何全球化的方式，成为新的全球化内涵，也成为推动其他领域全球化最主要的动力，同时也增强了政治、文化、宗教、外交、科技等很多方面全球化的能力。

以经济为核心内容的全球化始于科学技术的颠覆以及划时代发明的诞生。

在人类文明史上最有代表性的划时代科技发明就是蒸汽机。

我在德国慕尼黑参观过德意志博物馆，在博物馆里看到同一时期欧洲各国发明的蒸汽机。虽然大家通常都把瓦特当成蒸汽机的发明人，严格意义上说，蒸汽机不是瓦特发明的，是那个时代一系列发明家的共同成果。首先是 1681 年法国物理学家帕平（Denis Papin，1647 ~ 1712）发明了高压锅；后来，英国发明家、工程师塞维利（Thomas Savery，1650～1715）对帕平的设计方案进行了仔细研究和多项改进之后，申请了世界上第一个蒸汽机专利。几十年之后，瓦特与合伙人马修·博尔顿才对蒸汽机进行了一系列的改进。一直到 1781 年，瓦特公司的雇员威廉·默多克（William Murdoch，1754～1839）发明了一种被称为"太阳与行星"的曲柄齿轮传动系统，并以瓦特的名义成功申请了专利。此时，瓦特蒸汽机输出的不再是活塞的往复运动而是旋转运动，为其成为动力机奠定了基础。

英国、法国、德国等欧洲国家在同一时期制造出若干种不同用途的蒸汽机。从多个国家和前后长达几十年的不断改进可以看出，当时欧洲发明蒸汽机推动第一次工业革命不是偶然的，是整个欧洲工业文明达到这个阶段的必然结果。

蒸汽机的发明是手工劳动进入机器时代的分水岭，是人类进化和文明发展过程中具有里程碑意义的事件。**蒸汽机只是一个产品，但是以蒸汽机为代表的工业和产业系统以此作为基础开始形成。**由于有了蒸汽机，蒸汽机的生产制造就是一个系统，就会形成这个装备系统的制造生态。然后，蒸汽机可以作为动力用在船上，使船舶的动力由人工和风力、潮汐、水流转化为机器动力，提高了船舶的行进速度，使被动的动力成为主动的动力；用作工厂的动力可以提高生产效率，家庭生产模式变革成为工厂生产模式，职业工人、职业劳动者出现，并就此出现了工业与农业的分工。1776 年，瓦特制造出人类历史上第一台具有实用价值的蒸汽机；1785 年，英国人卡特莱特把蒸汽机用在纺纱机上，发明了第一台动力纺织机，并建成世界上第一个以蒸汽机作为动力的纺纱厂，是纺织工业由手工生产方式向机械生产方式转变的革命。

如果仅仅把蒸汽机的发明理解为手工劳动与机器劳动的区别，也是远远不够的。

蒸汽机的发明开创了以蒸汽动力为基础的各种工业系统，使人类社会的生产力发生了本质性变化，进入大机器工业时代。大机器工业需要大的投资、厂房和土地，需要数量庞大的产业工人，这些工人需要居住在工厂附近，需要有很高的专业技能和组织性。于是，农耕文明时代的生产关系不再适应新的生产力，随之诞生了与大机器工业相适应的生产关系，这就让已经产生的资本主义萌芽得到发展。机器的发明带来工业组织的形成，开始了现代管理的创新，以及经济制度的发明和创造。

和工业革命相关的最重要的制度发明毫无疑问就是资本主义制度。从时间顺序来看，资产阶级和资本主义的诞生早于蒸汽机的发明。早期的资本主义萌芽产生在农耕文明的后期，当时已经出现用规模化的人力、兽力、水力作为社会生产力的现象。经济的家庭化出现了社会化倾向，只是规模尚小，需要的外部力量不那么多。但是随着造船水平的提高和大航海的出现，一个家庭要分担的商业成本不能满足商业行为的资金需要时，融资就开始了。用于等价交换的早期货币，产生了一个新的功能，这不是商业借贷的功能，而是资本性投资的功能，或者是最早的风险投资功能。比如，商船需要到数千海里以外去从事商业贸易活动，如果采用借贷的方式，很难满足债权人的信用要求，一艘船太大，需要装的货物也很多，几个月不回来，如果出了海事事故，债务人是没有足够的抵押物来支持借贷的。直接的风险投资就开始了。这就是资本主义从萌芽到规模化的转变。但是，贸易规模再怎么巨大，也产生不了真正的资本主义，贸易的强大所产生的现金流还是以债权债务作为交换关系的。最多就是诞生一些财主，诞生不了大资本家。

以蒸汽机为动力的工业化、机械化、自动化出现后，手工作坊被工厂取代，工厂规模和雇佣的工人成倍增长，工厂的资金需求越来越大，航海时代的投资机制被引用到工厂。这就酝酿了股份机制，用发行股票来实现投资者和经营者的分工。对于投资者来说，参与投资不是为了获得固定的债权回报，而是根据投资收益获得回报，回报率高了之后，更多的人愿意把资本投资给工厂。同样，对于企业经营主来说，获得的资金不需要还本付息，减轻了偿还压力，而且所获融资还没有周期性，属于长期资本。拥有技术的人没有资本，也不懂经营，于是，投资者和技术拥有者、经营管理者共同经营企业。随后，有些投资者退出企业的具体经营和管理，这就导致了投资和经营的第一次分离。这个阶段，财主就有机会成为资本家了，他们的收入模式已经不是依靠短期借贷，不是吃利息，而是通过长期资本投资，获得资本收益而不是固定收益。

蒸汽机的发明不仅仅是推动了科技、工业化的进步，更重要的是由于投资融资机制的创立和发明，渐渐形成了以科学的、法制化为基础的、以资本为核心的市场经济秩序。

蒸汽机动力逐渐被用在了铁路、钢铁、轮船、纺织、军事等各行各业，随后遍及欧洲。在工业革命诞生之前已经通过资产阶级革命和殖民战争的掠夺成为世界霸主的大英帝国，借助蒸汽机带来的生产力的突破，把自己推向了第一次全球化的顶峰。这个时间是 19 世纪中叶。也就是蒸汽机发明 100 多年之后。

蒸汽机的发明当然是工业革命的第一推手，也是第一次全球化浪潮的重要标志，但是仅仅有蒸汽机是不够的。在蒸汽机发明和应用期间，处于欧洲资本主义萌芽阶段的海洋国家在大航海时代的商业贸易活动也为科技发明和工业革命创造了有利的社会环境。航海让葡萄牙、西班牙等欧洲国家发现了许多以前不知道的国家和地区，开始了瓜分世界的狂潮。工业革命的版图扩张到哪里，工业文明也就到达了哪里。资本主义萌芽已经出现，大航海给人们带来更加宽阔的世界，科技进步推动了蒸汽机以及相关机器设备的发明。

第一次经济全球化浪潮就在这样的历史环境下开始酝酿了。

第一，中世纪晚期法国的文艺复兴解放了人的个性，人文主义思想把人的智慧和勤劳解放出来，一大批哲学家、文学家、艺术家、科学家的涌现使整个西方社会焕发出时代的光芒。从哲学、文学、艺术到自然科学的发展推动了资产阶级和资本主义萌芽的诞生，经济得到迅速发展。资产阶级的发展推动了资产阶级革命的爆发，资产阶级革命最大的成功就是在政治上结束了封建王朝的统治，代表先进生产力的资产阶级统治极大地促进了科学技术的进步和生产力的发展。14 世纪开始，在意大利最早出现达·芬奇、但丁、米开朗琪罗这样一些天才艺术家，开始用艺术、科学唤醒了人们对古希腊、古罗马艺术的怀念和追求。意大利的彼特拉克、薄卡丘这样的人文主义先驱，开始用文字表达对古老文明的思考，对中世纪的厌倦；后来法国的伏尔泰、卢梭以及英国的莎士比亚这样一群文学家创作了一大批以人为中心的文学巨著，呼唤了人性的回归。政教合一的政治制度瓦解之后，以人为中心、崇尚自由的资产阶级发展起来，开始了资产阶级革命。

随着资产阶级革命的发展和浪漫主义文学的兴起，人们在社会经济生活中的生命激情被唤醒，以人为中心的人本主义价值观把人从专制和禁锢中解放出来，人的创造力得到极大的发挥。

第二，最早爆发资产阶级革命的欧洲，迅速依靠生产力和资本主义制度得到发展。人们从专制中解放出来后，在自由状态下，才华得以充分展示。自然科学和人文科学都得到前所未有的发展，商业和贸易开始繁荣，资产阶级群体迅速崛起成为社会中坚力量。资产阶级革命促进生产力发展和进步，工业化和农耕文明时代在经济上的几个重要的区别开始出现：

农耕文明是以家庭作为基本经济和经营单位的，家庭作坊就是生产场地，生产、居住、贸易都在这个狭小的空间里完成。工业文明打破了家庭经营的局限，生产经营成为社会化组织行为。农耕时代的动力来源主要是畜力或者水力，家庭作坊和市场都要临水而建，临水而居。蒸汽机时代，需要靠近煤矿或煤炭运输方便的地方，要求地域开阔。

工厂规模扩大之后，生产和居住、商业开始分离。满足工业化的城市开始建设，工业化带来城市化。工业生产的复杂程度远远超过农耕时代，机器的运转改造了人的生活行为，人的行为不再被天气和季节所支配，而是被机器运转的时间和规律所支配。由此，人的纪律性加强，组织性加强。

机器工业对经营组织的要求和改造使得现代公司的雏形建立起来，劳动者、资本拥有者、商品贸易者的分工出现，形成了市场经济秩序，创建了以早期金融为核心的、以金融市场为基础的资本主义经济。同时，在这样的经济基础之上，资产阶级为了维护自身利益和权益的稳定性和安全性，创建了以资本主义市场经济为基础的政治体制。资本主义国家政治制度和秩序也因此渐渐形成。

第三，大航海使欧洲各国获得了非常丰富的资源和丰厚的财富，激发了资产阶级殖民主义的扩张野心。由于整个欧洲都受益于工业革命，欧洲各国纷纷开始对外扩张。他们通过海上、陆上多条线路展开了全球化霸权历程。以中国为例，自1840年鸦片战争开始，欧洲列强的全球化扩张就大踏步进入还在封建时代的中国。英国率先敲开中国大门之后，法国、意大利、德国、荷兰、比利时、葡萄牙也纷纷到中国建立他们的殖民势力。也许由于中国太大，欧洲也没有足够的精力来统治这么一个庞然大物，最后，中国只有部分地区沦为欧洲列强的殖民地。

第四，欧洲各国的内部征战最终成就了大英帝国的崛起。大英帝国在1688年推翻封建统治之后，通过《权利法案》确立了资本主义制度。在工业革命的推动下强大起来的大英帝国打败西班牙，英法大战中又大败法国，控制全球海上霸权，成为人类历史上面积最大的国家。虽然这个时候英国独霸世界，但是已经进入第一次工业革命的欧洲各国已经形成了强大的国家实力，创建了第一次工业革命市场经济体系。这个过程从中世纪结束、文艺复兴开始到今天，已经有600多年；从蒸汽机发明到今天，也有300多年了。

所以，第一次全球化浪潮是资本主义文明创建的，是以英国崛起成为世界头号强国为标志的，也是工业革命带来的技术和经济进步促进的，同时也是依靠军事作为保障、作为征服手段，以殖民地作为主要控制和掠夺模式的。

为什么把这个当成第一次全球化经济浪潮，而不是其他？著名的全球化专家、达沃斯世界经济论坛创办者施瓦布先生把中国封建社会时期开创的丝绸之路称之为"全球化的1.0"，而把英国、美国共同开创和主导的第一次工业革命和第二次工业革命称之为"全球化2.0"——我不同意施瓦布这个观点。我认为，丝绸之路搭建的东西方贸易通道仅仅是全球化的贸易行为，全球化的贸易行为自从有了早期的国际贸易行为之后，从古到今一直就没有中断过。丝绸之路通过贸易构成的东西方经济往来是经济全球化早期的一种形式，但是远远构不成经济全球化，和我们对于经济全球化的要求有很远的距离。

丝绸之路通过产品贸易的全球化打开了产品销售的更广大的市场渠道，为经济的全球化奠定了很好的渠道基础和贸易基础，是早期东西方商品交易、人文交流、文化互动的重要形式。但是丝绸之路并没有建立和形成东西方之间产品、技术、生产、管理、标准、金融、经济组织、经济体系、产业链、价值链、供应链之间的复杂关系，所以还不足以称之为经济全球化。

蒸汽机的发明以及大机器时代的到来，在推动资本主义制度发展的过程中，逐渐体现出工业革命的优势。原有的地理概念和地理范围很难满足大机器工业的扩张和发展。大机器工业在英国取得成功后，欧洲各国纷纷引进、学习和效仿，工业革命自身的、客观的扩张能力和扩张需求必须要有更大的地理半径与之适应，于是，工业革命成为第一次全球化浪潮的真正源头。一场经济全球化巨浪由此而掀起，势不可当。

英国为什么能成为领导者？

工业革命成就了大英帝国。工业革命本身的扩张需求把第一次工业革命从英国带到欧洲和全球。这次扩张掀起了人类历史上第一次全球化浪潮。但是，为什么英国能成为第一次全球化浪潮的领导者呢？

今天的英国是大不列颠及北爱尔兰联合王国的简称，位于欧洲大陆西北面的不列颠群岛，包括英格兰、苏格兰、威尔士以及北爱尔兰等一系列岛屿，人口超过 6600 万，相当于中国一个省的人口数量，面积 24.41 万平方公里。难以想象在其鼎盛时期，曾经拥有 3400 多万平方公里的土地，是今天其国土面积的 100 倍还多。

为什么曾经这么小的国家发展成为这么大的帝国，而今天又被打回原形呢？原因就是第一次全球化浪潮的展开和消退。英国崛起与衰落的过程也是第一次全球化浪潮掀起和衰退的过程。潮涨潮落，已经物是人非。

英国为什么能崛起呢？西方诞生了工业革命，欧洲的法国、意大利、荷兰、西班牙、葡萄牙、德国都进入工业革命时代，为什么最后是英国发展成为欧洲甚至世界最强大的国家？

英国著名的金融历史学家尼尔·弗格森在《帝国》一书中说："在欧洲各国争建帝国的竞赛中，英国绝对属于起步晚的。"早在大英帝国把自己的疆域扩大到世界各地之前，西班牙就已经在美洲建立了殖民地；葡萄牙也在巴西、印度等地获得了殖民地。

在古代，不列颠群岛一直是欧洲各国频繁侵略、骚扰的对象。古罗马、德国条顿部落、法国北部的诺曼人很容易就从英吉利海峡渡过，踏上不列颠的土地抢劫一番。而不列颠群岛内部也被自然地理分割成为北部山地上的苏格兰、南部平原上的英格兰和西南部山地上的威尔士。天然的分割形成不同的部落和王国，内部也经过数百年的相互攻伐、征战。也许在这一点上，英国有些像中国的邻居日本，都是海岛，自然条件不好反而要发奋图强。作为一个岛国，英国必须进取。

欧洲中世纪之后，最早通过文艺复兴被解放出来的是意大利和法国。大航海时期，最早获得成功的是西班牙、荷兰和葡萄牙。英国的起步都晚于这些国家。但是英国因为以下几方面的因素迅速在欧洲各国中脱颖而出：

首先还是早期相对野蛮粗暴、简单彪悍的海盗风格。我们今天总是在强调和平，唾弃野蛮的战争，但是人类的进步与和平总是伴随着战争。

从早期的海盗活动到后来的殖民战争以及欧洲内部争夺霸权的战争，英国都是一路打过来的。

比如著名的"七年战争"。这场战争发生在 1754 年至 1763 年，主要集中于 1756 年至 1763 年，当时欧洲的主要强国都有参加。战争直接影响到欧洲、北美、中美洲、西非海岸以及亚洲的印度、菲律宾等国家，因为这些地方都已经是欧洲各国的殖民地。这场战争中英国成为最大的赢家，法国把加拿大的殖民地割让给了英国，使得英国成为最大的海外殖民地霸主。

其次是政变引发的政治体制改革。发生于 1688 年的"光荣革命"与其说是一场政变，不如说是一次由资产阶级推动的英国政治体制改革。1688 年，英国资产阶级和新贵族发动推翻詹姆士二世的统治、防止天主教复辟的非暴力政变。这场革命没有发生流血冲突，因此历史学家将其称之为"光荣革命"。1689 年英国议会通过了限制王权的《权利法案》，奠定了国王统而不治的宪政基础，国家权力由君主逐渐转移到议会。君主立宪制政体即起源于这次"光荣革命"。这场革命早于欧洲其他国家，使得英国资产阶级革命迅速发展，大大解放了生产力，促进了资本主义发展，推动了工业革命在英国的进程。

资产阶级革命的成功使得以工业革命为前提的生产关系获得了上层建筑的支持，使得科技、工业的发展得到了国家层面的政治体制的最大支持，科技、工业、经济制度、政治制度达成了高度统一，这个统一在当时的欧洲和全球范围内独一无二，大英帝国借此成为世界经济头号强国。

第三是工业革命的推动。虽然蒸汽机在英国出现之后，整个欧洲很快都学会了这项技术，工业力量都得到加强，但是在欧洲内部的竞争中，英国让蒸汽机技术发展得更快。尤其是英国把蒸汽机用在军舰和商船上，让他们不仅拥有了强大的海军，还拥有了强大的海上商船。

工业革命的标志是蒸汽机的发明，但是工业革命的本质不仅仅是蒸汽机的发明，而是从蒸汽机开始，人类从事生产的动力由人力、畜力、水力升华至机械动力。以从中国到英国为例，农耕文明时代需要 1 年以上，有了蒸汽机做动力的轮船，2 个月就可以到达。动力的提升使所有的生产方式都得到改变，生产效率获得巨大提高，并以此作为开端，开启了后来的第二次、第三次、第四次工业革命，最后让整个人类文明进程发生了根本性改变。

第四是殖民地模式与商业模式的结合。英国通过战争打开别国的门户，通过殖民统治掌控别国的主权，然后再通过公司经营活动掠夺殖民地财富。早期的东印度公司和后期的怡和集团都是扮演这样的角色。

在现代文明早期，工业革命改变了国家之间的强弱关系和地理距离，工业革命带来的生产方式客观上需要更大的市场来消化工业革命的成果，这就使人类扩张的本性和欲望得到满足。由于国家与国家之间强弱分明，国家之间的关系就呈信息不对称和合作关系不对等的状态，商品交易的公平性也不存在，只能依靠武力方式获得一个国家和地区的控制权。殖民占有就成为第一次全球化浪潮期间国与国的关系常态。

但是，殖民关系只是占有关系，强国对弱国如果没有利益可图就不会有占有，占有同样是需要支付成本的。所以，殖民占有之后还要去经营殖民地，需要把先进的产品、设备、厂房、技术、管理、教育以及人才输入殖民地，并通过这些输入获得滚滚财富。全球化早期的跨国经营活动由此诞生，跨国的产业链和供应链的雏形也随之形成。这种体系是农耕文明时代的任何商业行为都不可能达到的。

在这个时代，因为英国拥有了全球最强大的海军，拥有全球最完备的工业革命体系，英国就具备了通过殖民和商业、工业模式称霸全球的最有利的条件和能力。

第五是现代金融的创立。欧洲的现代金融起源于借贷。文艺复兴之后，商业活动日益频繁，荷兰、法国、意大利、西班牙、葡萄牙的金融市场渐渐发展起来。荷兰创建了世界上最早的证券交易所，成为欧洲的金融中心。在工业革命之前，欧洲商业和市场形成过程中，荷兰创建了最早的现代金融体系，整个欧洲的贸易主要都由荷兰的金融机构提供借贷与结算服务。这种结算也成为事实上的金融控制。在英国通过工业革命崛起过程中，英国与荷兰通过 4 次战争，确立了英国在海上的竞争优势，并且获得金融上的长足发展。1649 年，英格兰银行发行纸币，英镑由此诞生，而直到 1816 年，英国通过《金本位制度法案》，才正式确立金本位制度，也就是用黄金作为货币的结算单位来发行英镑纸币。英国在 1773 年于伦敦成立了第一家证券交易所，这个时间比荷兰成立世界第一个证券交易所晚了 100 多年。

金本位制度的确立，使得英镑通过战争、工业革命、殖民地模式成为全球最大的发行货币，也确立了英国在全球金融中心的地位。

通过以上几个方面的原因，英国成为当之无愧的第一次全球化浪潮的引领者和主导者。但是，强大的大英帝国并没有在全球化的统治过程中越走越远，而是被美国所取代。这其中有大英帝国自身的问题，也有世界地缘经济政治发生变化的原因。

根据以上分析和理解，如果一定要把第一次全球化浪潮的起点确定在哪一年的话，我愿意把这一年确定在 1776 年。因为这一年有几个非常具有代表性的事件：

第一，瓦特制造出第一个具有实用价值的蒸汽机，使蒸汽机真正具有了工业化意义；

第二，亚当·斯密发表《国富论》，作为工业革命的一个系统性古典经济学理论，它的诞生对于经济学发展和现代经济体系建立，具有里程碑意义，对于英国主导第一次全球化浪潮起到了重要作用；

第三，美国签署《独立宣言》，为美国独立、国家创建以及资本主义经济政治制度的确立和繁荣奠定基础。

浪潮结束，帝国也随之没落

在大英帝国狂妄扩张、骄傲自满的时候，以日耳曼人为主的德国在科技和工业上悄悄崛起。德国的崛起对英国的全球化秩序构成了很大威胁。尤其是在 19 世纪 60 年代后期，第二次工业革命爆发。爱因斯坦的"相对论"，居里夫人在化学领域的发现，以及第二次工业革命的一系列成就，使得欧洲各国经济力量对比发生了很大变化。这些变化导致欧洲各国之间已经形成的利益格局出现了多重矛盾，原有的利益平衡终于被打破，战争成为重新调整利益结构和均衡各国力量的手段。

于是，以德国为首的同盟国于 1914 年发动了第一次世界大战，希望通过战争来改变世界的利益格局。4 年之后，德国战败。4 年的战争把大英帝国建立起来的第一次全球化秩序搅乱了。

第一次世界大战主要在欧洲土地上进行。战火在欧洲燃烧，欧洲各国在美洲的争夺能力严重下降，美国抓住这个机会，扩大了自己在美洲地区的利益范围，成为第一次世界大战少有的赢家。

"一战"结束，欧洲各国都遭受巨大损失。30 多个国家、15 亿人口卷入战争，约 6500 万人参战，欧洲各国在战前形成的经济、军事、政治力量被重新定义。战争中，俄罗斯帝国爆发社会主义革命，诞生了人类历史上第一个社会主义国家政权——俄罗斯苏维埃联邦社会主义共和国。

第一次世界大战的结束并没有给世界带来和平。战后签署的协议进一步加深了同盟国与协约国之间的矛盾。1929 年，美国爆发经济危机，迅速蔓延到世界各国，尤其是发达国家。危机的爆发给世界经济带来巨大冲击，严重的经济衰退再次对世界造成不平衡。

在世界经济危机使全球经济遭到严重损害的时候，1933 年，希特勒出任德意志第三帝国总理，希特勒缔造的纳粹党掌握德国政权。1939 年，纳粹德国在希特勒领导下，发动第二次世界大战，这次战争从范围到时间再到惨烈程度，大大超过了第一次世界大战。

两次世界大战，结束了大英帝国的霸主时代。大英帝国的衰落以及战争的破坏导致第一次全球化格局被打破，全球地缘政治和地缘经济秩序被重新洗牌。战后很多殖民地国家纷纷宣布独立，大英帝国统治世界的历史也宣告结束。

第一次全球化浪潮也随之宣告结束。

虽然第一次全球化浪潮结束于两次世界大战，但是如果没有两次世界大战，第一次全球化浪潮会结束吗？会不会是美国的崛起取代英国呢？历史的进程已经走过，不可假设，但偶然之中存在必然的因素。

曾经领导世界、掀起第一次全球化浪潮的大英帝国，把大部分力量用于全球化的殖民统治和殖民国家的发展，不断扩张大英帝国的地理管理半径。这大大消耗了英国本国的国力，提高了殖民模式的管理难度。英国从本土派出大量的军队、管理人才去殖民地进行统治和管理，导致英国在新的生产力研究和投入上落后于日本、德国、美国。新的技术、产业、产品被美国、德国、日本所拥有，大英帝国毫无意外地被超越。如果没有两次世界大战，我们很难想象今天的世界格局会是什么样子，两次世界大战改变了人类社会进程和文明的发展方式，但是，即使没有两次世界大战，第一次全球化浪潮也会很快结束，第二次全球化浪潮也会高歌猛进。因为第一次全球化浪潮已经失去了生产力和生产关系的先进性，失去了殖民地模式的全球化优势，因此很快会被更先进的生产力和生产关系所取代，也会被新的全球化需求、全球化模式与全球化主导者所取代。超越第一次全球化浪潮主导者英国的国家当时至少有 3 个——美国、德国、日本。这 3 个国家当时都已经比较发达了，相互之间不存在殖民和被殖民的可能。更何况，现今的资本主义生产力和生产关系以及全球化的经济模式已经远远先进于大英帝国开创的殖民模式，第二次全球化浪潮一定会在 20 世纪初就逐渐展开。发达国家权力欲望的不平衡导致只能通过战争来实现两次全球化浪潮的更替，损失巨大，代价巨大。但是，由于各国之间齐头并进的发展，即使没有两次世界大战，英国同样会让出世界第一的交椅，后面的发展进程中也可能发生新的战争。

第一次和第二次全球化浪潮的交替用战争来完成实在是人类发展过程中最大的悲剧。这也告诉世界，任何一次文明的更替和变革都有可能带来世界性的灾难，这也是"修昔底德陷阱"观点存在与流行的重要原因。巧合的是，100 年后，再次出现了类似的情景。中国作为一个古老大国的再次崛起，引起了美国的巨大不安，美国总统发起了一场针对中国、祸及全球的贸易冲突以及对中国崛起的遏制，引来整个世界的焦虑。我觉得这是需要全世界警惕的。100 年之后，再次出现两个经济大国之争的时候，会是什么结果呢？

第一次全球化浪潮的特征

第一次全球化浪潮虽然是通过科技进步和工业革命推动的，但是，意识形态领域经历了文艺复兴和启蒙运动，实现人的个性化解放，才有了工业革命成功的基础。由于处在工业革命初期，第一次全球化浪潮还是一个低水平的、粗暴的、野蛮的、带着明显的强权征服特征的全球化，是少数殖民主义、统治阶级、资产阶级、封建贵族组成的各大帝国获利的全球化，也是不平等、不公平的全球化，是强大的全球化势力对落后国家和地区进行奴役的全球化。虽然第一次全球化浪潮掀起于工业革命早期，处在农耕文明和工业文明的过渡阶段，但是，第一次全球化浪潮为今天的全球化建立了最早的基础。

第一次全球化浪潮具有以下特征：

第一，全球化的产品比较单一。第一次全球化浪潮包含第一次工业革命和第二次工业革命两个阶段，也代表了第一次全球化浪潮中的两种不同的全球化程度。第一次全球化浪潮中的第一次工业革命时期是农耕文明向工业文明过渡的时期。蒸汽机动力的出现，改变了农耕文明时代的加工方式，这一时期的产品主要是农产品的工业化再加工，生产力水平只是在农业生产方式上有比较大的提高，工业体系还没有形成。蒸汽机的生产制造也相对简单，蒸汽机的应用也不广泛。这个时期的全球化以简单粗暴的武装侵略和占领作为扩张手段，来保证工业化的推进。大英帝国以及进入工业化的国家到处扩展自己的殖民地。由于抢夺殖民地资源和殖民战争的需要，第一次全球化浪潮时期的工业化重点是发展军事工业，包括军舰和各种常规武器。而这些武器的制造需要大量钢铁、煤炭，于是促进了和这些产业链相关的产品的发展。农产品、畜牧产品的生产加工仍然在初级阶段。民用产品方面，纺织业是当时比较发达和普遍的产业。蒸汽机大大提高了纺织业的效率。食品加工业的发展也促进了食品的丰富。

　　第一次全球化浪潮期间还没有真正形成复杂的全球化的产业链、价值链、供应链关系。全球性的贸易中，主要还是以终端产品销售为贸易形式。即使大英帝国把工业产品卖到了全世界的殖民国家，这些进口机器设备的国家也是成建制地把整个工厂所需要的机器设备都买回去，然后利用当地的原材料和市场需求进行简单生产制造，完全没有达到产业要素在全球配置的水平。而且，从产品地域布局上看，早期都是欧洲各国内部之间的竞争，后来扩展到各自的殖民地，才形成了第一次全球化浪潮中非常简单的产业链、价值链、供应链关系。

　　第二，全球化的工具比较落后。早期全球化的联系工具从硬件来看主要是交通工具、运输物流工具、通信工具。交通工具主要是轮船，近距离交通有火车，但还没有飞机和跨国铁路。1768年，詹姆斯·瓦特与英国伯明翰的企业家马修·博尔顿合作，专门研制了一台用于船舶推进的特殊用途的蒸汽机。但是，世界上第一艘蒸汽机轮船却是由美国发明家富尔顿于1802年在法国制造出来的，船用蒸汽机的出现为世界真正的远洋航行作出了巨大贡献。轮船也成为第一次全球化浪潮中最重要的交通工具。

　　通信方面，主要还是以书信为主，直到电力出现之后，才有了电话和电报作为通信工具。但是电报不是大众通信工具，通信的信息流量受到严重约束。电话的通话容量也受到限制，而国际电话对于普通大众来说更是奢侈品，国与国之间还是非常遥远的，交流也非常稀缺。贸易额、投资额、旅客量、金融支付都没有形成气候。

到了 19 世纪末 20 世纪初，由于内燃机的发明、电力的应用，全球化的工具开始丰富起来。飞机、内燃机列车、汽车被发明和应用，使得全球化的交通运输有了革命性的突破。

第三，全球化的交易水平不高。所谓的交易水平主要是指交易方式和结算、支付方式。第一次全球化浪潮时期，资本主义不发达，资本还不能成为主要结算工具，也没有可供全球化结算的货币，国际贸易的大量交易行为和支付行为主要是通过以物易物进行，后来则发展为以黄金和白银作为结算支付工具。直到英国将英镑作为统一货币，以黄金作为货币发行和结算单位之后，伦敦金融中心的地位被确立，才大大降低了交易成本，提高了交易效率。另外，由于还没有建立全球性的贸易投资组织，贸易行为主要是双边贸易，贸易品种主要是产成品。现代公司这样的交易组织和交易载体也没有发育成熟。

第四，全球化金融水平很低。和今天比较，第一次全球化浪潮时期各国内部的金融发展水平要高于国际贸易的金融交易和结算水平。由于全球化程度不高，国际金融不如国内金融发达。主要国家都在第一次全球化时期甚至更早就有了各自的货币，但是还没有建立全球化的金融秩序和规则。主要金融产品是借贷、债券以及票据，股票市场的规模不大。由于资本主义还没有到高度发达的程度，资本总量不大，单一企业规模不大，所以资本市场也不发达，直接融资比例远远少于间接融资的比例。

货币的使用和金融业的出现早于工业革命。15 世纪，大航海时代出现，随着殖民地的拓展和国际贸易的繁荣，各个国家的金融业发展起来，海上力量强大的国家，金融发展速度也相对较快。荷兰是这个阶段金融最发达的国家，诞生了世界上最早的证券交易所。英国在工业革命之后崛起，通过多年征战，英国成为最强的国家之后，才从荷兰人手上夺走了世界金融中心的地位。

第五，全球化的受益者不多。第一次全球化浪潮时期主要是早期资本主义国家和殖民地之间的全球化模式，两者之间是控制与被控制的关系。经济行为是在资本主义国家对殖民地主权的控制之下进行的，少数的资本家和相关利益集团是这个时期最大的利益获得者，全球化的受益者首先是主要的经济强国，包括英国、法国、意大利、德国、葡萄牙、荷兰、西班牙等。这个时期的全球化严重缺乏公平贸易的环境，主要是殖民掠夺，少数国家掠夺殖民地的资源和劳动力，体现出严重的剥削和不平等。

对于这个问题，国际社会一直有争论，很多人认为，虽然殖民地时期，资本主义国家通过殖民扩张的方式掠夺了殖民地的自然资源、人文资源、劳动力资源，但是也给殖民地所在国带去了现代工业和现代文明，促进了殖民地的发展。

第六，全球化规则不成熟。第一次全球化浪潮的主要规则是殖民战争胜利之后所签署的各种不平等条约。这些条约的主要内容包括战争赔款、开放单边的贸易口岸、建立贸易条款、割让殖民地、殖民地丧失国家主权。实际上第一次全球化浪潮主要是单边的、强弱鲜明的全球化规则和秩序。国与国之间缺乏主权的平等，人与人之间同样充斥着奴役和被奴役、剥削和被剥削。商业贸易也极其不平等，严重缺乏等价交换的公平公正，还不是市场经济行为。

由于产业发展速度比较缓慢，产业门类还在早期阶段，产业链、价值链、供应链关系也相对简单，产业组织还没有发育成熟，产业游戏规则尚在形成过程中。国与国之间的公平、公开、平等的全球化贸易规则和标准也没有完全形成，还没有一个全球化的双边和多边关税规则。

第七，主要是贸易的全球化。第一次全球化浪潮不是市场经济主导的全球化，经济行为主要表现为通过军事力量和行政力量实现全球化控制之后，获得不平等的贸易机会。经济的全球化比较单一，主要是产品贸易。生产资料的全球化贸易也只体现于一些重型设备，比如炼钢厂设备、纺织设备、机械制造设备、军工制造设备这样一些终端产品，完全没有能力实现产业资源在全球范围的整合和配置。比如，中国需要大量的军舰、商船，一开始都是直接从英国购买，形成国际贸易。后来，中国的需求量很大，清朝政府就出钱建造船厂，但是造船厂的所有机器设备都得从欧洲进口。随着工业革命水平的提升，全球化经济水平也在很快提升。第一次全球化浪潮后期主要是发达国家通过工业产品的输出，换取殖民地国家的资源，包括矿产、森林等。

以制造业为核心的全球化产业链、价值链、供应链关系还没有真正形成，产品相对单一，产业链也相对较短，产业上下游关系也不复杂。价值链也比较清晰，基本上还没有形成在全球范围内根据价值链规律进行产业资源配置的逻辑关系。供应链也很简单，主要是终端产品的远程运输，产业对于供应链的高精密度和高效率要求也不高。

第八，全球化的产业关系还没有真正形成。什么是全球化的产业关系呢？就是由于生产力和交通运输能力、通信能力的高度发达，一个产业的上下游产业链已经在全球范围分工，而不是在一个国家内部或者一个区域内部完成。比如，英国的纺织行业发达，但是英国不出产棉花，只能从东方来进口棉花；中国可以种植棉花，但是中国的纺织技术落后，只能把棉花运到英国去纺纱，织成棉布，再洗染加工成为面料。

第一次全球化浪潮后期，开始第二次工业革命，许多新兴行业发展起来，比如电力、钢铁、石油、基础设施建设等。全球的产业链、供应链、价值链在经济发达的国家之间逐渐形成。英国、德国、法国、意大利、美国、日本等由于产业水平趋同，虽然存在差异化竞争，但是这些国家在产业的互补性、协同性方面的互动关系已经建立起来。日本的轻工业、欧洲的各种消费品、美国的制造业这些特色产业体系建立起来，构筑了早期工业化国家之间的跨境、跨国产业体系。

中国与第一次工业革命失之交臂

1776 年，当世界上第一个经过多年研究和应用整合的蒸汽发动机在英国制造出来并应用于轮船动力的时候，我相信当时的所有人，包括参与设计和改进的人，都没有意识到，这个机器成为人类文明进步和发展的转折点。

这一年的 7 月 4 日，美国发表《独立宣言》，宣布独立，脱离英国殖民统治。

这一年，是清朝乾隆四十一年，正处在康乾盛世这一历史阶段，物产丰富、经济发达、莺歌燕舞。

也是这一年，西方经济学鼻祖、英国人亚当·斯密发表《国富论》，奠定了西方资本主义自由经济学说的理论基础，为资本主义与现代工业革命结合，从而推动一场改变东西方历史和命运的文明进程起到了巨大的作用。《国富论》为第一次全球化浪潮打下了理论基础。亚当·斯密在《国富论》里把当时的中国描绘成"全球最富裕、最有文化、最勤劳和人口最稠密的国家之一，比欧洲任何一个地方都要富裕"。但同时，他也写道，"中国一直处于停滞状态"。

1793年，在大英帝国借助工业革命发展数十年之后，他们听到了关于遥远东方的传说，派了一位非常热爱中国文化和传统的使者马戛尔尼伯爵出使中国，这也是英国第一次派使者出使中国。马戛尔尼是一位"中国迷"，他一辈子最向往的事就是去中国。这应该是第一次全球化浪潮和中国最早的接触。

英国政府期望通过马戛尔尼使团访华，与中国建立外交关系，改善中英之间的关系和现行贸易体制，扩大双方的通商范围。

当时，广州一口通商不能满足英国对华贸易的需要。1787年（乾隆五十二年），英国国王应东印度公司的请求，派遣凯思·卡特为使臣，前往中国交涉通商事务，并谋求建立外交关系。使臣在中途病死。1793年（乾隆五十八年），英国又派遣马戛尔尼使团访华，其目的是想通过与清王朝最高当局谈判，取消清政府在对外贸易中的种种限制和禁令，打开中国门户，开拓中国市场；同时，也是为了搜集有关中国的情报，估计中国的实力，为英国资产阶级下一步的行动提供依据。

英方希望跟中国建立新的外交关系，并达成下列协议：

1. 英国派遣全权大使常驻北京，如中国愿意派大使到伦敦去，英国皇室必将以最优等礼仪款待。

2. 准许英国在舟山和天津进行贸易，并仿效澳门先例，在舟山附近指定一个小岛，供商人居留和存放货物。

3. 允许驻在澳门的英国商人居住广州。

4. 英国商品在中国内河运送时，争取免税或减税，希望中国有固定的，公开的海关收税标准。

马戛尔尼使团出发时，内务部长敦达斯还特地告诫："您一到便要受到接见，您要服从中国朝廷的礼仪，既不要损害自己君主的尊严，又不要被礼仪上的小事束缚住手脚。"敦达斯的嘱咐既包含了外交常识，又非常具有政治含义，其实就是要求使团不要因小失大。

使团乘坐的船只和携带的大批礼物都是经过精心挑选和特意制造的。这艘"狮子号"炮舰，装有 64 门大炮，是当时英国的三等军舰。使团携带的礼物除一部分是投中国皇帝之所好外，更多的是为了显示英国的科学技术。

这个庞大的使团带来了众多的礼品。英国人想把他们最新的发明介绍给中国，如蒸汽机、棉纺机、梳理机、织布机，并猜想准会让中国人感到惊奇而高兴的。英王还特意赠送了当时英国规模最大并装备有 110 门大口径火炮的"君主号"战舰模型。也许，他们想暗示 64 门火炮的"狮子号"在英国强大的海军舰队里是多么的微不足道。

1793 年 6 月，马戛尔尼使团到达天津。钦差大臣徵瑞亲赴天津接待。此时，乾隆帝正在热河行宫（今承德避暑山庄）避暑，于是决定由徵瑞护送使团经北京赴热河谒见皇帝。使团在北京稍事停留后，除留一部分人在圆明园安装英国带来的仪器外，主要成员均在徵瑞的陪同下赶赴热河。然而，外交接触尚未开始，礼节冲突便已发生。清朝政府要求英国使臣按照各国贡使觐见皇帝的一贯礼仪，行三跪九叩之礼。英使认为这是一种屈辱而坚决拒绝。礼仪之争自天津，经北京，而继续到热河。乾隆帝闻讯，勃然大怒，下令降低接待规格。

　　按照马戛尔尼的想法，英国与大清是完全不同的两个主权国家，不存在朝贡的关系，而且这次出使的名义也是祝寿。但是大清的官员们信奉的是"普天之下，莫非王土"的儒家观点，所以除了进贡之外，原本就不存在平等的国家关系。很明显，天下都是乾隆皇帝的，没有谁可以跟皇帝平起平坐，即使是英国国王亲自来华也是一样。这让马戛尔尼很为难，为了这次出使的成功，英国政府已经准备很久了，如果不按照清朝官员的安排，那么很有可能为了这样的一件小事而功败垂成，但是顺从这种安排的话，又似乎让英国的尊严受到了影响。他没有办法，选择假装看不见，默默地承受了这一切。

　　乾隆时期，清政府对当时欧洲各国社会经济的发展和近代资本主义的历史性进步茫然不知，把西方各国仍然视为"海夷"。他们不假思索地称马戛尔尼为"贡使"，称他们带来的礼品为"贡品"，要求他们遵从中国礼制。英国作为当时西方第一强国，其使臣向中国这一传统发起了猛烈的冲击。

　　因为礼节，马戛尔尼使团访华虽然失败了，但是马戛尔尼使团却给中国和英国乃至欧洲带来不一样的影响。

　　对中国来说，中国丧失了一次与近代工业文明接触、认识世界、改变封闭状态的良好机遇。这也是中国本可以主动、积极地融入第一次全球化浪潮最早的机会。对此，佩雷菲特先生曾说过："如果这两个国家能增加它们间的接触，能互相吸取对方最为成功的经验；如果那个早于别国几个世纪发明了印刷与造纸、指南针与舵、火药与火器的国家，同那个驯服了蒸汽并即将驾驭电力的国家把它们的发现结合起来，那么中国人与欧洲人之间的文化交流必将使双方都取得飞速的进步，那将是一场什么样的文化革命呀！"但古老的中国却逐步走向封闭，自认为"天朝上国"，夜郎自大，对于外面已经天翻地覆的世界充耳不闻，不了解世界发展的趋势。而新兴的资本主义世界正虎视眈眈地看着中国这个古代的帝国，清政府却故步自封，停滞不前，成为时代的落伍者。不到一个世纪的时间，英国就发动第一次鸦片战争，清政府在西方坚船利炮的攻击下，打开中国的大门，也开始了近代中华民族屈辱的历史。

从 1793 年到 1840 年第一次鸦片战争，可以理解为第一次全球化浪潮与中国从友好、试探开始，到中国沦为第一次全球化浪潮的被动接受国、输入国。也可以把这个阶段理解为中国与第一次全球化浪潮被动关系的第一阶段。这个阶段的结果就是中国通过两次鸦片战争和中日甲午战争以及与西方列强签订的一系列割地赔款的不平等条约，被迫成为第一次全球化浪潮时期的被入侵、被掠夺的国家。

对于英国、欧洲来说，从马戛尔尼开始之后的多次交往，欧洲人改变了对中国的态度。通过马戛尔尼使团回英国后的回忆及记述，他们向英国人乃至欧洲人展示了一个不一样的中国。在马戛尔尼使团访华之前，欧洲在 17 世纪至 18 世纪出现"中国热"。许多的思想巨匠赞美中国的儒家文化与政治经验。但是马戛尔尼使团访华后，其使团记载异于传统印象中的中国，使中国的形象完全颠覆。安德逊在《马戛尔尼航行中国记》中的描写引起巨大的反响："我们像要饭的一样进入北京，像囚犯一样被监禁在那里，而离开时简直像是盗贼。"马戛尔尼更是在 1793 年访华后，说："清政府好比是一艘破烂不堪的头等战舰，它之所以在过去一百五十年中没有沉没，仅仅是由于一班幸运、能干而警觉的军官们的支撑，而她胜过邻船的地方，只在她的体积和外表。但是，一旦一个没有才干的人在甲板上指挥，那就不会再有纪律和安全了。"自此，马戛尔尼使团访华使欧洲人对中国的观点发生根本性的转折，如黑格尔在读过斯当东的《英使谒见乾隆纪实》后，对中国形成简明的看法："中华帝国是一个神权专制政治的帝国……个人从道德上来说没有自己的个性。中国的历史从本质上来看仍然是非历史的：它翻来覆去只是一个雄伟的废墟而已……任何进步在那里都无法实现。"

表面看起来，中国与第一次工业革命失之交臂不过就是因为不同的礼节而引起了外交冲突，实质上还是封建专制王朝与资产阶级国家新的社会形态之间的差距。

到 1861 年，历经两次鸦片战争战败，国内的一些进步学者和清朝的部分官僚包括魏源、冯桂芬、李鸿章、张之洞、曾国藩、左宗棠等，才认识到西方列强通过工业革命带来的全球化优势，决定学习西方的先进技术，主张"师夷长技以制夷"，掀起了一轮"洋务运动"，引进了西方的第一次工业革命的技术成果，在军工、造船、纺织、铁路、电报、采矿等领域第一次全面融入了第一次全球化浪潮最具有代表性的产业和技术。虽然"洋务运动"最终也没有改变满清王朝失败和灭亡的命运，但是，让中国在第一次全球化浪潮中，奠定了一定的工业和现代经济的基础。

而此期间最有代表性的观点还是晚清重臣李鸿章的"数千年未有之大变局"的判断。作为晚清最有代表性的人物，李鸿章虽然在史学界充满争议，但是从工业革命开始之后的历史进程来看，他是难得的位高权重的清醒者。1873 年，李鸿章上书同治皇帝："臣窃惟欧洲诸国，百十年来，由印度而南洋，由南洋而中国，闯入边界腹地，凡史前所未载，亘古所未通，无不款关而求互市。我皇上如天之度，概与立约通商，以牢笼之，合地球东西南朔九万里之遥，胥聚于中国，此三千余年一大变局也"。到了 1875 年，李鸿章再次上书光绪皇帝："今则东南海疆万余里，各国通商传教来往自如，麇集京师及各省腹地，阳托和好之名，阴怀吞噬之计，一国生事，诸国构煽，实为数千年来未有之变局。"李鸿章两次关于"千年之大变局"之说，实际上就是指工业革命推动的第一次全球化浪潮要结束过去，开创未来。这个大变局的实质就是中国这个最古老而强大的国家，失去了强大的地位，被代表先进生产力的新兴资产阶级国家取而代之。

李鸿章的警示没有让同治皇帝和光绪皇帝看到这个大变局背后的实质。

从 1776 年开始，到 1911 年辛亥革命推翻封建王朝，整整过去了 135 年。但是，即使中国推翻了封建王朝，也没有改变中国在第一次全球化浪潮中的命运。中国的上海、天津、香港、台湾、青岛等地还是被西方殖民者占有或者租用，仍然没有改变第一次全球化浪潮以来形成的对中国的不平等关系。

对于工业革命和第一次全球化浪潮来说，中国一开始就输在了起跑线上。

直到辛亥革命之后，中国才结束了封建王朝的统治，到了

1949年，中华人民共和国成立，中央人民政府才正式宣布，废除了西方列强在中国所签署的所有不平等条约。伴随第一次全球化浪潮的落幕，第一次全球化浪潮与中国的不平等关系才结束，而真正意义上的结束，甚至可以理解为直到1997年中国从英国手上收回香港，以及1999年从葡萄牙手上收回澳门。

所以，中国的第一次全球化就是从鸦片战争中签署不平等条约而开始的。中国成为被全球化的国家之一。

中国本来有机会成为工业革命领导者的，即使成不了领导者，至少也有多次机会跟着西方的节奏进入工业革命，参与到第一次全球化浪潮中去。

早在明朝中后期，中国私有经济就已经达到了很高的水平，资本主义萌芽在珠三角、长三角地区已经非常活跃，从工业领域看，金属加工、造船业、建筑、丝绸、陶瓷、纺织、印刷行业都具有相当规模，而且技术非常先进。如果这样持续发展下去，通过发明创造诞生机械动力推动工业革命完全是有可能的。

以明朝郑和七下西洋为例，1405年至1433年的28年间，明朝三宝太监郑和七次奉旨率明朝船队远航西洋，航线从西太平洋穿越印度洋，到过东南亚、西亚和非洲东岸，历经30多个国家和地区，比西方大航海时代哥伦布、达伽马、麦哲伦都早了几十年。虽然后来因为各种原因，明朝皇帝宣布海禁，终止了航海，再后来明朝覆灭，来自北方的满族统治中国之后，清朝统治者更没有海上图存的战略，使中国错失了通过航海与西方交往以及和西方同步开创工业革命时代的机会。这是中国第一次和工业革命擦肩而过。

第二次错失全球化机会是在清朝时期。

清朝时期，通过康熙、雍正、乾隆皇帝的治理，中国在经济上依然是全球较强大的国家，但是由于错失了工业革命的机会，中国尚不知道自己已经在技术上落后于西方，而西方在中国明朝与清朝朝代更迭的混乱时期，通过发明蒸汽机推动的工业革命，已经让西方经济水平有了本质性提高，但是当西方列强前来中国寻求合作的时候，清朝统治者奉行固有的封建落后的闭关锁国政策，拒绝了与西方列强合作的要求，再次错失与工业革命同步的机会。

第三次错失工业革命和第一次全球化的机会是在鸦片战争之后，中国才发现自己已经和西方拉开了差距，尤其是中日甲午战争让中国受到很大的刺激。貌似强大的中国，竟然惨败在自己的"学生"手上，一些积极进步的资产阶级知识分子通过学习，接受了开明的进步思想，认识到了差距，掀起"戊戌变法"运动。但是，傀儡皇帝光绪被垂帘听政的太后慈禧抓了起来，一帮依靠"公车上书"提出变法主张的知识分子，严重地低估了封建社会的保守本质以及固有的封建统治秩序，"书生造反"被镇压下去，"戊戌六君子"血染菜市口。

"戊戌变法"和"洋务运动"的结合，一个相当于今天的改革，一个相当于今天的开放。这两个内容与今天的全球化有什么关系呢？按道理来说，"洋务运动"的失败使中国错失了参与第一次全球化的机会，也使中国进入现代化的进程晚了许多年。但是今天当中国处在第二次全球化后期和第三次全球化初期的时候，我们应该反思150多年前的"洋务运动"失败的深刻原因，通过失败的历史性分析来找到全球化的经济、政治、文化根源，不仅对于中国现阶段融入全球化有利，更加有利于中国思考第三次全球化的方法。

两次鸦片战争之后的割地赔款，才让大清帝国认识到自己再也不是那个万国来朝的泱泱大国，发现中国军事力量已经落后，需要引进国外的军工技术来增强军事力量，保卫大清封建统治的江山。后来清朝才发现发达国家不仅是军事力量雄厚，还有技术进步带来的经济力量的强大，中国的"洋务运动"才从军事技术和装备的引进发展到工业领域和资本主义市场经济力量的引进。这个引进一开始也是非常成功的，在"中学为体，西学为用"的指导思想下，从科学技术到产品、生产制造设备的大规模引进，形成了中国清朝晚期的民族工业，但是，由于注重了开放而没有推动真正意义的内部改革，导致"洋务运动"的失败。核心障碍就是"中学为体"，这个"体"就是中国几千年保持不变的封建政治体制和没有与时俱进的文明体系。所以，"洋务运动"的基本价值观就是"师夷长技以制夷"，就是要保持大清江山和统治体系不变的前提下，学习西方先进的科学技术，然后来对抗或抑制西方列强。这样的指导思想仅仅是让大清统治者意识到西方列强拥有了先进的科学技术，他们并不知道，也不想知道是在什么样的经济制度、政治制度的变革下创造了这样的科学技术。所以肤浅地认为，只要能够学习西方的"技"，就足以继续维护封建王朝的江山。

所以，中国错过第一次工业革命，错过第一次全球化机会的根本原因在于清朝统治者包括清朝的变革思想家只是认识到当时的中国和西方列强之间的技术差距、生产力的差距，而没有认识到时代的差距、生产制度的差距、文明的差距。

这种理解制约了当年中国的变革，导致中国沦落为半殖民地半封建国家。新中国成立之初，中国与资本主义、全球化保持着一定的距离。一直到 1978 年，才开始向发达国家从技术、机制、方法的引进转向市场经济制度的引进，在没有改变社会主义这个根本制度的基础上，作出了巨大的变革，才使中国有机会融入了第二次全球化浪潮。

第三章

美国主导的第二次全球化浪潮

1945 年，德国首都柏林被占领，远东战场上日本天皇宣布投降，第二次世界大战结束。这也标志着第一次全球化浪潮结束了。从 18 世纪 70 年代到 20 世纪 40 年代，第一次全球化浪潮前后持续 170 多年。

第一次全球化浪潮的结束也标志着第二次全球化浪潮的开始。

严格来说，今天很难定义什么是第二次全球化浪潮。因为在我所定义的第二次全球化浪潮开始的时候，这个世界被两大经济政治和文化所主导，而且相互对立。但是在 20 世纪 80 年代末 90 年代初，代表社会主义阵营的苏联解体，世界由两极变为一极，第二次世界大战之后形成的资本主义市场经济体系发展成为全球化经济体系，这个体系从"二战"后一直持续至今，所以，我还是把第二次世界大战之后由发达国家创立的全球经济体系所形成的全球化浪潮称之为第二次全球化浪潮。鉴于此，我认为，第二次全球化浪潮是在第二次世界大战结束后，由主要资本主义国家创立，由美国主导的全球化政治、产业、贸易、金融组织以及有关协议和约定所推动的经济全球化的发展方式，并形成持续至今的全球产业链、价值链、供应链关系及其有规律运动的趋势。

第二次全球化浪潮虽然是建立在第一次全球化浪潮的基础之上，在经济和产业上也是第一次全球化浪潮的升级和继续，但是，第二次全球化浪潮比第一次全球化浪潮的范围更广，程度更深，经济生态更加丰富，经济总量更加巨大。第二次全球化浪潮与政治、外交、文明、文化的关系更加复杂。

为什么不把电力的发明、美国取代英国成为世界霸主或者资本主义市场经济体系成熟作为第二次全球化的开始，而是把第二次世界大战结束作为第二次全球化浪潮的开始呢？我认为电力的发明也好，美国取代英国的霸主地位也好，并没有标志一个大时代的结束和一个新时代的开始。电力的发现和应用仅仅意味着工业革命进入一个新的时代，是技术和产业的变革，而真正给世界和文明进程带来划时代意义的还是第二次世界大战的结束。第二次世界大战的结束不仅是一场战争的结束，还是全球经济政治力量的一次重新调整，更是全球在新的国家秩序、政治秩序的运行下，创建新的经济运行模式的开端。

首先，人类社会第一次出现两大具有对立意识形态的国家群体。一个是以苏联为首的社会主义国家，包括占世界人口总数最大比例的中国、东欧和部分中欧国家、部分南美洲和东南亚国家。一个是以美国为首的资本主义国家，包括西欧主要的资本主义国家以及加拿大、澳大利亚等。

第二，通过战后的民族独立运动，第一次全球化形成的殖民主义纷纷解体，一个又一个殖民地国家相继独立。

第三，第一次全球化形成的地缘经济和政治发生了很大的变化。

第四，战后世界上的主要国家根据自己以及世界经济发展需要，创建了一系列新的全球化经济秩序。

那么第二次全球化浪潮是怎么形成的呢？又是以什么作为

标志呢？概括起来可以这样理解，第一次工业革命传播到美国和德国之后，美国、德国推动了第二次工业革命，内燃机和电力的大规模使用解决了蒸汽机作为动力的局限，不仅提高了生产力，还创造了更多的工业门类，形成了更加庞大的工业体系，同时，也使得生产关系在适应新的生产力的过程中，更加成熟、发达。第二次工业革命为掀起第二次全球化浪潮打下了基础。两次世界大战改变了经济全球化的发展进程和时间表。

早在两次世界大战之前，第二次全球化浪潮的产业和经济基础已经形成，但是并没有建立一个经济全球化秩序。第二次世界大战结束之后，由于世界地缘政治形成了冷战状态，两大文明主体对峙，各自不同的政治盟友之间需要建立联合关系，来形成相互对抗的整体实力，这种实力仅仅靠一个国家不可能达到，于是就建立了代表各自不同利益的新的经济、政治、军事、外交合作关系，这就为经济全球化奠定了基础，也成为那个时代国家对于经济发展方式的共识。于是第二次全球化浪潮分别以两种不同的经济政治模式而展开。所以，并不是说第一次全球化浪潮一结束，第二次全球化浪潮顺势开始了。第二次全球化浪潮正式形成之前，已经具备了掀起第二次全球化浪潮的科技基础、产业基础以及国家基础，这些基础都为第二次高水平的全球化创造了条件，也代表了人类经济发展的趋势。但是，如果不是两次世界大战，第二次全球化浪潮不会以这样的方式出现。

构成第二次全球化浪潮的所有要素是分为以下几个阶段形成的：

第一个阶段是美国的崛起到第二次世界大战开始。这是第二次全球化浪潮的初始阶段。这个阶段的特点是美国推动了第二次工业革命，创建了发达完整的资本主义市场经济体制。同时，第一次全球化浪潮因为两次世界大战而结束，需要建立新的全球化经济秩序。这个秩序的标志就是以经济发达的资本主义国家为伙伴创建一系列的全球化经济组织和金融组织，通过这些组织，将经济发达国家的生产制造、科学研究、产业关系、金融市场、贸易规则、人员流动、多边关税等方面有效地组织起来，取代了殖民时代的国与国之间的全球化经济关系，使之成为第二次全球化浪潮诞生的标志。

第二个阶段是从第二次世界大战结束到1991年苏联解体。世界从二元经济政治回到资本主义"一股独大"的阶段，这是第二次全球化浪潮蓄势阶段。

第三个阶段是从1991年到2016年特朗普上任。在这个阶段，中国加入全球化阵营，第二次全球化浪潮因为中国的加入达到有史以来的最高峰，全球经济增长速度和经济总量超过以往任何时候。2016年，特朗普当选美国总统，开始实施一系列逆全球化措施，使得第二次全球化浪潮受到阻碍。

现在进入一个新的阶段，这个阶段开始于2018年。第二次全球化浪潮进入衰退期，第三次全球化浪潮的势头开始形成，世界进入第二次与第三次全球化浪潮交织的阶段。

美国取代英国成为世界经济新的领导者

第二次全球化浪潮始于美国的崛起，也由美国一直领导到现在。

1945 年，第二次世界大战进入尾声，战局已经没有了悬念，然而，罗斯福总统没有等到胜利凯歌的唱响就悄然病逝，担任副总统不久的杜鲁门继任美国新总统。杜鲁门只用了 1 分钟发表就职演讲，他宣布：美国已经获得了世界的领导地位。随后，美国在杜鲁门的带领下，开始了领导第二次全球化浪潮的时代。所以，我愿意把第二次全球化浪潮的起点算在 1945 年。如果从这个时候算起，美国所领导的第二次全球化浪潮至今已经整整 74 年了。

"二战"结束，世界出现两极分化，进入冷战时期，第二次全球化浪潮紧锣密鼓地拉开序幕。

战争中，世界经济发展大大减速，但是战争机器同样是刺激科技进步和工业发展的重要手段，为了取得战争胜利，参战国不惜代价把钱投资到军事科技与军事工业中。美国这样纯粹的市场经济国家，军事工业也是军事产业，军工产品都是由市场化的企业生产制造。战争停止，军工企业既可以继续生产制造军工产品，以备冷战之需，也可以把很多军工技术用到民用产业，形成发达的军民融合机制。比如《蓝血十杰》一书所描述的，一群在军事物流管理领域的精英转业到福特汽车之后，把军队上的物流管理模式带到了汽车生产制造的物流系统，开创了福特汽车的管理奇迹。

所以，第二次世界大战结束的时候，第二次工业革命已经非常发达和成熟了，诞生了非常丰富和庞大的产业群体，这些产业集群客观上具有在全球进行扩张的需求和动力，产业集群的全球化扩张需要建立全球性的，涉及主要发达国家主权和市场秩序的全球性产业秩序，这些产业秩序包括产品标准、工具标准、产业规则、贸易规则、结算规则、金融系统税收规则、竞争规则等。美国已经是世界上最强大的经济体，建立这些规则有利于美国各行各业在全球范围内的发展，符合大国的利益。于是，在美国的倡导下，全球构建了第二次全球化浪潮的经济秩序。

美国掀起了一场新的、完全超越第一次全球化浪潮的第二次全球化浪潮，并且一直持续到今天。

从以上分析的情况来看，美国已经具备了成为全球化浪潮领导者的条件。

第一，美国已经成为全球第一强国，具备了主导全球化的能力。两次世界大战均没有在美国本土作战，没有对美国的经济和生活造成大的影响。美国是两次世界大战的制造后方，既通过金融产品发了金融财，还通过大规模的订单发展了军事技术和军工产业，军事力量和经济力量都得到增强。其他国家在打仗，美国在生产，此消彼长，美国拉开了和世界的距离。

第二，第二次世界大战结束之后，世界经济政治力量的再平衡需要建立新的全球化经济秩序。第二次工业革命形成的产业生态比第一次全球化浪潮时期的产业生态对于地域、空间、产业组织、产品市场、金融市场的要求更高。产品需要更大的市场，产业需要更大的空间，跨国公司已经形成，这些都需要更多国家之间的协同。而这些产业所在的国家出现了经济制度、政治制度、意识形态和价值观的对立，相同价值观和政治经济制度的国家需要形成经济政治组织和规则才能让各自受益。

第三，第二次世界大战之后形成的新的政治秩序并没有从根本上解决世界的和平问题，两大阵营的对峙潜伏着更大的战争危机。每个阵营必须形成联合力量来发展经济，通过国家与国家之间的经济联合形成强大的经济力量。只有经济、技术、产品的联合分工以及金融的一体化才能够有效地形成跨国家的经济体系，弱小的国家也才有安全感。

第四，战后各参战国国力衰退，百废待兴，都需要通过迅速发展经济来医治战争创伤，积蓄经济力量，应对任何挑战。日本、德国都成了战败国，但是，日本和德国都曾经完成了第一次、第二次工业革命，技术基础、产业基础虽然遭遇很大的打击，恢复起来也非常迅速。由于有这样的基础，日本和西德在美国的支持和帮助下，到 20 世纪 70 年代就已经成为非常发达的资本主义国家。

第五，由于连续进行了两次世界大战，欧洲各国经济损失惨重，人力资源严重匮乏，综合实力大大下降，已经没有任何一个国家有能力来领导资本主义阵营，而美国客观上控制了西德、日本的经济、政治、军事发展主导权。在不能通过殖民模式建立强国在全球范围的领导控制关系的背景下，必须找到通过经济方式获得全球资源和经济利益的途径。

东西方对峙造成两大完全对立的全球化模式

第二次世界大战结束前后，美、英、苏三个同盟国首脑多次开会重新定义世界秩序，地缘政治发生了很大的变化。

第二次世界大战的结束和第一次世界大战结束一样，并没有打出一个祥和的世界、和平的世界。各同盟国虽然联合起来把法西斯消灭了，但是第二次世界大战打出一对新的矛盾——社会主义和资本主义的对峙。第一次世界大战进行过程中，作为参战国的俄罗斯帝国突然发生了社会主义革命，曾经的沙俄帝国摇身一变成为世界上第一个社会主义国家——俄罗斯苏维埃联邦社会主义共和国。而这个全新的社会主义国家所实行的经济制度在这个世界上是从来没有的，是与资本主义私有制完全对立的公有制；政治制度也是与资产阶级专政相对立的无产阶级专政。1922年，苏维埃社会主义共和国联盟成立。这个新兴的社会主义共和国联盟，不仅在经济上取得了巨大成功，在科学技术方面也有重大成就，发射了人造卫星和宇宙飞船，造出了原子弹。更加重要的是，苏联在第二次世界大战中是扭转战局的重要力量，因此必然成为二战结束后世界经济政治秩序重建过程中的主要成员。

战后两大军事组织——"北约"和"华约"的建立，开启了社会主义和资本主义两大阵营的军备竞赛，也开启了冷战时代。中国在第二次世界大战结束之后，又爆发了国共内战，1949年中华人民共和国成立之后，加入到社会主义阵营。于是，世界上第一次形成了两大意识形态以及政治、经济制度不一样的阵营。两大阵营分别涵盖不同国家，每个国家又在各自体系内部保持主权完整。20 世纪 50 年代到 70 年代，亚洲、非洲、拉丁美洲一些国家在社会主义阵营影响下，纷纷结束殖民统治而宣布独立，西方资本主义阵营遭到民族独立的瓦解。

两大阵营的确立使得这个世界第一次成为一个二元世界。只有很少数国家是中立国。世界的二元结构必然以各自成员国作为基础建立两个完全不同体系的经济政治秩序。第二次全球化浪潮在"二战"之后以两种模式展开。第一种模式是以美国为首的资本主义国家作为成员国的全球化模式；第二种模式就是以苏联为首的社会主义国家作为成员的全球化模式。这两种模式在经济上各成一套制度和体系，政治上相互不认同，军事上实行高度军备竞赛。

第一次全球化浪潮是一种非常单一的、以大英帝国为首的殖民地与被殖民地之间的贸易加工模式。第二次全球化浪潮掀起的时候，世界上除了某些落后的不发达地区经济水平仍然处于农耕文明时期之外，出现了两种经济制度：社会主义计划经济和资本主义市场经济。这两种完全对立的经济制度在第二次全球化浪潮开始的时候，展开了一场大竞赛。

在资本主义阵营，主要发达国家有美国、英国、法国、意大利等经历过第一次工业革命的资本主义国家。日本和德国成为战败国，遭受了巨大的战争创伤，人力资源和经济基础都遭到毁灭性打击。战后日本和西德在美国的控制和支持之下，同处资本主义阵营。两国本来就有工业革命基础，起点非常高，是站在发达国家基础上的恢复，而不是处在不发达国家和发展中国家阶段所进行的经济建设，所以战后经济发展非常迅速。用一个非常形象的比喻来说，战后的中国要造一辆汽车，即使从苏联获得很多帮助和支持，也需要 10 年时间，还只能造解放牌货车；战后的西德即便到处都被炸成了废墟，那些从前线返回来的军人工程师，很快就可以从废墟里面刨出图纸、挖出设备、接上电源生产奔驰和宝马。

社会主义阵营同样具有非常庞大的体量和强大的经济实力。

首先是苏联，"二战"结束之后，苏联作为主要战胜国，不仅恢复了战前的领土和各加盟共和国主权，还控制了德国东部。

其次，建立了以苏联为首的强大的社会主义阵营。苏联的加盟共和国包括东德、波兰、匈牙利、捷克斯洛伐克、罗马尼亚、阿尔巴尼亚、保加利亚等东欧国家和亚洲的朝鲜、越南、蒙古，以及美洲的古巴等国家。

再次，1949 年 10 月 1 日，中华人民共和国成立，社会主义阵营又增加了世界上人口最多的国家。也就是说，在战后的经济力量对比上，当时社会主义阵营的经济总量并不弱于资本主义经济总量。

世界两大政治体系形成第一次高度对立，当时称之为"冷战"，但是今天来分析，实际上是人类社会文明发展为两种不同理想、不同价值观、不同经济体制、不同意识形态的全球化模式。

所以第二次全球化浪潮的早期，实际上存在两种完全不一样的全球化模式。

政治上，以美国为首的西方发达国家实行私有制的资本主义制度，以苏联为首的社会主义国家实行公有制的社会主义制度；资本主义国家的经济核心是私有制的市场经济，社会主义国家实行非市场机制的计划经济制度；资本主义国家在全世界所有私有制国家中建立共同的价值观和经济政治模式，社会主义国家不是通过相互之间的经济贸易规则来推动经济的全球化，而是通过国际共产主义援助来体现共产主义精神。以中国为例，新中国成立后，苏联对中国在科技和经济上提供了巨大的帮助，帮助中国创建了计划经济体制。同样，中国也在自己的发展过程中，对越南、朝鲜以及远在欧洲的阿尔巴尼亚等社会主义国家提供了大量的无私援助。

即使社会主义阵营和西方进行冷战，仍然取得了非常了不起的成绩。在军事上，朝鲜敢于在苏联、中国支持下，发起解放朝鲜半岛的战争，如果没有中苏的直接支持和干预，朝鲜完全无法抵抗打着联合国军旗号的多国军队；没有中国和苏联的支持，越南也不可能在推翻法国的殖民统治后，再把美国侵略军拖入越南丛林，敢于挑战世界头号军事强国；实际上没有苏联的支持，中国也不可能在短短几年时间里从半殖民地半封建社会，不经过资本主义阶段，直接建成社会主义计划经济体系和社会管理体系。社会主义国家在科学技术上也迅速取得了伟大的成绩，苏联成功制造了原子弹，宇航员加加林成为第一个进入太空的地球人。

但是两种对立力量在军事、科技、经济的各种竞争中，发生了变异。一方面是对立双方的发展模式，早期的社会主义计划经济确实发挥了公有制的优势，经济发展非常迅速，各国社会主义建设热火朝天。由于社会主义发展、共产主义发展的终极目标是消灭资产阶级，建立无产阶级专政，所以两大体系都以消灭对方为目标，而不是相互合作来发展，敌对、竞争、冲突在所难免，这个阶段也是各有所长。另一方面，社会主义阵营内部失去列宁、斯大林这样的共产主义早期创业者之后，苏联共产党领导集团内部分化，导致苏联更在意谋求自己势力的扩大，希望在苏联共产党领导下，谋求更多自身利益和国际霸权。由苏联帮助创立的年轻的社会主义中国内部矛盾最早爆发，中苏关系也最早破裂。今天看来，不是中苏两党两国的问题，而是前苏联最早的马克思列宁主义政党的创始人去世之后，后来的苏共领导人已经蜕化为非马克思主义者，已经丧失了共产主义理想，党内贪污腐败、保守落后、贪图享乐，失去了共产党的执政信任，最后也给国际共产主义造成巨大的损失。最后的结果是东欧剧变，苏联解体。如果不是中国及时实行改革开放，果断采取具有中国特色的社会主义市场经济路线，中国也不会取得如此辉煌的成就。而以美国为首的西方发达国家，开创了"外汇自由化、贸易自由化、资本自由化"为主要内容的多边经济制度，构成了资本主义利益集团的核心内容，也构筑了资本主义市场经济的优势基础。战后主要资本主义国家的经济实现了高速度发展，科学技术、产业体系进入高度发达阶段。资本主义世界建立起了以"G7"（英、法、德、意、日、美、加）为核心的发达国家经济体系。社会主义和资本主义两大阵营的较量很快分出高低。

1989 年起，社会主义阵营内部发生"东欧剧变"，两年之后，东欧各个社会主义国家的政治经济制度发生根本性改变，苏联本身也解体分裂，欧洲的社会主义阵营彻底崩溃。二元化的全球化时代宣布结束，世界又变成一个单极世界，美国终于走向了单边霸权主义领导全球化浪潮的顶峰。

美国以及西方的竞争对手没有了，美国可以大大减少军备投入，加大经济发展力度，而脱离社会主义阵营的这些国家也成为美国产品、技术、金融、资源的市场。到 20 世纪末，第二次全球化浪潮面向俄罗斯、匈牙利、保加利亚、塞尔维亚等国长驱直入，达到第一个高峰。

东西方两大阵营对峙的结束，也是第二次世界大战之后，两大完全对立的全球化模式的结束，也是真正意义的第二次全球化浪潮的开始。

第二次全球化浪潮的特征

有学者认为，从"二战"结束到苏联解体的全球化模式，称不上全球化浪潮，而是"半球化"浪潮。我认为是第二次全球化浪潮在第二次世界大战结束之后，产生了两种不同的全球化模式——资本主义市场经济的全球化模式和社会主义计划经济的全球化模式，其中一种在 20 世纪 90 年代初结束，两种全球化模式归结为一种模式，那就是市场经济的全球化模式。苏东解体后，第二次全球化浪潮渗透至过去的社会主义国家，扩大了覆盖范围，成为真正意义上的全球化浪潮。

那么美国主导的第二次全球化浪潮有些什么特点，第二次全球化浪潮与第一次相比有什么区别呢？

第一，第二次全球化浪潮是由美国领导的以及西方发达国家共同主导世界经济格局的全球化。

从第二次世界大战结束到现在，第二次工业革命和第三次工业革命在技术上带来的产业价值所形成的产业链、价值链、供应链在全球范围内的分布已经达到极致，全球性的产业分布在资本的驱动下向发展中国家和不发达国家的转移看似非常成功，但是带来了新的麻烦。3 个链条的内在规律确实让发达资本主义获得了巨大的回报，但是，产业链的重心转移到发展中国家之后，所有发达国家出现中低产业链空心化现象，这些现象让发达国家的就业机会大大减少，引起包括美国在内的一些发达国家贫富分化加剧。

这些发达国家主要是美国、英国、德国、意大利、法国、加拿大、日本、瑞典、瑞士、西班牙、澳大利亚、韩国、荷兰等，这些国家在几十年的发展过程中，利用从第一次工业革命和第一次全球化中积累的技术和产业基础、教育水平以及产业规则、金融机制占据了产业链和价值链的最高端。他们之间形成的综合产业配置能力，主导了全球产业的配置关系。

第二，第二次全球化浪潮是把第二次、第三次工业革命推向人类文明高峰的全球化。

电力的应用所产生的产业体系把制造业推动到一个全新的阶段，电子科技的发明再次把产业的纵深往产业链的下游丰富了一个产业层次，使得每一个产业增加一个产业层次机会，创造更加丰富的产品和企业，大大提高经济总量。高端装备制造、航空制造、汽车制造、移动终端制造、新能源研究制造、新材料制造、环保产业生产制造和服务、农业产业化技术、建筑技术和建筑材料的进步基本上都从发达国家转移到了发展中国家。

第三，科学技术高速发展，社会财富高速积累。

几十年来，新的技术发明、新的专利层出不穷，生物技术、航空航天技术、新材料技术、医药医疗技术、半导体技术、农业技术，也几乎都来自这些发达国家的原创以及产业化应用。这些技术发明和应用通过天使资本、创业资本、PE资本、并购资本的逐级孵化，像接力棒似的从科研院所、专业研发机构、大学源源不断地输送到企业和资本市场，再随着产品、服务、公司进入到全球产业链，创造了巨大的财富。美国的硅谷，日本、以色列、英国、法国、意大利、德国、加拿大、澳大利亚这些国家的科研创新中心，成为这些技术诞生的主要地区。

第四，形成了全球性市场规则和体系。

第二次全球化浪潮和第一次全球化浪潮最大的区别就是除了产业体系更加丰富完善、产业体量扩大之外，还建立了非常庞大的全球化规则。早期的世界银行、布雷顿森林体系、国际货币基金组织、关贸总协定、欧洲经济共同体还只体现了一些全球化基础规则，随着全球化体系日益扩大，经济总量日益增加，在汽车、航空、海运、医疗、石油、天然气、矿产、食品、服装、纺织、建筑、金融、货币、财务、法律、税务、环保、生物技术等难以计数的领域建立了全球化、地域化的多边规则体系，保障了第二次全球化浪潮的推进和运行。

第五，通过资本配置，实现了产业链、价值链、供应链分布的全球化。

资本的全球化成为产业分工在全球范围内的价值语言，信息的专业化、不对称以及全球性产业资产的价格发现机制使得全球化配置成为第二次全球化浪潮最大的成功。纽约为中心、全球为半径的金融资本交易模式推动了产业在全球之间的并购整合，全球并购浪潮一浪高过一浪。伦敦、东京、香港、新加坡、法兰克福都成为资本全球化的配置市场，与纽约证券市场一起，构成了全球化资本市场配置体系，促进了全球资本流动的同时，推动了全球产业链、价值链、供应链的分布。

这是从第一次全球化浪潮到第二次全球化浪潮经济质量的

巨大变化和提升。从国家殖民模式到市场主导资源的配置保障了全球化浪潮在全球范围内的科学性、公平性和市场化。虽然配置的结果依然代表了发达国家的资本在全球范围内的最大利益，但毕竟带来了全球经济总量的增加，也为发展中国家带来了巨大的发展机遇。

第六，全面覆盖发达国家、发展中国家、不发达国家产业价值关系。

经济全球化行为归根到底还是一种投资行为。所有产业在全球的配置都是每一个产业节点或者产业端口在全球的投资行为。每一种投资行为都是以利益为驱动的，不管是原材料、生产资料还是消费品行业投资，主要关注的就是投资机会、投资收益、投资成本、政治环境、商业环境、法律环境、市场环境、税收、劳动力、科技力量、人才、产业配套能力、物流等。这些年来随着全球化覆盖的产业门类越多，产业链条越长，区域范围越大，越是投资洼地获得的投资机会越多。中国、巴西、南非、印度、俄罗斯、印尼、越南等发展中国家都成为全球化的受益者。不发达国家区域，比如非洲地区同样也是全球化产业分布的地区。

第七，超越意识形态、经济制度、政治制度。

这是比较敏感的话题。第二次全球化浪潮初期，东西方的对立虽然体现在意识形态，在经济上同样也基本无交集。社会主义阵营和资本主义阵营基本上没有技术交流、产品进出口、投资合作等行为。两大经济体系建立各自的经济技术、产业体系、产品标准。冷战结束之后，意识形态淡化，全球化突破经济制度和政治制度的局限，超越意识形态而发展。中国实施改革开放之后，大门首先向日本等国家开放，尤其是 2001 年中国作为发展中国家加入 WTO 之后，更是打破意识形态的限制，不仅在经济上融入了全球化，而且在和发达资本主义合作交流的过程中，展开了经济、文化、民族、宗教、语言之间的全面交流和交往。

第八，资本市场高度发达，形成以资本市场作为主要配置手段的全球化。

经济的全球化主要是指产业链、价值链、供应链在全球范围内成规律地配置。配置规律虽然体现在每一个链条的上下游以及链条和链条之间的协同性上，但是所有配置的根本规律是这些链条背后的资本链。全球化程度越高，资本的功能和作用越是明显。如果第一次全球化浪潮时期产业资金的来源主要是借贷资金，那么第二次全球化浪潮时期，其来源主要是资本资金。资本资金主要来自于产业利润和回报，产业资本高速积累之后，资本本身开展了一次全面的分工，产业资本渐渐从产业领域分离出来，成为专业的金融资本，金融资本在配置这 3 个链条的时候，获得了巨大的利益，同时，由于资本在资本市场发行、转让、交易过程中，形成了庞大的资本市场体系，这个体系的复杂性使之成为巨大的金融产业，最终导致金融业过度发达。除了极少数家族资本还持有着发达国家的企业股权之外，全球主要发达国家的产业领域几乎完全被金融资本持有。真正意义的产业资本几乎已经不存在。

在美国，有一个行业叫投资银行，这个行业最顶端的人叫投资银行家。如果说主宰第二次全球化浪潮的产业链、价值链、供应链背后最强大的能量是金融资本，那么几乎所有的长期资本都控制在投资银行与投资银行家手上。也就是说，美国主导的第二次全球化浪潮实际上是由全球的投资银行和投资银行家控制的。我相信，在美国，律师和投资银行家是不可或缺的。美国历史上的财政部长几乎都是由投资银行家担任的。美联储主席格林斯潘担任过摩根公司的董事；现在财政部长姆努钦在投资银行高盛做了 17 年的合伙人；参加中美贸易谈判的美国代表团成员、商务部长罗斯被称为"破产重组之王"，也是著名的投资银行家；白宫首席经济顾问库德洛曾经担任过贝尔斯登公司的首席经济学家，同样是投资银行家。这样一个现象体现了第二次全球化浪潮的本质特征就是美国这个资本高度集中的国家，在经济上主要由一群投资银行家精英代表着资本的利益，利用资本的运营原理，使产业链、价值链、供应链在全球范围内得以配置。中国在 20 世纪 90 年代初，引进了资本市场这样一种市场体系，但是由于中国特色，中国没有完全照搬资本市场，对于资本市场的重要元素——投资银行与投资银行家也缺乏根本性认识，投资银行的概念和运营也被严重扭曲，它仅仅被当成了证券公司的一个股票发行承销部门。中国的投资银行家也没有形成一个高水平的资本运营群体，投资银行与投资银行家的作用和价值被严重忽略，这让中国经济的运行水平和运行质量大打折扣。

第九，全球化的跨国企业成为第二次全球化浪潮的实现载体。

第二次全球化浪潮有一个特点，即全球化的实现载体既不是政府，也不是行业组织，而是一个个的企业，而且主要是跨国企业。发达国家为什么有那么多的百年老店呢？因为欧洲和美国的企业，大多数诞生于第一次工业革命和第二次工业革命时期。在第一次工业革命中诞生的企业主要在欧洲，纺织、服装、箱包、皮具、手表、食品等各种各样的传统制造业和消费品企业，经过几十年、上百年的发展，在竞争中不断淘汰竞争对手生存了下来，成为全球化跨国企业。由于第二次全球化浪潮是发达国家主导的，也就意味着，发达国家的这些跨国企业跟着全球化的步伐，开始了全球化的发展和整合，在全球竞争过程中，企业家们在投资银行和资本市场的帮助下，掌握了产业链、价值链、供应链的全球化配置规律，于是展开了一轮又一轮的全球化投资、并购，成为全球化产业整合者。我们可以看到，如今第二次全球化浪潮中，分布在世界各地的各行各业的产业领域，真正掌控全球产业 3 个链条的都是这些大型的跨国企业。汽车、航空、化工、医药、石油、高端装备、半导体、食品、消费品等行业的世界级企业几乎都被北美、欧洲、日本所承包。

第二次全球化浪潮和第一次全球化浪潮有什么区别呢？

第一，第一次全球化浪潮时期国家与国家之间以战争作为手段的殖民地模式，是通过国家与国家之间的直接控制来达到经济、文化、政治的全球化目的。第二次全球化浪潮主要是发达国家通过所掌握的技术、资本、产业的优势，在全球通过产业链、价值链、供应链来建立全球化经济关系。国家与政府不是全球化的载体。从文明的角度而言，第二次全球化浪潮的文明程度比第一次全球化浪潮的文明程度进步多了。但是，由于资本主义和市场经济本身的资本不平衡，产业不平衡，技术不平衡，人力资源不平衡，管理能力不平衡，同样造成发达国家产业对于不发达国家和落后国家在产业配置和分工中的不平衡，也同样造成贫富差距，这些差距所引起的地区冲突、资源冲突、价值冲突、种族冲突也不利于这个世界的安定。以美国为例，美国公司在全球化中拥有最大的利益，一旦美国利益受到损害，美国式的解决办法还是军事。所以，在第二次全球化推进和维护过程中，美国也是陷入战争最多的国家，一直都在为利益而战。

第二，虽然都有强大的军事力量作为保障，第一次全球化浪潮时期主要以军事占领作为手段，而第二次全球化浪潮时期军事手段成为辅助力量，成为维护全球化利益的威慑手段，也成为发达国家利益、地缘经济和地缘政治秩序的维护力量。第二次全球化浪潮以来，虽然也发生了不少的地区冲突，但是战争比第一次全球化浪潮时期少了很多。虽然没有爆发世界大战，但是战争的次数并不亚于第一次全球化浪潮时期。

第三，第一次全球化浪潮时期，技术水平和产业水平都还处在工业革命初级阶段，企业规模、产业水平、产品种类、行业规模和产业门类发育都还不成熟，资本市场规模也远远不如第二次全球化浪潮时期。而第二次全球化浪潮阶段，资本主义市场经济制度进入成熟和发达阶段，维护全球化市场秩序的体系更加健全。两次全球化浪潮之间的产业水平、产业规模、经济秩序差距都很大。

第四，全球化浪潮的主导国家获得利益的方式发生了很大的变化。第一次全球化浪潮时期，主要通过殖民掠夺的方式获取经济利益，国家与国家之间通过签署不平等条约而获得不平等经济利益以及文化输出的权力。而第二次全球化浪潮时期则是通过全球化所形成的产业链、价值链、供应链的关系以及技术、品牌、资本的优势来获取利益；虽然因为经济利益的作用，资本主义并没有改变其本质，没有解决分配不公、贫富分化的问题，但是第二次全球化浪潮时期在财富创造和财富分配上，已经比第一次全球化浪潮时期，有了巨大的进步。

第五，在第二次工业革命和第三次工业革命的推动下，技术水平进一步提高，能源、交通、通信条件的改善使第二次全球化浪潮的成本降低、效率提高，第二次全球化浪潮时期的产品种类、产业门类大大增加，全球化覆盖的国家数量和土地面积也远远超过第一次全球化浪潮时期，全球化浪潮在全球形成的程度也是第一次全球化浪潮无法比较的，也使得第二次全球化浪潮时期的生产力水平远远高于第一次全球化浪潮时期。

第六，第二次全球化浪潮时期创造的财富远远大于第一次全球化浪潮时期。第一次全球化浪潮和第二次全球化浪潮在经济领域的运行方式完全不一样，第一次全球化浪潮时期更多的是将资本主义国家的意志和强权附加在殖民地国家，经济在两次全球化浪潮时期的价值创造也完全不一样。第一次全球化浪潮时期更多地表现为存量资源的掠夺，包括矿产、廉价劳动力、森林、石油、工业原材料等，而第二次全球化浪潮时期，技术的进步创造了巨大的产业空间，这些产业需要更多的国家和人口去消化、消费，所以第二次全球化浪潮更多是增量经济的全球化。

第七，第二次全球化浪潮给世界带来了更大的繁荣和进步，虽然第二次全球化浪潮并没有缩小贫富差距，但是不发达国家与落后国家都获得了发展和繁荣，人民生活水平获得了共同提高。发达国家在消除贫困、改善环境、保护资源等方面承担了不少的社会责任，履行了大量的义务，在可持续发展方面也作出了很多的贡献。

第八，第一次全球化浪潮的统治力量主要是以英国为代表的君主立宪政治体制，全球化过程中的政治力量不平衡；第二次全球化浪潮主要是以美国为首的资本主义民主政治作为主导力量，以资本主义市场经济作为手段，全球化范围内的国家结束了资本主义和社会主义两大阵营的对峙，变得自由、独立、民主。

诚然，全球化是一个非常复杂的体系，不可能简简单单论述全球化的优劣，全球化带来发达、繁荣和进步的同时，也带来很多负面的作用。包括环境的破坏、生态的破坏、资源的枯竭、气候的变化、战争的危险、财富的过度膨胀等。经济全球化过程中所带来的世界的趋同性、单一性也破坏了世界自然的多样性和文明的多样性。

总的来看，第二次全球化浪潮从各方面都远远超越了第一次全球化浪潮给这个世界带来的变化，如果第一次全球化浪潮还仅仅是全球化的雏形，那么第二次全球化浪潮就是人类历史上一次真正意义的全球化。虽然本书仅仅是从经济的角度来讨论全球化，但是经济的全球化同样带来了全球性融合。因为全球化的利益和各种联系，中美这样的在政治上对立的大国也通过全球化的利益关系调整而建立外交关系，不同的政治制度、不同的价值观同样可以超越冷战，成为彼此最大的贸易伙伴。即使双方爆发严重的经贸冲突，但是大家同样看到冲突和争端对中美双方，对世界发展都是损害，没有赢家，双方还是保持着沟通的渠道，而且中国领导人同样可以把特朗普称之为自己的朋友。第二次全球化浪潮期间，国家和国家之间不论强弱，政治地位、主权地位平等的同时，经济贸易也处在平等的地位。经济的全球化进一步推动了人的全球性融合，学习、旅游、考察、经商、移民、科研、商务、就业等各种跨境的人员流动，不管是范围、数量、人次，都是第一次全球化浪潮时期不可比较的。

第四章

第二次全球化浪潮的经济形态

第二次全球化浪潮是人类文明从初级进入高级的分水岭。科技、经济、政治、文化、环境、社会都受到了第二次全球化浪潮的影响，人类社会在逐渐摆脱了巨大的生存危机、信仰危机、战争危机的同时，陷入新的困惑。全球化的经济形态让人类社会从第一次全球化浪潮消退到今天不到100年的时间里，创造了大量经济财富和无价的社会文明，远远超过了第二次全球化浪潮以前人类文明的总和。

以中国为例，1949年中国GDP约为123亿美元，到了2018年，中国的GDP约为91万亿人民币，合美元12.92万亿。新中国成立70年，中国经济总量有了大幅度增长。

1900年美国的GDP第一次超过英国，为187亿美元，与1949年中国的GDP相比，仍有一定差距，中国的经济发展速度远远落后于美国。2000年，美国的GDP为10.28万亿，100年的时间里增长了549倍。虽然仅仅从GDP不能全部反映综合的文明程度，但是，从经济总量的增长足以看到人类财富的增长总量。

第二次全球化浪潮取得如此巨大的经济成果，是第一次全球化浪潮不可比的。如何解读第二次全球化浪潮取得的这些经济成果，第二次全球化浪潮还会持续多久，将以什么方式结束，未来是什么样的走向也是非常值得探讨的话题。我觉得第二次全球化浪潮取得的最重要的成功大约有以下几点：

第一，有效承载了第一次、第二次工业革命成果，在经济和科学技术的发展过程中，推动了第三次工业革命。

第二，形成了高水平的全球化的市场经济秩序，全面超越、取代了第一次全球化浪潮。

第三，提升了第一次全球化浪潮资本主义经营能力，提高了效率，减少了剥削程度。

第四，第二次全球化浪潮创建了非常巨大、复杂的全球经济秩序，从而推动全球政治秩序的变革，也把人类文明推向了一个全新的阶段。

第五，产生了承载第二次全球化浪潮并推动社会全球化的跨国企业，这些企业的运营和存续，保障了第二次全球化浪潮运行的稳定性和科学性。

第六，进一步推动了科技进步，孵化、酝酿了第三次全球化浪潮的到来。

第七，改变了全球化的增长和发展模式。

第八，扩大了全球化的覆盖面积。

国际经济组织构建了全球化的经济秩序

也许有人会说，既然全球化是由工业革命推动的，全球化是不是就可以等同于工业革命在全球的进程呢？我认为完全不是这样。

工业革命首先是数学、物理学、化学、生物学这些基础理论学科发展到了一定阶段的时候，必然带来应用技术的突破和变革，应用技术的突破提高了人类社会的生产力，也促进生产关系的变化，改变了人们的生产方式和生活方式。比如，电力的应用和发现，大大提高了蒸汽机的使用效率，而且创造了更加丰富的产品和产业门类，同时，电力在生活上的应用首先是给人类带来了光明，延长了人类的工作时间，也拓展了人类的生活空间，使人类社会物质文明的发展发生质的飞跃。但是，技术进步带来的仅仅是产品，如果仅仅在狭小的产品范围内推动工业革命，工业革命不可能成功。技术、产品必须在严密的公司组织、巨大的资本投入、庞大的团队组织和精良的企业管理等很多因素的作用下，逐渐诞生由小而大的经济组织，进而拓展为更加广大而开放的市场，在跨国的政治机制，全球化的经济关系，包括市场准入、关税、汇率、利率共同协同的情况下，工业革命才会到达更宽阔的地理范围。试想，如果在晚清，中国封建统治被推翻，资产阶级革命成功，中国可能会提前几十年进入工业革命，进而进入现代化，促进全球化的发展。所以，工业革命是全球化的根本动力，但是工业革命本身并不是全球化，没有全球化的经济政治秩序，也不可能有工业化的成功。

经济全球化是一个非常复杂的系统，2018 年全球 GDP 高达85.79 万亿美元，这么一个天文数字到底和全球化有多大的关系，哪些数字可以列为和全球化有关的数字，全球化的经济数字在全球经济总量中的比重是多少，这就是难题。但是只要和全球化有关的经济数字，就一定和全球化的经济组织有关。到底有多少个全球化经济组织在维护着全球化经济的运行呢？已经难以统计。这些全球性经济组织又有些什么样的运行规则呢？那就更加复杂。第二次全球化浪潮和第一次全球化浪潮最大的区别就是第二次全球化浪潮建立起来了远远超越第一次全球化浪潮时期的全球化产业体系、金融体系、市场体系、贸易体系、法律体系、财务体系、行业监督体系等。而这些体系主要是在第二次世界大战之后，在美国主导下，由世界主要发达国家共同创建，然后在全球范围内实施的。

在这里主要介绍几个全球化经济组织：

一、世界贸易组织（WTO）

世界贸易组织的总部设在瑞士日内瓦，到目前为止，共有164 个成员国，成员贸易总额占全球贸易总额的 98%。被称为"经济联合国"。世界贸易组织是第二次全球化浪潮时期出现的最重要的组织形式，也是维护经济全球化秩序最重要的组织模式。

世界贸易组织的主要活动是：执行、管理和运作乌拉圭回合一揽子协议以及次多边贸易协议；主持多边贸易谈判；作为争端解决机构；作为贸易政策审议机构；与国际货币基金组织和世界银行合作参与全球经济政策制定。

中国于 2001 年加入世界贸易组织之后，发展成为全世界最大的制造大国。加入世界贸易组织，也为中国经济带来了持续快速的发展，使中国一跃成为世界第二大经济体。

如果说加入世界贸易组织之前以及申请加入的过程中，中国国内有很多反对和担忧的声音，中国也在很多条款的执行过程中遭到国际舆论的反对，但是 18 年来，几乎所有的观点都认为，中国是加入世界贸易组织的赢家。

经济全球化最基本的条件首先是产品贸易能不能在全球范围内畅通无阻地销售。如果全世界每个国家都采取贸易保护主义，每个国家的产品只能在各自国家销售，这就是农耕文明时代的经济，封建社会的经济。就是因为工业革命，才有了强大的生产力，建立了强大的生产关系，产品贸易就有了从一个国家到另一个国家、扩大产品市场的强烈需求，才促进了人类文明的发展。扩大产品贸易数量和规模，就必须建立跨国的、多边的产品贸易规则。产品贸易成本降低了，规模扩大了，数量增加了，品种丰富了，就会促进各国加大产品科研、生产力度，创造更加丰富的产品。从产品贸易到服务贸易，再到直接投资，再到可言的全球化、金融的全球化，最终推动了经济的全球化。所以，世界贸易组织可以说是第二次全球化浪潮的基石。没有世界贸易组织，就不会有所有工业产品冲破国家与国家之间的关税壁垒和产品准入的限制，就不会促进以产品技术为核心的知识产权在全世界的应用，就不会有那么多跨国的、全球化的技术成果的输出。尤其是，世界贸易组织进一步推进知识产权贸易以及服务贸易之后，全球化渐渐由产品贸易的全球化，发展成为产业的全球化、制造的全球化、资本的全球化。最后形成产业链、价值链、供应链在全球的配置。

二、国际货币基金组织（IMF）

国际货币基金组织是政府间的国际金融组织，它是联合国的专门机构之一。第二次世界大战即将结束时，为了避免 20 世纪 30 年代的大萧条和两次世界大战期间发生的货币制度极度混乱局面的重现，1944 年 7 月，由 44 个国家的政府官员和经济学家参加的布雷顿森林会议一致通过了《国际货币基金组织协定》并于 1945 年 12 月 27 日在华盛顿成立国际货币基金组织。至 1998 年底，该组织有 182 个成员。

国际货币基金组织有两种职能，其一是制定规章制度的职能，包括确定和实施国际金融和货币事务中的行为准则；其二是金融职能，为成员国因国际收支逆差而提供短期贷款。

国际货币基金组织的资金来源主要是各成员国认缴的份额。各成员国份额由该组织根据各国的国民收入、黄金和外汇储备、进出口贸易额以及出口占国民收入比重等经济指标确定。缴纳份额时，25% 为可兑换货币或特别提款权，75% 为本国货币。各成员国基金份额的分配数量，决定了它们各自的投票权、可借外汇贷款以及所分配的特别提款权的多少。按规定，每个成员国有基本票 250 张，此外的投票数则按认缴份额的多少进行分配，每 10 万特别提款权的份额增加 1 票。对各会员国份额，每隔 5 年重新审定一次，并对个别国家的份额进行调整。

2001 年 2 月 5 日，理事会投票通过了关于中国特别增资的决议，将中国在该基金组织的份额由原来的 46.872 亿特别提款权提高到了 63.692 亿特别提款权，从而使中国在基金组织的份额位次由原来的第十一位提升到了第八位。

三、世界银行

根据 1944 年 7 月布雷顿森林会议的决定，国际复兴开发银行与国际货币基金组织同时在 1945 年 12 月 27 日成立。1947 年 11 月 5 日起，国际复兴开发银行成为联合国的一个专门机构，又称世界银行，总部设在华盛顿。按规定，只有参加国际货币基金组织的国家，才能申请参加世界银行。

世界银行成立之初，主要致力于战后西欧的复兴。此后，其宗旨是通过向生产性项目提供贷款和对改革计划提供指导，帮助欠发达国家实现经济发展。

世界银行的创始法定资本为 100 亿美元，以后几次普遍增股，后总额曾达到 1714 亿美元。世界银行所需借贷资金的主要来源为世界的主要资本市场，以发行债券的方式从资本市场筹措资金。会员国缴纳的股款只占该行所需资金的一小部分。按章程规定，每一成员国享有的表决权按该国所持有的股份计算，每股 1 票。此外，每一成员国还享有 250 票基本表决权。1985 年，世界银行理事会通过决议，规定额外增加法定股本 33000 股（约 40 亿美元），各成员国认 250 股而无须缴纳股金。这一增资的目的是为了提高基本表决权的权重，使股份较少的成员国的表决权不至于过低。

世界银行的主要业务活动是对发展中成员国提供长期贷款，为各国政府的项目贷款，资助它们兴建某些建设周期长、利润率偏低但又为该国经济和社会发展必需的建设项目。若贷款给私营企业，必须由该国政府担保。上述贷款通称为世界银行的

"硬贷款"。

中国是世界银行的创始成员国之一。1980年5月，中华人民共和国正式恢复了在世界银行的合法席位。

四、欧盟

欧盟是全球化浪潮中一个非常重要的组织。在第一次全球化浪潮时期，虽然英国称霸全球，但欧洲的法国、意大利、比利时、荷兰、葡萄牙也都很强大，也都参与了全球的殖民地瓜分。历史上也曾经有多个帝国实现了对欧洲的统一，包括罗马帝国、法兰西第一帝国、纳粹德国等。第二次世界大战之后，欧洲一直希望创建更加强大的联合体来维护欧洲经济的强大地位。在创建欧洲煤钢联合体、欧洲投资银行、欧洲经济共同体等一系列联合模式之后，终于在1993年，欧洲联盟正式成立，简称"欧盟"，并在1999年，20世纪的最后一年正式启动欧元。迄今为止，欧盟有28个成员国，它是第二次全球化浪潮时期最重要的经济政治联合体。

以上这几个国际经济组织是目前影响和管理世界经济秩序的最重要的几个组织，虽然从数量上来看，它们仅仅是处理全球宏观经济事务的国际组织，但是在全球经济运行中，却起着举足轻重的作用。这些组织，包括今天在全球范围内运行的绝大多数经济组织，都有一个共同的特点，基本都是创建在第二次世界大战之后，同时，几乎在所有全球化组织中，美国都占有举足轻重的地位。

仅仅从这些全球化经济组织来看，第二次全球化浪潮的质量和规范化程度，比第一次全球化浪潮要高。在第一次全球化浪潮期间，这样的国际化组织几乎为零。这样一些全球化组织才体现了真正意义上的全球化，也是经济全球化最基础的条件。

和第一次全球化浪潮相比，第二次全球化浪潮因为以上这些组织和规则，形成了全球范围内的经济秩序，使全球之间的经济行为才真正具备了全球化的意义：

第一，公平原则。殖民地时期的全球化是资本主义国家和殖民地国家之间不平等的全球化，是充满了不公平的掠夺的全球化；而第二次全球化浪潮期间创建的这些全球组织，代表着全球所有加入这些组织的国家的利益，来建立这些国家之间的双边和多边贸易规则，保障缔约国的利益，是站在国与国平等互利基础上的双边、多边贸易行为。

以世界贸易组织为例，如果没有世界贸易组织，每个国家只能独立发展自己的经济，产品生产、技术进步、产品市场、国家资源都只能在国家内部进行配置。技术再好，也不可能被更多的人分享，产品的市场规模也受到局限。全世界的自然资源也不可以共同分享。比如中东的石油和天然气，就只能供给自己的国家使用，而巨大的石油和天然气储备就没有市场。需要石油的地方没有供应，石油富裕的地方供过于求，也会导致资源被严重浪费。而像日本这样的资源严重缺乏的国家，很难发展成为发达国家。世界贸易组织的成立，可以让世界自然资源进行全球化配置，开放进出口可以让资源富集的国家依靠资源致富，而资源缺乏的国家就会非常努力地发展科学技术，用科学技术的优势来弥补资源的缺乏。贸易的全球化让中东、巴西、俄罗斯、澳大利亚、加拿大这些国家和地区依靠资源的优势成为发达国家，成为富裕国家。由于世界贸易的开放，具有教育、科技、金融优势的国家也可以通过知识产权优势、科技优势、金融优势、人才优势成为发达国家，像瑞士、美国、以色列等。

而服务贸易的全球化可以让生产组织、产业组织、产品品牌、知识产权、特许经营在全球范围内分布。财务制度就会成为全球所有企业共同的经营语言，推动全球企业经营财务数据和财务表达的标准化。产品的技术、产品的品牌就可以和产品本身以及产品制造分离，使知识产权获得交易价值。

没有全球化的贸易规则，不可能在全球形成那么多跨国公司，不可能让一个产品卖到全世界，也不可能出现产业的全球整合。当然，规则上的公平并不能代表利益上的公平，虽然世界银行也会给发展中国家提供贷款，支持发展中国家的发展，世界贸易组织制定的准入政策和关税政策也会为发展中国家提供各种税收优惠，提供最惠国待遇，但是在全球化过程中，最大的受益对象一定是最先进的技术、最发达的竞技模式和优秀的人才，再加上背后强大的资本。全球化的背后，同样是强弱分明的发展模式，全球化带来全球经济高速发展的同时，并没有消除发展的不公平和利益的不平衡。

第二，第二次全球化浪潮使经济的全球化行为更加有序。

第一次全球化浪潮时期依靠的是殖民的行政秩序和军事秩序，而不是公平的市场秩序。实际上没有建立全球性经济秩序，都是资本主义国家与殖民地之间的综合殖民协议；第二次全球化浪潮通过贸易秩序、资本市场规则、金融结算规则塑造了全球化经济秩序。每一个企业、每一个产业、每一个贸易组织，甚至每一个国家都可以根据全球的市场秩序来制定和建立全球化的战略。全球贸易秩序之下，每一个产品都具备了全球化的条件，一个产品就有可能从国内的市场进入国际市场，从一个局部市场进入全球市场。以一部好莱坞电影来说，现在一部好莱坞大片的成本都要数亿美元，需要大量的高科技，需要大量的制作能力，这些资源目前都集中在美国。如果仅仅是美国市场，就算再高的票房，也难以支持这样的成本，如果不赚钱，没有人来做这么大的投资，也不会有这么多人去开发高科技电影，也不会聚集这么多演艺人才。只有把好莱坞的大片卖到全世界，尤其是像中国、印度、印尼、巴西、日本这些人口大国，才有全球的票房保障。

一家优质企业，具备全球化的发展能力，可以把产品、服务、品牌价值拓展到世界各地，同时，这家企业可以通过向全球投资者开放投资机会，选择在全球资本市场上市，得到全球投资者的支持，这样的企业也就更容易获得在全球发展的机会。在全球化背景下，如果索马里海盗把商船劫持了，连接这艘商船所载产品的两个或者多个终端产业链和供应链都受到影响，而这种时间如果成为常态，整个全球化秩序都会遭受打击。以美国制裁华为为例，一旦美国将华为列于制裁清单，华为在全球成千上万的供应商、服务商就会受到直接或者间接的影响，这种影响虽然是针对华为，但是华为在全球的供应链非常复杂，除直接供应链之外，还有大量与之相关的间接供应链，其中也包括美国的很多企业。美国这样做的目的已经远远超出了企业行为，完全是针对国家利益。这种行为给经济全球化带来的伤害比索马里海盗的例子要严重得多。

第三，有了这些全球化的规则，可以保障产品的质量、产品的标准，更加有利于推动产品进入全球市场，促进市场的繁荣。

很多产品，尤其是石油、天然气、农产品、矿产品、食品、药品、金融产品等，由于有了全球的标准，就存在全球流通、销售的机会，促进产品在全球范围的竞争，也能够让全球各地产品通过竞争而提高品质，降低成本。比如一个特效医药产品，可以有效地治疗癌症，如果没有全球的贸易规则体系，这个产品只能在一个国家内部的患者身上使用，能够治好的病人就有限，世界上很多同类病人就等不到救治。反过来，没有巨大的市场作为支撑，研发一种世界级创新特效药品经常需要数十年以及数亿美金的投入，如果没有全球市场，怎么可能有投资者愿意出这么多钱去研究呢？

如果只有单纯的产品贸易，中国需要在全世界各处去进口汽车，只能到美国进口美国汽车，只能到德国进口德国汽车，以今天中国庞大的市场需求，光是物流就难以保证，而且会导致资源的极大浪费。而世界各国汽车厂商和中国汽车厂商建立合资生产企业，大大降低了成本，让发达国家汽车企业赚了钱，维护了这些企业的品牌，保障了产品的品质，同样让这些企业赚了钱，也给中国带来很好的就业机会，创造巨大的税收，提高了中国汽车制造水平。同时，由于全球化的贸易畅通之后，一辆汽车的生产制造就可以在全世界来完成。可以用瑞士的设计，用英国的发动机，也可以用德国的钢材，还可以用日本的变速箱，或者可以使用美国的汽车电子系统，然后在中国组装，最后出口到世界各地。

第四，建立了全球的金融和结算、支付系统，可以加快全球化交易结算的速度，对全球化产品贸易、服务贸易、知识产权贸易、产业要素流动、资产的全球配置、创建投资融资市场都大有益处，同时也促进了产业链、价值链、供应链在全球范围的配置。

由于世界各国共同发起和参与了世界银行、国际货币基金组织、世界贸易组织、欧盟等各个世界性、区域性运营体系的顶层设计，世界各国的贸易大门、货币大门、金融大门、交易结算大门相互之间有序开放，全球范围内形成东起日本东京，再到中国香港、东南亚的新加坡、德国的法兰克福、英国伦敦、欧盟的卢森堡、美国纽约这样一些全球性、区域性国际化金融中心。地区与全球性的各种商品贸易、服务贸易、知识产权贸易所产生的所有跨境汇兑、支付、结算都在这些地方完成，保证了货物流、信息流、资金流、资本流在这些地方的对价、交换、交易。

除了这个功能之外，全球性的大宗商品通过共同的标准，建立起了全球性的现货市场、期货市场，不仅使全球性商品信息更加流畅，更重要的是形成了公平、公开、公正的产品价格发现机制，实现了产品要素在全球范围的价值配置。

除了产品贸易和结算之外，全球的资产也在这些市场之间交易和流动。不动产、债权、股权等各种以实物、现金流、增值空间、期权、未来价值、潜在价值作为支撑的虚拟价值，被金融"功能化"之后，形成的金融资产权益也通过这些市场形成规范的产品、对价、流动、交易，从而形成了全球经济体系中产业要素的第二个层次与金融要素的第三个层次的价值配置。

这便是全球价值链的顶端。纽约汇聚了最优秀的人才、最丰富的信息资源、最市场化的交易场所和机制，美元也是全世界发行量非常大的货币，也是全球所有货币进行结算汇兑的基准货币，纽约也是全球最大的资本市场，全世界都有公司在这里融资上市。美国在全球若干机构和组织里面的话语权，使得纽约在第二次全球化浪潮中处于全球价值链配置环节的主导地位。

第五，提高了全球化浪潮的经济质量。第一次全球化浪潮由于缺乏全球化的贸易规则，贸易形式主要是产品贸易，而且主要是终端产品的贸易。由于建立了全球化的经济秩序，第二次全球化浪潮使全球化的交易、贸易内容也发生了质的变化。

首先是产品质量提高了。由于产品在全球范围内流动，原则上来说，一个产品需要进入另一个国家，这个产品的品质必须高于本国的产品标准，产品一旦从一个国家出口到多个国家，就会渐渐形成国际标准。有了国际标准，每个国家的产品要出口到更多国家，需要占领更多市场，拥有更多消费者，就必须提高产品的质量。其次，产品的全球化流动也带动技术的全球化，技术的全球化必然带来知识产权的全球性流动与保护，由此，一项知识产权就成为全球知识产权。一项知识产权是否成立，必须在全球范围进行查询，如果没有重复，才会被授予全球性知识产权，如果这项知识产权需要伴随产品进入国际市场，就需要在全球进行专利布局，获得全球专利保护，这就为知识产权建立了全球性市场秩序。这样的行为就形成了对科技成果的全球性保护，就会鼓励全球更多的人、更多的企业、更多的政府和更多的资金投入到科学研究，给人类创造更加丰富的科研成果，提高全球产品、企业的整体水平和经济质量。

第三，产品的全球化标准、企业的全球化能力、全球化技术、全球化人才、全球化贸易除了在宏观上形成了贸易、金融规则之外，还创建了全球性的微观秩序。全球化的企业战略、工商管理、财务规则、品牌战略、市场营销、管理咨询、财务管理、信息管理、法律服务、人力资源配置、投资银行、供应链金融等多如牛毛的微观规则和秩序都成为第二次全球化浪潮时期经济质量的保障。

很多规则看似建立在第二次全球化浪潮期间，但是很多微观的系统和契约行为早在第一次全球化浪潮时期就已经形成了。

除了这几个主要的世界性经济组织之外，还有联合国贸易和发展会议、东南亚国家联盟、亚洲开发银行、石油输出国组织等各种世界性、国际区域性经济合作组织。

美元成为世界货币

全世界最累的是哪个职业？问 100 个人可能有 90 种答案。在我看来，没有一个职业像全球化金融交易员这么辛苦。

从事全球性股票交易、债券交易、期货交易、外汇买卖、金融衍生产品交易的交易员基本上都很辛苦。我相信这些工作已经大量人工智能化了。

一个成功的交易员可以在 30 岁之前退休。如果他从 22 岁开始工作，8 年时间里至少做了相当于别人 3 倍的工作量。这不仅是时间数量。

一个高水平的交易员不管在东京还是纽约，必须每天都要负责来自东京、香港、新加坡、法兰克福、伦敦、卢森堡、纽约、芝加哥的金融产品的交易活动。从东京开始，早上 9 点半，各种金融数据就出来了，这是一天当中最早的交易信息。2 小时之后，香港、新加坡的数据出来了，此时需要关注这两个市场的数据。到下午，东京市场的数据处理完了，欧洲市场的数据出来了，伦敦、法兰克福的交易开始了。超长的工作时间，高频率的交易，对智力和体力都是高强度的考验。

为什么需要这样呢？虽然一个交易员通常只是交易一个产品，但是这一个产品和全球金融中心的每一个市场都有联系。每个市场都有可能在每个交易日交易同一个产品，交易员的交易行为就会在每一个市场的相同产品里发生，所以他们必须清楚交易数据的关系。

全球化的金融就是一个非常复杂的、高速运转的机器。

第一次全球化浪潮期间，没有建立起来全球的交易系统，也没有全球性结算货币，由于英国的强大，欧洲金融中心也是逐渐从荷兰转移到了伦敦，英镑成为第一次全球化浪潮时期的主要流通货币。金融市场主要表现为货币金融市场。间接融资比直接融资更加发达。

第一次工业革命发生在欧洲，现代金融也发源于欧洲。欧洲的金融业主要发展于大航海时代，意大利、葡萄牙、荷兰都是早期金融很发达的国家，后来英国成为世界最强大的国家之后，伦敦成为世界金融中心，英镑也成为世界最强大的货币。但是第一次工业革命时期，金融主要为贸易提供贸易结算和借贷，商业银行相对发达，商人银行（投资银行）远不及商业银行的实力强大，包括荷兰银行、英格兰银行、德意志银行都是欧洲历史悠久的银行。

有人说，一部罗斯柴尔德家族的发展史就是整个欧洲的金融史。罗斯柴尔德家族发迹于19世纪初。老罗斯柴尔德，也就是梅耶·罗斯柴尔德早年就像一个"钱串子"，在法兰克福走街串巷地进行外汇买卖，后来主要从事债券业务，尤其是政府债券和战争债券的发行、销售和买卖。梅耶·罗斯柴尔德临到退休，把自己的业务分成5份，分别传承给5个儿子，并且把企业的标识改成折断的 5 支箭，让 5 个儿子奔赴英国、奥地利、法国、意大利、德国各自发展，充分遵循犹太人的商业原则。虽然罗斯柴尔德后来成为欧洲式古老而著名的投资银行，但是由于没有成为美国华尔街的主流投资银行，保持了欧洲投资银行的传统，在第二次全球化浪潮兴起之时，它远远不如美国投资银行贝尔斯登、美林、摩根、高盛那么辉煌。

由于两次世界大战，英国衰落，其在国际金融领域的地位被美国取代。和英国主导第一次全球化浪潮所不同的是，第二次全球化浪潮期间，美国不仅成为世界最强大的国家，也是世界金融最发达的国家。

第一次全球化浪潮和第二次全球化浪潮在金融领域最大的区别是，第一次全球化浪潮期间，货币是金融市场的主要工具，借贷、债券、外汇买卖、票据是公司和政府业务的主要产品。而第二次全球化浪潮时，资本市场成为金融市场主流，即使也有很多债券形式，但主要体现为公司债券。

看似不一样的金融产品和金融工具，实际上反映了不同工业革命时期不同的经济和金融发展水平。第一次全球化浪潮时期，尤其是早期，工业水平不发达，企业规模不大，企业经营管理水平也不高，与之相适应的金融就会以借贷为主，以债务融资为主；到了第二次全球化浪潮时期，第二次工业革命产生了，工业门类越来越丰富，企业规模越来越大，企业需求的资本规模越来越大，贷款已经难以解决企业发展所需要的长期资本，资本金融得到长足发展，尤其是公司法律也日臻完善，公司治理水平也越来越高，推动了资本市场的快速发展。尤其是石油开采、石油化工、汽车、电气、各种大型制造业的发展，使企业规模越来越大，管理难度也越来越高，出现了洛克菲勒、卡耐基、杜邦、福特、通用、摩根这样一些大型跨国产业集团和金融集团。

资本在经济中的作用在第二次全球化浪潮时期有了很大改变，形成了以资本为核心的全球化资本市场体系，这个体系也使得资本主义发展到一个高级阶段，也为美国发展成为第二次全球化浪潮的领头羊起到了举足轻重的作用，甚至可以说，没有资本市场的成熟，就没有资本主义的高度发展，也没有美国主导第二次全球化浪潮的机会。

关于资本，第一次全球化浪潮时期，是资产阶级发展的早期阶段，资本主义还不发达。这个时期关于资本，最伟大的一部著作是《资本论》。《资本论》的核心是因为第一次工业革命出现之后，社会生产从农耕文明进入到工业文明，机器工业的出现带来了社会化生产的第一次大分工。在这个分工过程中，劳动者已经不是在农耕文明时期或者奴隶社会时期了，劳动者创造的价值远远大于手工劳动的价值，而这些价值是因为资本家的投资形成的，劳动者只是根据工作时间的长短获得劳动的时间价值，没有机会分享通过劳动所创造的成果形成的增量价值，这些价值被称为"剩余价值"。这些价值的产生构成了一种新的剥削关系，造成这种剥削的不是生产资料本身，而是生产资料背后的投资行为，这个投资就称之为"资本"。

什么是资本，资本的形成过程，资本创造剩余价值的过程就是《资本论》的核心。然后，马克思根据《资本论》的分析，把第一次人类社会大分工之后的人群分为拥有资本的人和没有拥有资本的人。拥有者就是资本家，没有拥有资本的人就是被剥削者，就是无产阶级。因为《资本论》，人们知道了资产阶级和无产阶级的对立。资产阶级和无产阶级的对立成为工业革命之后的根本矛盾，两大对立的、不可调和的关系，主要是体现于雇佣和被雇佣、剥削和被剥削的关系，是农耕文明时期封建主对于农民或者奴隶剥削本质的延续。由于工业革命，资产阶级发展壮大，在很多国家推翻了封建统治，建立了资产阶级统治的国家政权，称之为资本主义国家。

毫无疑问，这是马克思的最伟大的发现。

但是，我们也同样看到，到了第二次工业革命甚至第二次全球化时期，由于科技进一步发展，诞生了更加丰富的产品和产业。体现劳动者智慧的技术和技术成果在生产力与生产关系中的作用和地位渐渐发生变化。企业对资本的需求也发生了很大的变化，仅仅依靠短期银行金融提供的资金已经难以满足企业的需要和产业的需要。同样，资本和产品、公司、产业的结合创造出来巨大的价值，资本在帮助这些产品、公司、产业的过程中，也获得丰厚的回报，并在投资需求、资本与技术、产品、企业、产业之间形成良性循环，其所创造的高效率也使得本身的特性发生了巨大的变化。

资本，在工业革命中就像一个幽灵和怪物，被人使用着、驱使着，同样资本也神奇地改变着人们、市场、社会甚至国家。很多文明被产业化，产业的背后无一不是资本。

马克思在《资本论》中描述的那个资本已经远远不能解释第二次全球化浪潮时期资本的全部定义和内涵。资本的本质没有变，但是资本的内涵、作用和功能完全变了。科技催生了资本，资本推动了产业，然后产业的发展和丰富也改变了资本的功能和特性，资本随之发生了巨大的变化。

第一，资本和有形的公司结合之后，成为一个具有独立价值评价体系的单位。

在第一次工业革命和第二次工业革命早期，公司和资产主要通过法律形式体现，资产拥有者就是公司拥有者，一份资产，由一个股东或一个家族拥有。大量的工业形态是机械加手工劳动，尤其是欧洲的那些奢侈品，高端消费品公司都有这个特点。资本的功能主要就是马克思所分析的，作为赚取剩余价值的工具。

到了第二次全球化浪潮时期，工业企业竞争激烈，高效率、快节奏、低成本、自动化、流水线成为新型工业化的主流。以汽车为例，意大利、英国、德国、法国那些通过半机械化加手工制造的高端汽车品牌，只能成为奢侈品，而美国则充分运用资本的游戏规则，把自动化、流水线、规模化、标准化和资本的独立性、社会化完美地结合起来，开创了汽车制造工业化、规模化、流水线模式，从几十天生产一辆车到几分钟生产一辆车，开创了汽车生产制造的工业化时代，在创造了产品价值、企业价值、品牌价值的同时，创造了巨大的资本价值，资本由家族化进入资本的社会化时代，由于资本价值的出现，使得资本价值从公司里独立体现出来，资本的内涵发生了巨大的变化。

第二，资本通过法律的定义和市场化的计量，就像一个化学分子，可以分解，可以聚合。

资本成熟到一定阶段，也达到一定规模的时候，一个独立于企业和产品之外的市场也慢慢成熟起来，这就是资本市场。虽然世界第一个证券交易所诞生于荷兰，但是证券交易尤其是股票的交易，还是美国领先，第二次工业革命中的产业形态更适合资本市场的发展，也更需要资本市场的配合，也因此让美国纽约成为世界最大、最成熟的证券交易市场。证券交易所虽然有很多产品，但其最主要的也是最大的交易品种还是公司股票，公司股票就是资本。股票市场的创立，充分体现了资本的神奇特性，把资本的功能发挥到了淋漓尽致。尤其是现代公司治理结构的出现以及广泛使用，资本的社会化特性被发掘出来，构成公司的股东、董事和经营者在法律意义上实现了"三权分立"，充分体现了资本的社会特性，甚至可以说是资本带来了整个 20 世纪的繁荣，资本是美国的福音，资本也改变了世界。

聚合效应使更多分散的资本纷纷离开银行，被资本市场的产业故事吸引过来，投资于发电厂，投资于钢铁企业，投资于老福特创办的汽车公司。成功地聚集这些资本之后，新兴的工业革命带来的技术成果把这些资本大规模地用在企业资产和工厂建设以及技术研发、产品销售领域，很快就让投资人、资本家赚钱了。资本家不满足于每年所产生的利润回报，于是就通过公开的股票市场，把自己投资的股份在股票市场卖出去一部分。没有机会参与前期投资的资本拥有者，在投资银行家、股票经纪人的极力推荐之下，纷纷带着各种来源的资金，把前面的投资人愿意卖出来的股票一抢而空。这个聚合效应的最大意义在于使资本从不公平的"剥削"转变为公平的、公开的、合法的"剥削"。

资本的权益分割，使资本与资产分离，与具体经营分离。资本的社会化，使得拥有资本的不一定都是《资本论》里描述的资本家，工人也可以把自己挣来的劳动收入，投入到自己所在的公司去，成为"剥削"自己的"资本家"。资本的聚合效应、分散效应和第二次工业革命所带来的技术进步和产业水平的提高，给全社会经济生态带来了巨大的变革。社会分配方式的变革大大缩小了贫富差距，社会的公开性、法制化、公平性得到彰显，促进了第二次全球化浪潮的成功。这也使得我们必须以发展的眼光来重新认识资本的本质、内涵、变化。

资本的聚合效应还体现在一个公司的资本和另一个公司资本的聚合性。这种聚合性可以把两个具有内在协同性和产业关联的公司整合到一起，大大降低成本，提高行业经营水平，从而使两个聚合在一起的公司资本产生更大的价值。这就是并购！

资本在产业经营和整合过程中，所具有的聚合效应使我们对资本的理解和认识再一次获得进步，资本"剥削"的本质所散发出来的对于资产、产业的配置能力，远远大于原始资本积累时期因为"剥削"而产生的价值。

当国家与国家之间的贸易壁垒被打通的时候，资本的聚合效应更表现为一种流动的特性，甚至是跨国流动特性。这种流动特性不仅可以把全世界的资本汇聚到一个国际化程度很高的资本市场，也可以通过国际资本市场的聚合效应让资本和产业结合，并形成强大的产业投资能力和应用科学的研发能力。于是，资本就会在冲出国界、走向世界的时候形成对全球产业链、价值链的配置。这就是第二次全球化浪潮的本质规律。

第三，资本作为一个抽象的定义和概念，可以离开所附着的资产、公司而流动、转换、交易。

尤其是当一个公司的资本在公开的股票发行市场交易之后，资本的这个特性彰显无遗。成千上万的投资者搞不清楚这个公司的财务报表，搞不清楚这个企业有什么样的技术，这些技术有什么样的先进性，也搞不清楚这个公司的董事长、总经理长什么样，什么性格，因为绝大多数通过公开的股票发行市场购买了公司股票的"资本家"，主要关心股票价格在交易过程中因为各种因素带来的涨涨跌跌。根据可以短期交易、短期转让、短期买进的特性，资本就成了广泛的金融产品，成为拥有巨大市场潜力的投资和融资工具。随着技术的进步，企业的扩大，产业的丰富，市场资本就成为巨大的交易和流动的金融工具，由此形成的全球性资本市场就成为可以流动的金融市场，资本所体现的特性也远远超过了货币的特性。资本市场的发达，也使得全球出现了货币与资本两大金融体系，金融市场的其他所有工具、产品、市场都来自于货币和资本所延伸出来的交易机会。

第四，巨大的资本可以被细分到很小的单位而被无产者拥有，资本不再是资本家的专利。

资本具有聚合效应，聚合到一起的时候，资本可以释放出惊人的能量；同样资本还具有拆分的功能，再大的资本也可以拆分到很小的单位。这样一个拆分的特性，可以让大规模的融资更容易实现。如果在第一次全球化浪潮时期，几万美金、几十万美金就可以投资一个工业项目，那么到了第二次全球化浪潮时期，几千万美金、几亿美金、几十亿美金的投资项目都有，而且很普遍。如果只有少数资本家才有这样的投资能力，很多产业就发展不起来。通过巨大的资本市场，就会很容易把市场上分散的资金积聚起来，达到这样的投资目的。

这些小额资本拥有者因为资本市场的机制，改变了小额财产的管理方式，有的人通过职业的股票投资，把小额资本发展成为大额资本；当然也有很多人没有很好地把握资本市场的神奇魔力，把大额资本投资失败，最后又沦为无产者。

第五，资本可以通过长长的纽带，纵贯产业链、价值链、供应链，优化和整合全球产业生态。

因为美国创建了全球性的资本市场，其所产生的机制优势，以及积聚的金融人才，吸引了全世界最好的公司都来上市融资。同样由于美国资本市场的市场优势，也让全世界大量的金融资本来到美国，参与资本市场的投资。这样，全世界最好的公司、公司内部的那些技术、企业的优秀管理人才也都因为这个资本市场的系统能力集聚美国。资本市场那些伟大的投资银行家充分运用娴熟的资本市场技巧，并利用资本本身所具有的神奇魔力，撬动和组织着全世界的产业关系、价值关系、供应关系，这些行为给美国带来了巨大的收入，创造了更多的就业机会。

第六，美国充分利用了资本市场创造的全新金融体系，推动了美国经济的发展。

随着美国资本主义市场经济的发展，其完备的资本市场体系在全球金融资源和产业资源配置中起到了决定性的作用。美国的证券交易市场产生于18世纪末期，和欧洲证券市场比较，虽然起步较晚，但是后来居上。华尔街的投资银行家们充分利用融资与资源配置的能力，在金融市场创造了一个又一个奇迹。多年来，美国证券市场在世界上都保持了领先的地位：市场规模最大，资金实力雄厚，拥有全世界最优秀的投资银行和投资银行家，资本市场产品最丰富，机制最灵活。美国通过纽约证券交易所、纳斯达克证券交易所等多层次资本市场，吸引了全世界最优秀的公司在美国上市。美国创建了最优秀的投资银行和股票经纪机构，吸引了全球最优秀的人才成为美国投资银行家。从公司股票到公司债券再到各种基金，从股票的现货交易到股票的期货交易再到期货指数的交易，美国所构建的资本金融体系成为美国金融市场参与全球资源配置的最重要的体系。这个体系所连接的全球产业在资本市场的有效配置下，在全球范围内不断重组、并购整合，成为推动全球产业链、价值链、供应链配置的最强大的力量。如果没有对美国强大的资本市场的深刻理解和解读，就不可能解读发达的美国经济，也无法解读美国到底是凭什么掀起并且长期领导第二次全球化浪潮的。

仅仅用资本市场体系来解释第二次全球化浪潮的金融体系是远远不够的，但是我认为资本市场的发达和成熟，是第二次全球化浪潮能够远远超过第一次全球化浪潮最重要的标志。从第二次全球化浪潮的规模、质量、覆盖范围来看，其核动力就是来自于成熟的资本市场。

同样，我们以中国为例，改革开放初期，通过对外开放、引进外资给中国市场经济的发展带来了不少资金，当然，如果没有成熟的国际资本市场，海外资金也没有这么多。更为重要的是，中国在20世纪90年代初，经过邓小平的主张，在深圳和上海创建了两个证券市场，主要是通过发行股票把国有企业资本化，也让高储蓄里面的银行存款"搬家"，从货币市场进入资本市场。这种做法创造性地利用了资本市场的功能，真正创建了中国特色社会主义市场经济体系，而中国经过多年发展，也一跃成为世界第二大经济体。

以公司资本作为基础，可以开辟出强大的资本金融市场。当流动的资本在全球范围配置着全球资产的时候，产业在各个阶段的形态就成为各种资本追逐的产物。与之相适应，出现了多层次的资本工具，这些工具从产业领域和金融领域分离出来，组成了天使基金、创业投资基金、私募股权基金、重组并购基金以及专门致力于已经上市股票的证券投资基金。另外，巨大的证券市场每天都会产生大量的交易数据，这些交易数据也体现出很多行业规则，这些规则产生不同的未来预期，根据这些预期将会推算出证券市场趋势性的价值变化区间。根据这些变化，就可以设计出各种衍生金融产品，从而进行衍生金融产品交易。

在全球还有很多上市公司发行公司债券，这些债券还可以和公司股票挂钩，可以把股票转化为债券，也可以把公司债券转化为股票，于是可以创造出巨大的交易市场。债券发行出去之后，具有固定收入的属性，它作为一种有价证券，同样具有投资价值和投资保值的安全性，债券的投资交易也会创造出很多的交易机会。

资本市场的发展以及直接投资的发展，形成了巨大的资产规模，有的资产主要靠经营活动，有的资产不以经营为主，这样，市场再次出现巨大的资产管理需求。于是，为了提高经营性资产的效率，实现管经营和管资产的分离，资产管理也发展成为专业金融领域。

第二次全球化浪潮期间，除了资本市场的成功之外，全球化的金融结算从过去的以黄金为主改为以美元结算，让全世界的货币与美元挂钩，以美元作为世界货币，这也是第二次全球化浪潮在金融领域的巨大成功。

全球范围内的产业链、价值链、供应链关系

第二次全球化浪潮从酝酿到全面展开已过去几十年，目前

已经在全球范围内形成了一个非常巨大的产业链、价值链、供应链关系。我把这几个相互促进、相互关联、相互作用的具有整体性的链条的总和称为第二次全球化浪潮的产业体系。

我从 2008 年第一次到日本探索中日之间商业机会开始到现在，已经出国几十次，到过除非洲以外的大部分地方，深深浅浅做过了几百个项目，针对每个项目，我都会从产品到品牌，从技术到工艺，从管理到市场，从原材料到销售，从区域市场到全球市场来进行研究。同时，通过研究这些行业的产业链、价值链、供应链在全球的分布，我的头脑里构成了一幅难得的全球范围内产业链、价值链、供应链以及这些链条与资本链的关系图。这些复杂的链条在全球发达国家、发展中国家、不发达国家之间有复杂的配置关系，并且还在不断变化中。比如，美国制裁华为，就会使得与华为相关的全球 5G 产业生态，如 5G 的应用国家、5G 基站和设备、移动终端生产、移动终端操作系统、芯片、各种零部件研发生产、移动终端消费市场等在全球范围形成各种变化。

但是，不管怎么变化，也是有规律的，这些运动规律，也是渐渐形成的。

第二次全球化浪潮是在第一次全球化浪潮的基础上发生的，由第二次、第三次工业革命的技术推动，最重要的技术首先是电力的发现和广泛应用。

电力本来就广泛地存在于自然界，人类把握电力的原理，掌控电力的规律，通过工业技术生产电力、储备电力、使用电力，使电力作为能源动力推动工业进步和发展，进而推动人类社会的进步，这是第二次工业革命的伟大贡献，同时也是第二次全球化浪潮最强大的动力。

电力的出现是人类社会进步和文明发展的最重要的标志。

第一，电力作为能源，可以取代蒸汽机，大大提高工业动力的效率。

第二，在工业化进程中，电力的出现带来了更加丰富的工业门类，包括电力的生产、电力设备的制造、电力的传输、电力传输设备的铺设。

第三，电力的应用所带来的应用场景和各种场景所需要的工具、设备等变幻无穷。尤其是电力进入家庭之后，把人类文明的层次提高了很多。所以电力成为第二次全球化浪潮一开始就获得的非常重要的产业领域。

电力不仅是重要的能源，也是最重要的基础产业，由于电力产业的诞生，和电力相关的产业应运而生。从电力产业延伸出来的产业规模非常巨大，不管是火力发电、水力发电，还是输变电设备、电力传输设备，都需要大规模的投资。电气化、自动化也给人们的生活带来巨大变化，电灯的照明、家用电器的发明创造在改善人们生活的同时，也促进了家用电器生产制造业的发展。家用电器的广泛使用带来了消费行业的升级，电风扇、空调、电冰箱、电视机、音响产品、洗衣机、消毒柜等都成为城乡家庭最基本的家用电器产品。这些产业也给投资、生产、制造、销售、服务带来巨大的市场，帮助更多人就业，创造更多的税收，大大改善了城乡人民的生活品质，也推动城市化进程的加快。

电力是第二次全球化浪潮最重要的一个行业，这个行业所呈现出来的巨大的产业生态大大改变了我们的生产方式和生活方式，极大地推进了人类文明的进程，电力产业的生产制造能力、技术研发能力、产业链的纵深超过了人类文明发展的任何时候。

电力生产也呈现出多样化的特点，最早是通过煤的燃烧，把煤的热能转换成为电能；电能生产出来之后，通过传输运送到有需求的地方，转变为工业动力，同时传输到城市和乡村，再次将电力的势能转换成为家家户户的光明。从此生活在地球上的人们摆脱了黑夜的苦难，拥有了光明。电灯的出现改变了人们的生活，使人类活动得到大大的延伸，不管是工作、学习、娱乐都因为电灯而改变。到20世纪初，不仅是电灯，各种家用的电器和电子设备也渐渐被发明出来，包括收音机、电风扇、电视机、电冰箱、家用空调、洗衣机等；在工业上，以电力作为动力的各种发电设备被发明和生产出来。

内燃机作为第二次工业革命最重要的发明成果之一，带来了时代变奏曲，极大地丰富了工业革命的内涵。以内燃机作为动力的轮船比蒸汽机时代的轮船载重量大幅度提升，同时，速度加快了，续航能力加强了。蒸汽机在各个动力领域被内燃机全面取代，内燃机在铁路、公路、航空等各种领域都扮演了极其重要的角色。

石油、天然气、煤的应用不仅带来了丰富的动力，还可以形成石油化工、天然气化工和煤化工。以石油、天然气和煤作为原料而产生的化工行业，大大取代钢铁、木材的地位，各种新材料、工程塑料、精细化工又给第二次工业革命带来新的产业门类和产业生态。

汽车成为第二次全球化浪潮的集大成者。从汽车的研发、产品的集成性、产业链和价值链、全球汽车产业分布再到汽车与生活、汽车与经济、汽车与发达和繁荣、汽车与国家实力的体现，第二次全球化浪潮的特征被演绎得淋漓尽致。

真正意义上的汽车诞生于 19 世纪末，在 20 世纪得到高速发展，汽车制造业成为 20 世纪最重要的产业之一。一辆汽车所表现出来的产业特征足以把第二次全球化浪潮的产业特征诠释得清清楚楚。

一辆汽车，包含了底盘、动力、传动、制动、电力、电子、照明、内饰，包括化学、物理、生物、语言文化等很多自然与人文科学。生产制造包括设计、科研、工艺、纺织、化工、材料科学、人体工程，材料里面包含钢铁、各种有色金属、非金属材料、有机材料、非有机材料以及各种复合材料。汽车制造基本涉及今天所有的工业门类。从早期的纯手工制造，到今天完全自动化的设计和生产、流水线作业，基本将第二次全球化浪潮诞生以来所出现的所有工业和经济门类都包含了。

汽车进入家庭，成为私家消费品，改变着人类的生活和出行方式，给人的出行带来灵活方便的体验。同时，汽车还是生产资料，各种各样的载重汽车不仅能够成为现代工业物流最重要的运输工具，还可以通过改装，成为特种汽车，包括清洁车、消防车、装甲车、工程车等。

由于汽车产业的巨大市场和需求，汽车制造成为劳动力、科技、资本高度密集的产业；由于制造汽车很复杂，设计产业和工程门类很多，市场巨大，就需要很大的技术投入、土地投入、人工投入、设备投入，生产组织、企业管理、行业竞争的要求都非常高。全球的汽车产业主要集中在美国、德国、日本、法国、意大利等主要的发达国家。同时，由于第二次全球化浪潮带来全球性竞争，汽车制造厂商数量越来越多，每个汽车公司的产量和规模也越来越大。

　　巴西、澳洲将高品质的铁开采出来，大规模运到中国，在中国通过唐山等地的钢铁企业，制成各种钢板、槽钢，中国重庆、贵州、内蒙古等地的企业，把大量的铝土矿生产成为电解铝铝锭，然后在铝加工厂制成各种铝型材。发达国家和中国的各种汽车零部件生产加工企业，在主要的汽车厂商附近，生产制造汽车所需要的各种零部件。世界上主要的橡胶产地印尼、泰国、越南、马来西亚等把种植出来的天然橡胶销售到日本、韩国、意大利、法国、德国、中国等地，世界著名的轮胎制造厂商米其林、倍耐力、韩泰、布利斯通利用这些原材料生产出各种规格的子午胎等产品，用于汽车组装，同时这些企业还会根据分布在全球的 4S 店的具体情况，给汽车提供换胎的服务。汽车制造出来后，通过全球供应链中的物流，运往客户所在地；汽车售后市场经营者又通过与全球汽车厂商合作创建的 4S 店，对保修期未过的汽车开展维护、保养、修理、咨询等服务。除此之外，还有汽车金融服务业为汽车消费者提供贷款和租赁，还有一个非常巨大的市场就是汽车保险市场，所有消费者都必须进行强制性保险，由保险公司设计各种财产和生命保险品种。汽车的广泛使用带动了石油行业、钢铁行业、电子信息行业、道路交通、城市化的发展。市场的巨大需求，使得全球汽车产业长盛不衰，成为最富有生命力的产业之一。

　　从 19 世纪德国造出第一辆汽车开始，第一次全球化浪潮时期的主要发达国家纷纷制造出本国第一辆汽车，随后，到 20 世纪，在市场和资本的驱动下，汽车制造技术不断被突破，全球范围内上演了一场整整 100 年的汽车竞争大赛。早期的英国、法国、意大利、德国、美国都有很多家汽车制造商，后来由于资本市场的发达，汽车资本在全球范围内不断进行并购、重组，这种高度密集整合，让许多早期的汽车品牌在市场中消失。全球主要汽车厂商剩下丰田、大众、奔驰、福特、通用、宝马等企业，1964 年，全球独立汽车厂商还有 52 家，到 20 世纪末，全球十大汽车厂商已经占到 80% 以上的市场份额。

全球整个汽车产业链、供应链的背后，金融和资本在产业的纵向和横向同样发挥着巨大的作用。整个产业链上游、下游首先是通过分布在全球的跨国汽车集团来组织的，这些跨国集团就是由各种全球化的资本控制的；每个链条的每个节点上，资本无处不在，成为配置整个链条最核心的力量；与资本配合的，就是货币金融，通过贷款、债券、各种票据、供应链金融、融资租赁、财产保险、厂商融资保障着产业链的运行。

那么全球汽车产业在全球已经形成的巨大产业链、价值链、供应链和金融资本链每年吸引了多少人就业，在全球范围贡献了多少 GDP，创造了多少税收，带来了多少投资回报，带动了哪些相关产业的发展，这些产业创造了什么利益和价值，就是一个非常复杂、庞大的数据生态。这些利益关系给汽车制造大国带来了什么，给发达国家带来了什么，给发展中国家带来了什么，给不发达国家带来了什么，这也是一个全球经济利益平衡的问题。但是从产业链、价值链、供应链和金融资本链进行分析，很清楚的是，发达国家，尤其是汽车和零部件制造领域的发达国家是最大的受益者，他们位居产业链和价值链的高端，通过品牌、设计、服务以及拥有的资本而获得利益，发展中国家积极贡献了巨大的汽车产业消费市场，通过消费，向发达国家源源不断地贡献着资本与金融利得。发展中国家在通过汽车进口、汽车组装、汽车消费向发达国家贡献利润的同时，也获得税收、投资利益和就业，消费升级带动经济繁荣。不发达国家在这个全球性产业分工中，贡献了原材料，获得的机会和利益相对较少。但是，他们是未来的市场，以越南为例，目前越南的大街小巷几乎全是轰鸣的摩托车，相信不用 10 年，摩托车会减少一大半，汽车就会全面占领其高速公路与乡间小道。

经过多年的发展，汽车产业成为第二次全球化浪潮时期所形成的最经典的全球化产业之一，同时，第二次全球化浪潮也使汽车产业成为最大的受益者之一。试想，如果没有第二次全球化浪潮时期所形成的全球化经济系统，估计全世界至少有数以千计的汽车制造厂商无法取得今天的成就，也必然会造成全球资源的极大浪费，环保生态水平也不会因为汽车节能技术和排放技术的进步得到改善。资本的全球化，带来全球的投资动力，同样，贸易壁垒、关税水平降低才有了汽车产业进行全球布局的机会。

投资、研发、生产制造、服务、消费、物流就在全球范围内按照各种需求、各种规则形成了汽车产业的全球版图，这个版图在每个国家的经济数据里主要表现为进出口贸易，但是背后的产业链、价值链、供应链甚至资本链所表现出的商业和经济政治逻辑以及这些逻辑的运动规律，构成了关于第二次全球化浪潮的非常深刻的经济、政治、社会、文化的哲学命题。

是好是坏难以评说。

汽车产业是第二次全球化浪潮最典型的缩影，除此之外，全球的高端装备制造、石油天然气化工、电气电子产业、食品、医疗健康、材料工业、服装服饰、航空航天、文化教育、体育娱乐、金融资本、房地产等行业，都在第二次全球化浪潮中，根据不同的产业链、价值链、供应链在全球的分布状况，形成了符合各自行业特点的配置规律，而背后的配置手段同样非常复杂，既有政治因素，也有经济因素，既有资源因素，还有市场因素，既有环保因素，也有资本的推动。看不见的手和看得见的手共同推动着第二次全球化浪潮中各种产业形态的此起彼伏。

同时，这些产业链、价值链、供应链又和所有国家相适配，根据不同国家的条件、资源、环境、文明构成了不同的产业结构。随着时间的推移，不断地运动着、变化着。

谈到上述产业，我们不得不谈到承载这些产业的公司。因为所有这些产业的产业链、价值链、供应链甚至信息链、资本链，都是由产业企业或者金融企业来承载的。我们通常把承载这些产业链、价值链、供应链的分布在世界各地的公司称为跨国公司。跨国公司是第二次全球化浪潮时期最重要的使者，没有这些跨国公司，也就没有第二次全球化浪潮。在第二次全球化浪潮中，跨国公司扮演了什么样的角色呢？

第一，如果说第一次全球化浪潮以国家与国家之间的殖民关系作为主要形式，以贸易型企业作为次要的运行组织的话，那么跨国公司在全球范围内构建的企业和企业之间的合作与交易就是取代国与国关系、承载第二次全球化浪潮的主要运营形式。

第一次全球化浪潮时期，资本主义市场经济发育还不太成熟，全球化的经济环境中主要是殖民地模式，企业在经济行为中的作用非常有限，到第二次全球化浪潮之前，以美国为代表的国家已经通过两次全球化并购浪潮，实现了钢铁、石油、汽车、装备制造等产业的横向和纵向的整合，涌现出第一批初步具有全球化能力的跨国公司，这些公司在第二次全球化浪潮期间，展开了企业全球化的征途，成为第一批全球化企业。美国的洛克菲勒、杜邦、福特、通用都属于这个时期著名的跨国企业。从 1945 年到今天，跨国公司在 70 多年的发展过程中，通过全球化的战略投资、战略并购、产业整合，在全球化的市场准入、关税政策的引领下所向披靡，通过战略并购和直接投资，成为了全球产业链、价值链和供应链配置中的主要角色。

第二，跨国公司在全球化产业链、价值链和供应链构成中，主导产业链的走向、价值链的配置和供应链的决定权。

跨国公司利用在发达国家的有利地位、雄厚的资本以及在行业里面的话语权，通过并购和直接投资在产业链上下游进行整合，并且始终站在产业链的最上游，分享着价值链上最大的附加利益。

第三，主导全球化产业链、价值链、供应链的跨国公司，除了能源、基建、资源类行业，几乎没有来自发展中国家的企业，主要来自北美、欧洲、日本 3 个地区。

在全球 21 个主要行业里，来自美国、欧洲、日本的企业占据着绝大部分行业的领头羊位置。这些行业包括零售、石油、天然气、能源与供应设施、汽车、科技、化工、采矿、电信、保险、银行、医疗保健、制药、金属产品、机械电器设备、快速消费品、邮政物流、铁路航空等。在传统零售领域，排名前 10 的企业中没有中国企业，其中美国占据 7 家，英国、法国、日本各占据 1 家。在汽车行业，前 10 名企业中仅有上海汽车是中国企业，其余同样分属日本、欧洲和美国。

第四，第二次全球化浪潮的产业生态背后，形成了由主要发达国家的跨国公司主导的企业生态。发达国家的企业由于具有历史优势、品牌优势、市场渠道优势、技术和管理优势，处在整个产业生态的顶端，绝大多数发展中国家的企业不是给这些大型跨国公司提供配套服务，就是代工，很难发展到全球产业链顶端。

第二次全球化浪潮中的多位主角

第一次全球化浪潮是以国家作为主要掀起者和主体，以国与国之间的全球化关系作为主要关系的。第二次全球化浪潮的国家关系和第一次全球化浪潮的国家关系有何不一样呢？第二次全球化浪潮从早期的酝酿到今天，也经历了几个阶段。

第一个阶段是从第二次工业革命开始一直到第二次世界大战结束的酝酿阶段。

第一次工业革命开创了大英帝国殖民地模式的繁荣昌盛，虽然大英帝国也进入了第二次工业革命，成为第二次工业革命的推动者和受益者，但是第二次工业革命却让另外两个国家渐渐领先，一个是欧洲大陆的德国，一个是美洲大陆的美国。当然，通过明治维新进入工业化的日本也不甘示弱，成为快速崛起的国家。

第二次工业革命使人类社会从蒸汽机时代进入电气时代。德国的西门子于 1866 年制造了发电机，随后，同样是德国人的卡尔·本茨制造出内燃机车。但是由于两次世界大战，世界经济政治秩序完全重新洗牌，第二次世界大战结束时，第二次全球化浪潮正式掀起，也就是说第二次全球化浪潮酝酿于 19 世纪中期，到 20 世纪中期才正式开始。在此期间，以大英帝国为首的殖民统治在不断扩充帝国疆域，坐享经济成果的同时，欧洲各国也经常因为分赃不均不断进行战争。第二次工业革命爆发之后，德国、日本、美国快速崛起。遗憾的是，强大起来的德国没有把强大用于发展经济、造福人民，偏偏出了两个强势领袖，一个是俾斯麦，构建了德国强势的极权体制，另一个是希特勒，把整个世界拖入到残酷的战争中，大大影响了世界经济发展的进程。但是此期间，引领第二次全球化浪潮的科技和工业革命基础已经完全具备了，为"二战"之后美国掀起第二次全球化浪潮奠定了强大的科技基础和产业基础。

第二次全球化浪潮于第二次世界大战结束后，开始进入第二个阶段，这个阶段主要是冷战时期，也是第二次全球化浪潮的形成期。这个阶段从1945年开始，到1991年苏联解体时结束，这个时期的第二次全球化浪潮体现出不一样的态势，西方七国集团应运而生；为什么美国会在第二次世界大战结束之后迅速在世界发达国家中拥有号召力和领导力呢？

第一，由于两次世界大战，原有的强大的大英帝国国力严重衰退，世界头两把交椅实际上已经发生了变化。

第二，两大强势崛起的国家——日本、德国都成为战败国，不仅经济遭受严重打击，城市也被严重摧毁。"二战"后的国际经济秩序重建，对于战败国的主权和治权都有了严格的约束，德日两国在国际经济政治中的地位大大降低，德国被分割为东德、西德，日本被美国占领主导。

第三，以苏联为首的社会主义阵营，客观上与资本主义国家形成了冷战对峙关系，西方世界必须找到一个新的领袖，于是，经历第一次、第二次工业革命的资本主义强国，自然地集合在新晋的世界头号经济强国美国的麾下。

这个时期的全球化浪潮主要体现了经历工业革命的资本主义国家，与以苏联为首的社会主义国家在经济、政治、意识形态、文化方面进行全面抗衡。资本主义世界在凯恩斯主义经济学观点的影响下，大力发展消费工业，繁荣了社会生活，增加了人民收入，改善了人民生活，也使经济更加强大。经济与生活的改变影响到了社会主义阵营的意识形态和价值观，导致了两种制度下形成更加尖锐的对立；以苏联为首的社会主义阵营把竞争的重点放在重工业、军备竞赛，同时计划经济的平均主义也使得人民生活水平没有得到提高，与资本主义社会形成强烈的反差。

由于注重消费，发达国家电子工业技术获得很多突破，一些军事技术也进入民用市场，在民用市场获得巨大的市场成功之后，发达国家在这个阶段推动了以半导体、计算机技术为核心的第三次工业革命。这使得东西方的竞争差距进一步拉大，发达国家通过第三次工业革命的成果所带来的在空间技术、计算机和半导体技术、生物技术、新材料等领域的进步进一步构建了其在全球化中的强大地位，产业结构也发生深刻变化，第一产业、第二产业比重严重下降，第三产业比重大大上升，经济质量大大提高。发达国家与发展中国家、不发达国家之间的经济差距进一步拉大，全球化形成新的经济不平衡。

第二次全球化浪潮的高峰期应该是从 1991 年到现在，第二次全球化浪潮进入后期，同时开始和第三次全球化浪潮交织。由于冷战的结束，获得第三次工业革命产业优势的发达国家，进一步把其优势在全球范围内进行扩张，同时也开始将中低端产业向全世界其他国家逆行转移，由此形成全球经济的一次产业经济转移和大循环的机会，此期间的韩国、新加坡等国家充分利用了其经济、金融、市场化的机制，承接了来自日本、欧洲、北美地区转移出来的电子、机械、家用电器、汽车零部件、快速消费品等产业，同时，中国这个巨大的市场开始彻底实行改革开放的路线，全面融入经济全球化，并且在 2001 年加入 WTO，使第二次全球化浪潮全面融入中国市场，一方面进一步延伸了发达国家全球化的纵深，扩大了发达国家主导的全球化空间和市场范畴，另一方面也延缓了第二次全球化浪潮的衰退。

自 2018 年开始，第二次全球化浪潮进入衰退期，第三次全球化浪潮进入加速时期，由此形成第二次全球化浪潮和第三次全球化浪潮的交织关系。

在第二次全球化浪潮兴起和发展时，全世界进入最为动荡的历史阶段，世界各国经济政治秩序发生了翻天覆地的变化，人类文明达到前所未有的高度，战争、科技、变革、全球化成为第二次全球化浪潮酝酿以来的主题词。在这样历时弥久的进程里，世界主要国家经历了跌宕起伏的发展，形成了今天的世界经济政治格局。早期英国的衰退，德国、日本起起伏伏的发展，苏东的解体，中国的崛起以及美国的强大，都在第二次全球化浪潮进程中，具有重要意义。

英国为什么失去了第一次全球化浪潮的领导地位，英国经济在第二次全球化浪潮里又处于什么样的地位？

我们都知道，两次世界大战之后，世界第一和第二强国发生了变化，但是强大的英国到底为什么被超越呢？

第一，第二次工业革命中的很多科技发明都不是诞生于英国。第二次工业革命的大量技术成果大大优于第一次工业革命的技术成果，第二次工业革命推动发达国家经济发展速度也快于第一次工业革命。

第二，工业水平的落后，导致英国曾经拥有的世界最强大的海军装备水平和能力下降，这样就大大降低了英国的控制力。没有强大的海军实力，其殖民地模式的控制力也急剧下降。第二次世界大战之后纷纷要求独立的民族独立运动使殖民地模式迅速解体。殖民地模式一旦解体，依靠殖民地模式支撑而强大的英国自然就衰落了。

第三，第二次工业革命带来的新的技术、新的产业生态、新的生产关系以及资本主义市场经济的创新和发展没有及时运用于英国及其附属国，英国的生产关系已经落后于美国、德国等国家。

第四，殖民地模式虽然让英国可以通过殖民地的军事、经济、行政控制权获得大量的机会和资源，但是，所有殖民地国家几乎都是贫穷落后的国家和地区，英国在殖民地附属国也需要投入大量的人力、物力，导致英国资源分散，国力分散，大而不强。

第五，两次世界大战英国都是参战国，尤其是第二次世界大战，英国也是欧洲主战场之一，虽然是战胜国，但是战争对于国力的消耗也是非常严重的。

英国从世界第一强国的位置跌下来之后，再也没有强盛起来，也没有在全球化大潮里有什么惊人之举，除了伦敦还保持着世界金融中心之一的地位外，英国在世界其他领域的作为几乎乏善可陈。如果英国脱欧最终成为事实，英国经济还将遭受更多打击。当然，英国主导的第一次全球化浪潮还是给世界留下不少英国痕迹，包括英语，至今也是世界使用最广泛的语言，英制度量标准也在世界范围内的很多领域使用。不管怎样，作为世界一流的发达国家，英国在金融、教育、医疗、制药、高端制造、航运、旅游、现代服务、房地产等很多领域都有非常多的一流企业。英国自撒切尔首相卸任之后，对于企业的投资并购，一直持非常开放的态度，英国几乎没有什么国有企业，在英国的所有企业都由全世界的资本持有，完全没有保护所谓的民族工业的概念，绝大多数英国企业看似设立于英国、创始于英国，但是属于全世界资本所有，英国是一个完全的全球化国度。

德国为什么两次崛起，发动两次世界大战，为什么还能成为第二次全球化浪潮时期欧洲经济的领头羊？

在当今世界各国中，不得不说德国是一个极为神奇的国家。德意志统一于 1871 年，这个时候英国掀起的第一次全球化浪潮已经进行了 100 多年了。虽然德国统一是通过战争实现的，但一旦统一，德国就已经是一个强大的国家。德国迅速通过工业革命，仅仅用了二三十年时间，就神奇地超过英国，成为欧洲第一经济强国，但是德国并不满足于已经取得的成就，连续发动两次世界大战。德国本来有机会通过和平方式成为世界强者，结果反而让远在北美洲的美国占了先机，一举成为世界霸主。而此时的德国，把战火烧到了自己的国土，被战争的炮火伤害得体无完肤，统一的德国再次被分割成为东德、西德。

为什么德国能够在第二次全球化浪潮掀起之后迅速崛起呢？

第一，虽然德国遭遇战败，但毕竟在战前已经完成了工业革命，奠定了强大的工业基础。拿起枪杆上战场，放下武器进工厂。德国、日本两大战败国都是在相同的情况下，迅速医治战争创伤，大规模展开经济建设。

第二，由于战后世界分裂为社会主义、资本主义两大意识形态阵营，两大阵营通过意识形态的对立，很容易形成超越国界的经济、政治和文化结盟，西方工业国家在美国的主导下迅速成为一个整体，而德国则在美、英、法三国的共同治理下，受到约束，再也不需要进行军备竞赛，大大降低军事力量的投入而全力以赴发展经济。发达国家之间的这种经济协同性，有利于创立相互协同的经济秩序，而不是在全世界各处占有殖民地、相互之间抢夺资源，这就是第二次全球化浪潮和第一次全球化浪潮的最大区别。资本主义市场经济在第二次全球化浪潮中不断获得创新升级，建立了有史以来最科学的市场经济体系，而发达国家通过这个体系所创建的关于关税、金融、产业政策等方面的全球经济秩序，充分体现了第二次全球化浪潮给发达国家所带来的制度性、市场化、机制性红利。

第三，德国人的民族素质与民族精神。工业革命以来，我们看到德国人在产品、技术、工业、管理等方面，已经把他们的性格充分地表现出来了。德国人就是精密、严谨、逻辑性强、孜孜不倦的化身。他们在制造业所体现出来的民族精神和性格，在这个地球上找不到第二个与之相似的国家。全世界的制造业的每一个门类，几乎都有最优秀的德国产品和德国企业。汽车、机械、化工、医药、医疗技术、高端装备、电力电子等，哪怕就是一口锅、一个旅行箱，德国都可以做到全世界最好。

我和德国著名学者，被称为"隐形冠军"之父的赫尔曼·西蒙先生进行过交流，他曾经调查过上千家德国企业，发现了1500家不为人知的德国企业竟然都在各自的领域成为世界冠军，德国人制造产品的工匠精神和对于规则的理解与尊重是渗透到骨髓里面的。第二次全球化浪潮是近代物理、化学、生物这些基础科学与机器工业、企业组织、产业体系、资本主义制度、全球化经济秩序高度结合的产物，而在这个浪潮里面，德国成为与机器工业这个环节最相宜的国家。

不光是德国，整个欧洲都在第二次全球化浪潮里，把优势发挥到了顶点，成为第二次全球化浪潮的赢家。尤其是西欧国家，在相同的规则、相似的历史民族渊源和相同的宗教价值观的共同作用下，创造了第二次全球化浪潮的辉煌，这些国家把产品、技术、系统的产业链和价值链、工商管理教育体系、公司战略、高端工业服务带到亚洲，尤其是带到中国、印度以及东南亚各国，当然也包括在20世纪90年代初从社会主义阵营分离出来加入资本主义体系的东欧、中欧国家。欧洲发达国家的经济优势一直持续到2008年金融风暴爆发之前。

日本在第二次全球化浪潮中作为西方七国之一，和其他发达国家有什么不同？

日本是第二次全球化浪潮中最主要的国家之一。日本于1868年通过明治维新进入发达国家序列之后，通过三次工业革命融入第二次全球化浪潮，即使日本成为第二次世界大战的主要发起国和最后的战败国，但同样可以通过第二次全球化浪潮的体系优势迅速恢复生产能力，成为曾经的世界第二大经济体，只是由于中国的超越，降为第三。但是和所有发达国家不一样的是，日本是发达国家中唯一的亚洲大国，种族上属于黄种人，也不是以信仰基督教为主的国家，生活方式上还是保留了自己的语言文字以及生活习俗，引进发达国家先进的产品、技术、管理、工艺、金融的同时，保留了日本特有的经济内涵，并没有完全西化。日本的经济组织、产业组织也不完全照搬发达国家的体系。主导日本经济和产业的三井、三菱、住友、伊藤忠、丸红等企业和产业组织也并非按照西方的资本控制逻辑形成结构，这成为全球产业组织最独特的一道风景。

日本的经济比欧洲发达国家的更有韧性，虽然在20世纪80年代，日本遭遇签订"广场协议"之后的经济紧缩，也遭遇2008年金融风暴的严重打击，但是日本通过产业内部之间的协同和转型，依然保持了在第二次全球化浪潮中非常重要的地位。

我们曾经认为，日本在明治维新之后"脱亚入欧"，全盘西化。但是，只有当你深度走进日本经济的时候，才会发现，日本虽然在经济制度、政治制度上全面接受了资本主义市场经济体制，但是在市场机制、政府和企业关系、企业体制等很多方面与欧美国家存在非常大的差异，并没有全盘西化。

苏东解体之后，曾经的一些成员国为什么没有在第二次全球化浪潮后期发展起来成为经济发达国家？

在20世纪最后10年，整个中国都在巨大的怀疑和焦虑中度过。世界社会主义阵营突然解体让中国蒙上阴影。当时的两个疑问是：中国是否还能坚持走社会主义道路；中欧、东欧以及俄罗斯是不是会因为私有化，成为资本主义国家而搭上发展的快车道。

几十年过去了，中国没有改弦易辙；一些东欧和中欧的国家也没有进入发达国家的快车道。我不相信中东欧人民不聪明、不努力，历史上这些国家和发达国家都进入了资本主义，进行了第一次、第二次工业革命。但是第二次全球化浪潮掀起的时候，这些国家成为社会主义国家，不在第二次全球化浪潮体系的主导国家里面，得不到第二次全球化浪潮带来的红利；而在社会主义阵营，这些国家任由苏联指挥棒指挥，在社会主义阵营解体之后，想很快从社会主义进入资本主义，是一个巨大的难题。

一个国家的经济政治制度在一夜之间完全颠覆、改弦更张，原有的意识形态、价值观、文化教育体系、经济管理运行体系所形成的惯性与资本主义社会的自由民主以及市场经济体系之间产生的冲突非常难以想象。前一个制度的秩序突然崩溃，必然产生巨大的惯性，这个惯性不是一天两天就可以消失的；而新的资本主义市场经济体系其实同样是经过漫长的过程建立起来的，不可能在一夜之间就建立起庞大的发达国家的经济秩序。如果要成功，最有可能成功的应该是东德。用投资银行家的观点来看，如果把苏东解体比作一群公司破产重组的话，是没有重组主导方的，需要通过自我修复来重组。而东德解体之后，是有一个强大的西德作为主导重组方来组织重组的，东西德合并更像是一强一弱两个企业的并购，西德具有重组、整合东德的强大能力。

但是，即使是俄罗斯，也没有成为普京总统所宣称的"强大的俄罗斯"。虽然保持了传统的军事强国的实力，但是和苏联相比地位大大下降，而经济的市场化，也没有让俄罗斯成为第二次全球化浪潮里面最主要的经济体，与发达国家同样没有真正融为一体，这让我不得不想到最传统的一个观点：私有制下的资本主义最大的价值观局限就是自私。没有改变殖民地时期控制、占有、掠夺的本质，只不过披上了华丽的外衣而已。

美国到底靠什么能够成为第二次全球化浪潮的领导者，而且持续这么多年？

阅读尼尔·弗格森的《帝国》一书，会发现一个非常有趣的现象。美国的建国史原来并没有美国人宣传的为了自由、平等和民主那么伟大。借用华尔街投资银行家们创造的金融模式来说，完全是一场"管理者收购（MBO）"。

美洲大陆被发现之后，西班牙、荷兰、葡萄牙、法国、英国等移民相继来到这片广袤的原野，大英帝国很快就在大西洋沿岸建立起了 13 个殖民地。通常的表述是，1775 年 4 月，北美人民反抗大英帝国殖民统治的独立战争爆发了，由乔治·华盛顿担任大陆军总司令。1776 年 7 月 4 日，《独立宣言》发表，美利坚合众国正式成立。1783 年，英国承认 13 个殖民地独立。

这种表述，实际上是一个笑话。如果是由美洲的原住民印第安人来宣布独立，发起独立战争打败了英国殖民者，这段历史是可以这样写的，但实际上发起独立战争，发表《独立宣言》，组建军队的不是美洲人，而是英国殖民者派到美洲进行殖民统治的统治者，他们不满意"老板"的控制，同时发现美洲这么广袤而美丽，资源这么丰富，土壤肥沃，远比大英帝国那几个小岛价值大多了。战争成了他们背叛"老板"，背叛祖国的方式，所谓"独立战争"实际上是英国人在距离本土几千公里的地方，打的一场内战。

英国移民家庭出身的托马斯·杰斐逊是《独立宣言》的主要起草者，但是，这位杰出的美国开国元勋，曾经在英皇乔治三世面前宣称："我是你在英属美洲的臣民"。包括乔治·华盛顿、本杰明·富兰克林两位美国开国元勋，无一不是英国第二代移民。对于美国来说，他们是英雄，而对于英国来说，他们就是"卖国贼"或者"英奸"。

从美国的建国历程来看，其拥有非常好的建国条件：

第一，非常优越的自然条件。

第二，非常广阔的国土面积。

第三，先后进行了第一次、第二次工业革命，尤其是在第二次工业革命中，其发展开始领先。

第四，多年的殖民统治，给美洲大陆带来了新的文明，美洲人民通过资产阶级革命推翻了殖民统治，创建了真正意义上的民主自由的资本主义国家，具有大大优于封建专制的经济政治制度。

此外，美国顺应历史潮流，在最适宜的时候，选择了自由民主的适应高度发达资本主义市场经济体制的经济政治制度，在科技、经济、金融、政治高度协调的条件下发展壮大，两次没有在美国本土进行的世界大战客观上帮助美国成为世界第一强国，同时美国又充分利用"二战"战胜国的身份，获得战后对于发达国家的领导权和对战败国的治理权。同时，美国在冷战期间选择了正确的经济竞赛策略，冷战结束又大规模推进高端技术民用化，在第三次工业革命的推动下最终成为全球最大的赢家。美国不支持殖民占有，在政治上获得广泛认可；通过科技、产业、金融的市场化能力在全球进行运营和推广，获得了更大的利益。

美国的市场经济，尤其是金融资本市场异常繁荣，美国经济秩序太强调科技、产业、金融的高度创新与融合，高水平经济结构所带来的过度消费也导致美国的产业成本太高，从而淘汰了很多难以生存的产业。另外，美国成为第三次全球化浪潮中科技和产业基础的奠基者，但是这个产业所带来的新的变化和特征渐渐与中国这个世界上最大的发展中国家结合，使得中国独具优势的时候，一个前所未有的趋势加剧了，即第二次全球化浪潮有可能被第三次全球化浪潮终结，美国已经看到了这个滚滚而来的浪潮对其构成的威胁。整个美国从上到下都没有做好充分的准备，在新总统特朗普的领导之下，直接把矛头直指中国。

21世纪，一场有史以来最大的冲突看起来在所难免！

第一次全球化浪潮和第二次全球化浪潮时期国家的关系以及国家的角色和作用完全不一样。第一次全球化浪潮时期，强大的国家站在浪潮的前沿，代表着国家意志和手段统治着全球化，第二次全球化浪潮时期，国家与国家之间建立经济政治秩序，通过全球化的经济体系，由分布在全球的大大小小的公司来实现全球化。国家是秩序的构建者、利益的维护者、安全的保障者。国与国的关系以及经济链条之间的关系十分紧密。国家的强弱不再体现于国家的外交关系、政治地位，而主要体现在内在经济关系所带来的利益不平衡。

中国与第二次全球化浪潮的融入及不适

第二次全球化浪潮兴起于第二次世界大战结束，至今已经超过70年时间。我把第二次全球化浪潮从1945年至今分为两个阶段，而中国在第二次全球化浪潮的这两个阶段中也分别扮演了不一样的角色，充满了戏剧性。

第二次全球化浪潮开始于第二次世界大战结束，到1991年苏联解体，是第二次全球化浪潮的第一阶段。但是，中国在这个阶段却有着不一样的全球化轨迹。

第二次世界大战结束之后，世界地缘政治并没有因为世界大战的结束而团结起来。世界在政治上形成一对新的矛盾，这个矛盾不再是发达国家之间经济实力竞争的矛盾，也不是宗教分歧带来的矛盾，而是资本主义和社会主义两个不同意识形态和政治制度之间的矛盾。

由于政治制度的不同，经济制度也不可能相同。资本主义社会实行财产私有制的资本主义民主政治制度，经济上实行自由的市场经济制度。中国选择了社会主义公有制度作为基本经济制度，没有选择资本主义制度。由于这样的经济、政治制度的选择，中国和苏联一样，与西方发达国家所推动的、资本主义主导的、市场经济制度下的第二次全球化浪潮再次失之交臂。

在第一阶段，由于意识形态的不同，世界被划分为两大阵营——以美国为首的资本主义阵营和以苏联为首的社会主义阵营。在20世纪60年代，中国和苏联两大社会主义国家产生严重分歧，中国脱离了苏联主导的社会主义阵营，走独立自主发展的道路。特别是在1978年，中国通过改革开放，逐渐引进市场经济体制，在继续选择社会主义道路的同时避免了全盘西化。今天看来，这是中国领导人的一次充满智慧的选择。

中国的这个决定从今天看来起到了两个非常重要的作用，一个是在经济政治道路上的选择，没有继续走完全的社会主义计划经济道路，这个选择至少避免了后来像东欧剧变和苏联解体那样所带来的经济和政治的动荡，维护了国家的稳定；另一个是由于中国奉行改革开放的政策，让世界上人口最多的、经济相对落后的国家向西方发达资本主义开放产品、技术、资本的市场，中国主动融入了第二次全球化体系，西方发达国家的产品、设备、技术、资本源源不断进入中国，让中国成为发达国家产业链、价值链、供应链最大的承载国家。其实也是在这样的时代，西方发达国家从战后开始的经济发展也遭遇了瓶颈，在第二次工业革命之后所形成的产业优势到 20 世纪七八十年代也遇到增长的阻力。由于中国这样一个巨大的经济市场的开放，使整个发达国家在资本主义制度下的因产业过剩形成的产能找到了最大的市场，极大地延伸了资本主义产业文明，促进了发达资本主义国家的经济增长。同样，中国经济在发达国家的资金、技术、产品、管理的支持下，获得快速发展的机会。

这样的选择对当年的中国来说是一个非常艰难的决定。用后来邓小平的话说就是：不搞改革开放就是死路一条。因为这个时候的中国不可能像当年日本明治维新那样全盘西化、脱亚入欧，只有选择渐进式改革和开放，摸着石头过河。

用这样的方式推进改革开放就会带来新的问题：

第一，中国不可能全面拥抱第二次全球化浪潮，中国向西方的学习就是一个盲人摸象的过程。由于中国在改革开放之前，实行的是计划经济，计划经济和市场经济是两种完全不一样的经济制度。已经实行了数十年的计划经济要改造成为市场经济，这是一个非常浩大的工程。而且由于思想观念等很多问题，中国一开始还不敢提出要搞市场经济，理论上存在很多障碍，国内对于改革开放也存在比较大的争议。所以，中国拥抱第二次全球化浪潮，一开始还只能引进国外的产品，从产品贸易开始，然后再将香港、澳门、台湾地区的加工企业引入中国，后来逐渐引进外资，对外开放也只能从深圳、珠海、厦门、汕头几个经济特区开始，逐渐开放到沿海和内地。直到 1992 年邓小平南行之后，中国才开始深度研究市场经济体制。即使这样，中国融入第二次全球化浪潮还是局限在一定的程度。

第二，中国的改革开放与第二次全球化浪潮之间是一个输入式的全球化过程，中国是被动地、局部地、渐进地、不系统地进入全球化。

中国不是第二次全球化浪潮的主导者，也不是从第二次全球化浪潮掀起的时候就跟随浪潮的。中国是从计划经济体制转型时期来拥抱第二次全球化的，一方面需要开放，另一方面还必须对原有的计划经济体制进行由浅入深的改革，这就给全面融入第二次全球化浪潮制造了巨大的难度。

第三，中国输入第二次全球化浪潮存在和中国自己的经济政治制度的融合问题，这就是中国在某一段时期重点关注的"国际惯例"。

经济制度和政治制度具有非常紧密的关系，什么样的政治制度将要决定什么样的经济制度。在中国处于社会主义初级阶段的时候，为了促进生产力的发展，需要实行市场经济制度，让市场在资源配置中起主导作用。但是，之前世界上没有一个社会主义国家采用市场经济制度，在社会主义公有制的前提下，第二次全球化浪潮输入深层次，就会出现不同政治制度下，采用相同市场经济制度带来的困境，公有制主导下的市场经济是前人没有走过的道路，这对于中国经济体制改革和制度的顶层设计都是一个考验。

第四，中国的改革开放如果不在政治制度和经济制度的主要观点和做法上与西方互融，迟早会引发东西方的文明冲突。

在改革开放初期，中国是不可能把这些问题搞清楚的，也是搞不清楚的。如果偏要搞清楚，中国后来的一系列改革开放就进行不下去。

而深刻意识到这些问题之后，改革开放总设计师邓小平以极大的勇气和高超的智慧，果断决定选择走改革开放的市场经济道路，通过对日本、美国等发达国家的调研和学习，发现西方发达国家在推动第二次、第三次工业革命过程中，消费品工业更容易走向全球。服装、玩具、消费电子、汽车这些产业已经形成全球化的产业链关系。发达国家进行研发，发展中国家生产制造，发达国家尤其是美国成为全球最大的消费市场。因此，除了发达国家之外，在劳动力成本、制造成本、原材料有优势的泰国、马来西亚、新加坡等国家，都成为这些轻工业和消费工业的加工出口基地。于是，"亚洲四小龙"获得高速发展的机会。这样的机会，被中国称之为"全球经济大循环"。

于是，中国通过设立深圳、珠海、汕头、厦门4个经济特区，引进香港、台湾、澳门等地的资金、技术、设备，开始了原材料在外、资本在外、市场在外的来料加工业务，开始了和第二次全球化浪潮最早期、最初级的对接，也因此拉开了中国对外开放的序幕。

到2001年，中国经过改革开放23年的发展，基本形成了与发达国家接轨的市场经济基础，终于被发达国家所接受，加入第二次全球化以来最重要的国际多边贸易组织WTO。加入这个组织最大的特点就是中国对外开放进入纵深，中国从产品贸易进入全球产业链、价值链、供应链组织系统。比如，西方国家各种品牌的消费品在全球价格一定的情况下，在中国生产加工，再出售到世界各地，价格不会有什么变化，但是中国的生产成本低廉，利润就可以大大增加。再往后，中国消费市场升级，生产制造、设计能力全面提升，许多著名的消费品，只有品牌是国外的，原材料、设计、生产加工、销售、消费都在中国，很多企业仅仅依靠品牌就可以获得很大的利益。

中国加入 WTO 可以理解为中国融入第二次全球化浪潮的第二个阶段。

中国在 2001 年加入 WTO 之后，继续保持经济的快速增长，产业结构不断调整和深化，市场需求猛增，巨大的市场容量使第二次全球化浪潮期间已经形成的全球产业链、价值链、供应链关系发生了巨大的改变，形成了以中国为圆心的全球产业链、价值链关系，全球产业生态发生巨大变化。中国也从产品贸易的全球化进入到服务贸易、产业要素贸易、投资贸易、资本贸易的全球化时代。中国与发达国家、发展中国家、不发达国家之间的进出口贸易、投资、重组并购成全方位发展关系。中国与发达国家之间的产业水平、技术水平的距离越来越近。但是，相继也出现很多问题，中国在产能、产品质量、技术水平与发达国家越来越接近的同时，在知识产权、产品信用、交易能力、法律意识、财务体系、深度开放等很多方面与发达国家的隐形冲突也越来越严重。

尤其是进入 2010 年之后，中国对外投资规模越来越大，到了 2014 年，中国第一次出现资本净流出，第一次从贸易全球化进入资本全球化阶段。到 2016 年，中国成为世界最大的对外投资国家之一。中国自改革开放以来经历了从贸易输入到技术输入，再到资本输入的阶段。进入 21 世纪之后，中国逐渐从产品输出发展到技术输出，再发展到资本输出阶段。这个转折表明，中国经济质量有了很大的提高，中国在第二次全球化过程中改变着全球产业链、价值链、供应链的配置，由此，中国成为全球化的最大赢家之一，成为第二次全球化浪潮的主要推动者之一。第二次全球化也因为中国的推波助澜，达到顶峰。

但是这个时候，问题就出来了。问题可以从两个方面进行理解，一个是从中国的角度理解世界，另一个是从世界的角度理解中国。

从中国的角度理解世界，我们发现中国经过改革开放40年的发展，学习借鉴西方发达国家的产品、技术、管理、市场机制，成为了第二次全球化浪潮中最大的产业延伸市场，但是毕竟中国只用了40年时间达到目前这个水平，与发达国家的现代市场经济体系还有很大的差距，这些差距的背后存在着不一样的政治背景，不一样的政治体制，不一样的意识形态。中国很难全盘西化，从经济到政治完全接受西方的文明体系。这样也使得中国经济经过40年高速发展之后，也遇到高质量发展的瓶颈。西方国家在技术、知识产权、市场机制方面给中国的发展立起了天然的屏障。

从另一个角度来看，西方对中国的发展也产生了各种担忧。由于所有制、意识形态、政治制度的不一样，西方世界感受到强大起来的中国已经对其参与的第二次全球化体系构成威胁。同时，由于中国提出"一带一路"倡议，创办亚洲基础设施投资银行，全面推动人民币国际化，积极主动介入全球若干事务，主导中非合作论坛和金砖国家峰会等，让国际社会议论纷纷。

西方发达国家的领头羊美国不仅要维护自身的利益，也需要维护所有发达国家的利益，到了20世纪第一个10年与第二个10年相交的时候，东西方的冲突开始加剧。

从中国与第二次全球化浪潮的关系来看，中国面临的主要问题是：

第一，中国是被动地、输入式地融入第二次全球化浪潮，而且存在第一次全球化浪潮这样一个断层，由于存在这样的根本性问题，如果中国总是希望别人来适应自己的话，这种尴尬会在相当长的时间内存在于东西方之间。

第二，中国不是第二次全球化浪潮规则的制定者，而是规则的接受者，而中国要从规则接受者进入规则制定者这个层面，就会涉及利益再分配；这意味着中国在第二次全球化浪潮的体系内，逐渐从产业链的中下游提升到产业链的中上游，从价值链的中低端进入价值链的中高端。这是一个艰难的命题，因为越是往上走，难度越大，因为很难不触及现有全球利益既得者的势力范围。这涉及中国和发达国家之间的关系，尤其是美国。也就是说，"中国版工业 4.0 规划"的实现过程，必然要碰到别人的奶酪。

第三，整个中国完全没有深度认识和理解今天全球化浪潮中已经形成的全球化产业链、价值链、供应链关系。宏观上，我们既缺乏对于全球化浪潮所形成的产业链、价值链、供应链的研究，也缺乏从这个链条的角度，在战略上制定对应策略，主动地通过一系列应对战略去拥抱全球化浪潮。

从华为被美国制裁之后的一系列动态来看，如果不是任正非早有全球化的战略布局，华为是很难在这么严峻的形势下走出困境的，而从华为在全球的产业链和供应链来看，华为是一个高度全球化的企业，也正是因为其早期的全球化布局，才有机会通过"备胎"，迅速走出困境，同时，抓紧时间拓展和创建新的全球化战略，华为才有可能渡过难关。问题是中国有几个华为这样的全球化企业呢？

第四，由于中国的全球化是输入式的、被动的、非主导的全球化，中国承载全球化的企业存在一个严重的问题，那就是整个中国经济的全球化程度和中国企业的全球化程度严重不匹配。当第二次全球化浪潮进入中国的时候，伴随而来的都是全球化的主导企业、全球化的跨国公司、全球化的配套公司，世界500强企业，没有不想来中国的。而中国企业却只能在国内市场成长和发展，严重缺乏和发达国家企业的竞争能力，更没有多大的能力进入发达国家参与市场竞争。虽然世界500强企业里面中国企业所占的比例越来越大，甚至已经超过美国，但是，因为中国市场太大，企业做到中国第一、第二，自然就成为世界500强了。中国企业进入世界500强并不意味中国企业的全球化达到了很高的水平。

第五，当然，中国的崛起并不意味着与所有国家对立。这个世界除了发达国家之外，更多的国家发展速度并不快，受到发达国家主导的全球化的约束，这些国家在经济发展中完全没有竞争力，而资本主义没有全球共同发展的愿景，导致第二次全球化浪潮不可能带有创建所有人、所有国家共同利益和价值观的全球化思维。在这一点上，中国提出了一个构建人类命运共同体的理念，这个理念的提出超越了第二次全球化浪潮的全球性价值观。我相信这个价值观会得到全世界大多数国家甚至包括资本主义国家的共同理解和赞同，而这个全球化价值观的提出又和过去苏联时代对外输出共产主义完全不一样。但是，这样一个理论和价值观的提出同样是一个巨大的挑战，中国能不能在处理好国内经济社会发展的同时，推动世界构造人类命运共同体，这对于中国来说，一定是一个严峻的考验。

总之，中国与第二次全球化浪潮这整体上不兼容。迄今为止，这个世界还是处在第二次全球化浪潮的后期，第二次全球化浪潮还深深地主导着这个时期全球经济的基本形态，中国也不可能完全超越第二次全球化浪潮中形成的全球产业生态，而直接进入第三次全球化浪潮，中国又必须解决与第二次全球化浪潮生态的融合方式，否则，中国在第二次全球化浪潮的产业链、价值供、应链体系里面，难以形成优势。

第五章

第三次全球化浪潮已然开始

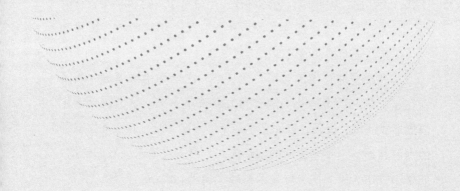

什么是第三次全球化浪潮？有没有人认同第三次全球化浪潮？

如果说，我们认同了第一次、第二次全球化浪潮，那么，我们或许也会相信，一定有第三次全球化浪潮。

事实上，第三次全球化浪潮已经开始了，而且来得非常猛烈。

和第一次、第二次全球化浪潮一样，第三次全球化浪潮同样是由科技进步推动的，具体来说包括计算机技术发展到一定阶段所带来的一系列通信信息技术推动的第三次工业革命，以及云计算、大数据、物联网、金融科技、生命科学、材料科学、新能源、人工智能、区块链这些领域相互交叉、相互跨越、相互融合、相互促进而推动的第四次工业革命。

第三次全球化浪潮与第一次、第二次全球化浪潮最大的区别在于：第三次全球化浪潮将大大突破第一次、第二次全球化浪潮形成的增长极限，以完全不同于第一次、第二次全球化浪潮的内容和形态，带来全新的增长模式，给人类带来美好的生活。如果第一次、第二次全球化浪潮还受地理、政治、民族、宗教、种族、贫富、规则制约的话，第三次全球化浪潮就是一次颠覆性的、革命的、真正意义上没有阻碍的全球化。

第三次全球化浪潮和第一次、第二次全球化浪潮相比，发展速度更快，技术更迭更快，在全球的渗透能力比第一次、第二次全球化浪潮更强，覆盖面积更广。第三次全球化浪潮不容易受到传统政治经济格局的影响，对原有的地缘政治和地缘经济的冲击和改变会很大。第三次全球化浪潮不是由某个国家主导的，也不会形成国家霸权，很有可能会形成强大的国家联合体，从而重构这个世界的政治、经济、文化、社会、生态秩序，在全新的秩序之下，用技术、产品、应用、服务、生态来改变我们的生存方式，甚至开始把全球化推向更加深远的宇宙空间，展开宇宙化的新的文明历程。

第三次全球化浪潮才刚刚开始，未来发展扑朔迷离。21世纪，注定是一个难以想象的世纪。

2018年6月，习近平主席在中央外事工作会议上提出："当前中国处于近代以来最好的发展时期，世界处于百年未有之大变局，两者同步交织、相互激荡。"这个说法和100多年前李鸿章面对世界各国的崛起和中国遭受的欺凌时所提出的"数千年未有之大变局"形成强烈的对照。李鸿章意识到了中华民族的危机，但是他改变不了国家的命运；100多年之后，习近平意识到了"百年未有之大变局"，而这个变局是中国复兴的机会。100多年前的变局，是第一次全球化浪潮袭来的危机警示，100多年后的变局，是第三次全球化浪潮的嘹亮号角。

如果物质不灭，灵魂可以复活，我真希望我们不仅面向未来，还可以面对过去。

浪潮始于何时？

如果要定义第三次全球化浪潮，首先要搞清楚，第三次全球化浪潮是从什么时候开始的呢？

第一次全球化浪潮必须追溯到蒸汽机的发明，因为蒸汽机的发明带来了工业革命，有了工业革命才有了第一次全球化浪潮。第二次全球化浪潮开始于1945年，但是两次世界大战早已使第一次全球化浪潮与第二次全球化浪潮交替进行，两次世界大战成为第一次和第二次全球化浪潮交替的手段。同样，第三次全球化浪潮来自以信息技术为核心的科技革命，那就必须知道，**第三次全球化浪潮源于1946年美籍匈牙利科学家冯·诺依曼所发明的计算机。**计算机是今天信息社会的基础，也就是说，第三次全球化浪潮在技术上已经形成了几十年的时间，这个时间距离蒸汽机的发明已经过了几百年。

计算机从1946年发明到现在，已经超过70年了，冯·诺依曼绝对没有想到，计算机的发明会带来一系列的革命，他甚至会成为改变人类发展进程的那只"亚马逊蝴蝶"。

第一代计算机主要用于军事领域，后来，计算机从军用走向民用，带来了第三次工业革命。可以确定的是，计算机未来的发展及应用过程中还会出现很多我们想象不到的结果。

首先是计算机本身的优化。

从计算机发明到大型计算机小型化，经历了很多年。第一代计算机被称为电子管数字机，主要应用于军事和科技运算；第二代计算机被称为晶体管计算机，体积小、能耗降低，运算速度提高，最高可达每秒 300 万次；第三代计算机是我们今天所说的中小规模集成电路数字计算机，运算速度更快，产品应用更加广泛；第四代计算机是大规模集成电路数字计算机。由于集成电路的发展，半导体芯片技术集成度更高，于是出现了小型电脑，也就是桌面电脑（PC）和笔记本电脑。

1969 年，互联网出现，实现了数据和信息共享，这个时候，计算机已经发明 20 多年了。计算机从大型化到小型化，从桌面电脑到笔记本电脑，从线路连接再到移动互联网，以计算机为核心的信息技术已经发展成为巨大的信息产业。

与此同时，计算机的基础技术也在不断地升级换代。

互联网的出现，是计算机发展到信息领域的一个标志性事件。互联网最开始的时候，主要还是用于信息和数据传输，提高了全球信息传递和交换的能力，同时，门户网站的出现催生了新的媒体，对传统平面媒体造成巨大冲击，分散了过去相对集中的广告市场。

计算机和互联网连接之后出现移动互联网，移动互联网的出现使计算机和通信结合，大大加快了通信速度和通信领域的数据处理能力，传统电话传输模式完全计算机化。信息技术和通信技术的融合是信息时代的又一次飞跃。

到了 21 世纪，仅仅过去数十年，新的工业革命形态快速呈现，那就是在 20 世纪 60 年代开始酝酿的第二次工业革命和到

21世纪爆发的第四次工业革命。

第四次工业革命被称为人工智能（AI）时代，也可称为智慧时代。2019年，由中国著名企业华为主导的5G技术进入市场应用。5G技术投入市场，意味着移动通信进入一个新的时代。5G时代得益于计算机行业软硬件技术的持续进步与发展，使得数据量更大，传输速度更快，低延时的通信技术再次获得飞跃发展，使得移动互联网应用终端以及应用场景发生巨大变化，由此为交通、工业、医疗、教育、娱乐以及生活方式带来极大的便利，同时带来巨大的市场空间。物联网的出现会带来智慧物流、工业互联网、车联网、智慧城市、智慧农业等的发展，超高清视频技术可以让娱乐场景更加真实，车联网又会推动智能网联汽车的发展，汽车产业生态彻底变革。第四次工业革命的出现会让全世界更容易、更快速地突破地缘和空间的限制，全球化的含义将会发生更大的变化。我认为，5G时代的到来会大大加快第三次全球化浪潮的步伐，但完全没有想到，第三次全球化浪潮刚刚掀起就已经波澜壮阔、剑拔弩张。

2018年开始的中美贸易冲突给世界带来巨大的冲击和影响，突然让全世界感觉到危机重重。大众本来以为，特朗普上任，中美继续已经持续多年的合作关系，"习特会"也非常顺利，双方达成贸易合作，一个新时代即将开启。没想到，中共十九大之后，美国突然变脸，发动了贸易战。随着时间的推移，我们才渐渐看清这次中美贸易冲突的本质。

中美贸易冲突发生之后，美国各大政治派别和政治、经济、军事等方面的重量级人物纷纷阐述了中美贸易冲突的真正原因。

从西方尤其是美国的观点来理解，主要是中共十九大发布的纲领性文件以及 2018 年初全国人民代表大会通过对宪法的修正案，这让美国以及西方发达国家意识到，中国的快速崛起已经对美国构成威胁，对美国主导的第二次全球化浪潮以及美国在全球化过程中的领导地位构成了威胁。

2018 年 11 月 21 日，我在北京京城俱乐部听到了美国前副国务卿、基辛格智库事务所副主席、高盛原副董事长霍玛茨的演讲，听完这个演讲之后，我对美国发动中美贸易战的本质和逻辑有了更为清晰的理解。

霍玛茨认为，虽然中美之间有不一样的意识形态，不一样的价值观，但是美国愿意看到中国的崛起，中国的崛起对世界都是有利的。关键是美国不希望看到崛起后的中国仍实行今天这样的经济政治体制，而应实行符合美国价值观和美式自由民主制度的体制。因为美国曾经非常自信地认为，只要中国是通过学习美国的一切而发展起来的，必然会完全接受美国的民主、价值观以及资本主义和民主政治。当今天的中国不是美国预想中的中国的时候，以美国为代表的西方发达经济体系便感受到了来自中国的威胁。霍玛茨说，如果这个时候对美国构成威胁的不是中国而是日本，美国不会有这么大的反应，毕竟日本和美国是朋友，是一个"朋友圈"的，而中美不是朋友关系，存在意识形态、政治体制、价值观的冲突。

中美建交的几十年中，世界有最大的两个变化，一个是美国早期的竞争对手，曾经代表社会主义阵营的体系崩溃了；另一个变化就是实行了市场经济的中国走出了计划经济的噩梦，通过改革开放，发展中国特色社会主义市场经济，从而成为世界第二大经济体。这样的结果使第二次工业革命所推动的全球化浪潮达到顶峰。

当这个顶峰到来的时候，会不会意味着第二次全球化浪潮终结了呢？

如果没有中美之间这么复杂的关系，如果中国继续奉行改革开放的市场经济政策，在第二次全球化浪潮达到顶峰后的一个阶段之内，中国自然就会超越美国，这是不可阻挡的历史趋势。原因就是中国的国家规模。中国有13多亿人口，经济总量超过美国，通过不断提升经济质量成为发达国家，成为世界第一大经济体也是很正常的事情。在这样的历史进程中，中国成为世界第二次全球化浪潮的领导者，对世界经济起到领导作用，推动世界经济社会的发展是完全可能的。但是中美之间自2018年开始的贸易冲突，以及贸易冲突背后美国对中国的遏制会是一个什么样的结果，这是一个巨大的悬念，涉及太多敏感复杂的问题。

以我个人的理解来看，我不同意美国有颠覆中国、搞垮中国的阴谋论，美国只是一个以维护美国利益和第二次全球化浪潮领导地位为中心的国家，美国也不可能让中国全盘西化，全面接受资本主义民主制度，中国也不可能走美式的资本主义道路。但是，美国绝不希望看到中国成为完全与美国对立，并竞争世界统治地位的国家。很简单，就像成立一个大公司，利益就会最大化，同时，成本也是最高的。谁是世界第一，谁就可能获得世界最大的经济利益，但是，也必须承担最大的社会责任和维护世界稳定、和平的成本。美国和中国如果是两个世界级企业的话，这两个企业的股东结构、治理结构、商业模式和盈利模式完全不一样。如果把美国比作一个公司，美国这个公司的股东首先是少数私人资本持有者，股东结构本来就是分散的，不同的股东还代表不同的利益群体和不同群体的利益，扮演总裁角色的总统，其实也是某些股东群体的代表。美国实行看似"三权分立"的相互制衡的决策机制和民主选举制度，但控制整个美国的其实还是具有非常复杂的"股东关系"的精英政治。这样一个"公司治理结构"，使得每一个总统不一定都代表美国人民的利益，他们是某些精英力量的代表。不同的时期，不同的国际环境存在不同"股东利益"的机会大小和利益冲突。打仗的时候，代表军工利益的精英群体在决策上就会占上风；需要大规模进口石油的时候，代表石油贸易机构的精英就会有话语权。一个候选人在竞选美国总统的时候，获得某个利益集团支持，最终成为美国总统，这个利益集团就会得到新总统的青睐。而中国和美国完全不一样，如果要讲"股东"，中国共产党是唯一的"大股东"，党是几千万党员的代表，在决策上，这个"大股东"只代表一个群体，那就是人民，不管谁来担任党的总书记，他只有一个责任，就是为人民服务，为国家服务。美国通过资本和金融的全球化控制、掌握全球利益；而中国的全球化原则和美国有一个本质区别，那就是中国是通过寻找全球范围内新的产业价值区间，用中国的市场经济能力来帮助发展中国家和不发达国家，在发展中国家和不发达国家都得到利益的时候，中国也能分享利益，而不是依靠"中国优先"的自私战略。这是社会主义国家的一种本质需求和本质能力。

在这一点上，美国的资本主义通过少数的、集中的资本财阀所决定的经济政治体制是不可能顺势而为的。

作为中国公民，作为一个爱国者，我希望中国走出一条符合中国国情、符合历史与未来规律的发展道路。中国完全没有必要选择与美国产生巨大的文明冲突，更没必要陷入"修昔底德陷阱"。战争或许曾推动了社会的进步和文明的发展，但是，为什么不可以通过和平的方式来推动文明进步和发展呢？我认为，今天的中国并没有准备好成为可以主导全球、领导全球的力量，中国在政治、经济、社会、文化、生态等各个领域还远远没有达到一个发达国家的水平。即使在一定时间内经济总量超过美国，我们也没有什么可以值得沾沾自喜的，因为中国的发达程度，中国的整体文明程度与全球化的领导者水平还相距甚远。

所以，中国需要做的事情不仅仅是发展经济，还要在文明程度上，从政治、经济、社会、文化、生态这些方面进行全面提高，虚心向发达文明学习，达到发达的现代化国家水平，而不是去研究什么时候超越美国。

第二次全球化浪潮走向末路的时候，第三次全球化浪潮已经悄然来临。第三次全球化正以迅雷不及掩耳之势向我们涌来。它将完全不同于第一次、第二次工业革命带来的第一次、第二次全球化浪潮。

如果要说第三次全球化浪潮的起点或者源头的话，从技术的角度而言，当然要从计算机时代去追索，那就是 1946 年，但是如果要说第三次全球化浪潮的元年，毫无疑问，就是 2018 年。

第三次全球化浪潮的特征

美国硅谷奠定了计算机、通信、信息行业以及资本金融创新的基础，这也是第三次全球化浪潮的产业基础。那么，我们将要遇到的问题是：和第二次全球化浪潮相比，第三次全球化浪潮有什么特征？第二次全球化浪潮和第三次全球化浪潮是什么关系？第三次全球化浪潮是谁领导的？中国这样一个还没有完成高水平的工业革命，没有成为发达的现代化国家，同时又很快融入了第三次、第四次工业革命，且在这个过程中，已经超越了很多发达国家，甚至在许多方面已经领先美国，将会带来什么样的结果？

关于第三次全球化浪潮的特征：

第一，第三次全球化浪潮和前两次全球化浪潮最大的区别是科技形态的变化。

从第一次全球化浪潮到第二次全球化浪潮，经济上的主要形态是第一次、第二次工业革命的全球化，支撑世界经济发展的主要是以传统制造为核心的工业技术，包括煤炭、石油、天然气的开采和利用，各种矿产资源的开采和冶炼，机械制造、电子工业制造、交通工具制造、消费品制造、军工产品制造等。第一次工业革命和第二次工业革命在第一次全球化和第二次全球化的交替过程中，基本上实现了传统工业的能力和效率的提升，完成了由蒸汽机作为动力向电力、电子产业的升级。这一时期的产业形态是以重资产为主，通过各种生产线形成众多组织严密的工厂，需要庞大的产业工人队伍，然后把这些产业工人非常有序地组织在产业链、供应链之上，对产业工人的知识和文化水平要求不高。产业结构里面，服务业占的比重较小，由于产业之间的关系，必须形成产业之间的配套和集群，于是，推动了城市化，使城市化成为第二次全球化浪潮的衍生产业，这就带来了房地产、建筑行业、建材装饰、家用电器这些行业的发展。

而第三次全球化浪潮最大的特征是突破传统产业的局限，不是简单的在第一次、第二次全球化浪潮时期已经形成的产业基础上发展，或者在每一个产业门类继续寻求增长、延伸、转型、存量重组，而是通过电子、计算机、半导体、生物、金融、材料领域的发明，开创一个全新的虚拟世界。这个虚拟世界逐渐与第二次全球化浪潮时期形成的产业基础进行深度融合，或通过变革、关联、改造、提升、颠覆，改变社会生产经营方式、生活方式，最终影响全球的地缘政治，甚至有可能影响到国家形态以及整个人类文明。

第三次全球化浪潮涵盖第三次工业革命后期和第四次工业革命。第三次、第四次工业革命虽然都来自第二次工业革命，但是第三次、第四次工业革命不仅会改变、颠覆第一次、第二次工业革命带来的文明成果，还会通过对第一次、第二次工业革命带来的文明成果进行彻底改造，使这些成果大幅度地提高效率，降低成本，减少对资源的占用，减少对人力资源的使用，减少对环境的破坏。另外，第三次、第四次工业革命带来的全球化还会形成自身的产业体系，为全球贡献最大的经济增长力量。

第二，第三次全球化浪潮将改变第二次全球化浪潮以来形成的全球化经济关系。

第二次全球化浪潮以来，尤其是美国成为全球化当之无愧的领导者以来，全球化主要体现为以资本主义发达国家为领导的经济政治秩序。经济在以资本为核心的力量的配置之下，形成了全球的产业链、价值链、供应链配置关系，资本、产业、技术、产品超越国界，世界经济强弱分明，形成了发达国家、发展中国家、不发达国家以及长期处于中等收入状态的国家这样的产业与经济层次，使得全球产业链、价值链、供应链的分工体现出不同层次的国家经济水平和生活水平。美国、日本、德国、英国、加拿大、法国、意大利、瑞士、瑞典、荷兰、西班牙、新加坡、澳大利亚、以色列、韩国这样一些国家，基本为一线国家，相当于中国所说的一线城市；而中国、巴西、印度、印尼、越南、泰国、俄罗斯、南非、马来西亚这些国家比较活跃，经济增长比较快，属于产业链、价值链、供应链中的第二线的国家；中亚、中美洲和南美洲、东欧一些国家缺乏经济活力，产业相对空心，长期处于中等收入水平；非洲的整体文明水平没有太大进步，一直在落后国家这个层次；中东的一些国家，如沙特阿拉伯、阿联酋、巴林、卡塔尔，因为长期拥有石油、天然气的资源优势，使得他们在全球范围内扮演着庞大的金融资本输出的角色，在很多产业的高端领域，都有中东巨大的资本背景。

第三次全球化的产业内容将发生巨大的变化，全球范围内以资本为核心的产业链、价值链、供应链关系发生颠覆性变革，技术进步、知识产权、智慧产业主导的资本带动的高速的、跨地域的、跨国界的全球配置关系将彻底改变第二次全球化浪潮形成的产业配置模式。高度集中的资本被分散的资本取代；传统的产业集群模式被分散的产业集群模式取代；重资产高度密集的产业被轻资产、服务型产业取代；高度集中的组织化人力资源被高度分散的、虚拟世界的非组织化人力资源取代；传统金融模式可能被金融科技取代。这些产业关系和产业结构的巨大变化有可能重塑今天的国家关系。亚洲国家会获得大规模发展的机会。

原有的国家地缘关系会随着全球化产业形态的变化而变化。

人群的流动更加频繁，国家关系完全被重构，虚拟世界将打乱现实世界原有的以国家划分产业关系的结构，以人为中心来重建产业和经济关系。

国家秩序，将面临一次巨大的考验。

第三，第三次全球化浪潮除了产业链、价值链、供应链之外，还将建立一个全球化的信息链。

第一次、第二次全球化浪潮都是重资产配置模式，发达国家逐渐通过产业的全球化配置，形成了产业的全球分工模式，资本、金融、服务业成为发达国家控制全球产业链的手段，重资产、资源产业成为发展中国家的产业集群，供应链主要通过航空、海运、铁路、公路来实现。第三次全球化发展到一定阶段之后，全球产业集中度将全面下降，原有的发达国家和发展中国家关系被重构，传统的贫富差距缩小，虚拟世界的网络系统将改变产品、产业、金融、资本、贸易方式。一个全球化的虚拟世界信息链很快成立，更加智能的信息链通过区块链的方式，把全球主要人群按照不同的区块主题构造为无数个独立又关联的链条。这个链条将会把全球所有组织、家庭、个人链接起来，组成没有国界、没有延时、没有种族、不分男女、不分宗教信仰、没有语言障碍的虚拟关系。

虚拟世界的信息链远远超越现有互联网的能力，图像、声音、数字以及庞大的数据形成的人工智能所推动的技术提升，使虚拟世界这个信息链不仅将形成自身巨大的价值，同时还将极大程度地编辑、组织、整合、调度全球化的产业链、价值链和供应链关系。

第四，第三次全球化浪潮的主要产业是以新型信息化为核心的产业形态。

新型信息化将渗透到传统产业的所有领域，使传统产业在新型信息化的改变下发生颠覆性变革。除此之外，新能源将逐渐替代化石能源，生物技术和生命科学将改变人类生存方式和生活方式，同时，也严峻地挑战着人类文明的伦理基础，生物人、智能人、机器人之间相互独立，也相互依存、相互融合，将对今天的人类产生非常复杂的影响。新材料也将改变传统的钢铁、水泥、木材的主导地位，碳为中心的材料世界将成为历史，碳基复合材料、硅基材料、生物质多元化材料、新的复合材料成为第三次全球化浪潮产业的材料基础。

五、第三次全球化浪潮将是"五链"时代的产业生态。

第二次全球化浪潮的产业生态是资本主导的，通过以全球性企业作为载体的产业链、价值链、供应链这"三链关系"，创造了世界财富、资本价值、就业和国家税收。第三次全球化浪潮由于技术的重大突破，除了增加信息链，提高了服务、信息技术在产业和价值中的比重之外，最重要的就是产生了数字链。如果说，信息链是以互联网为基础的，把世界距离拉得更近，让我们改变了获取信息的能力，提高了经济发展中服务收益的比重，让经济行为更加可持续的话，那么以信息链为基础，正在迅速改变我们的生活、迅速崛起的更加精密、更加灵动、更令人不可思议的现象就是数字化。将数字化带进第三次全球化浪潮，就是第三次全球化浪潮中的数字链。

已经在互联网上形成的所有信息，在硬件技术、软件技术、算法和系统整合的基础上，构成新的重要的生态体系，包括物联网、大数据、云计算、人工智能、区块链这些技术，它们本身构成的产业形态以及这些技术与第二次全球化浪潮的所有产业形态融合之后，创造出来的新物种就是数字链。大数据的存储、分析、挖掘、搜索、计算、运用，大数据和所有传统产业的融合关系；人工智能和大数据的结合创造出来的智能制造、智慧城市、智慧家居、智慧农业、智慧物流、智慧服务；数字链和金融的结合产生出来的金融科技，改变金融产品的研发设计和交易方式、支付方式、结算方式、信用创建方式、货币形态等，以及通过区块链突破传统的地缘经济、地缘政治、民族、宗教、文化、语言、生活方式的很多局限，这些都可以让全球化成为"同步的世界空间"。

所以，第三次全球化浪潮将会有别于第二次全球化浪潮的"三链关系"，而在全球范围内，构成全新的"产业链、价值链、供应链、信息链、数字链"的生态关系。

第三次全球化浪潮带来的这些产业形态的改变对于中国来说，也有一定影响。一方面，中国经过过去几十年的努力追赶，在传统产业方面，成为全球最大的制造国，但是在全球产业链、价值链、供应链分工中，由于是输入式全球化关系，还没有完成实现工业化，没有达到现代化水平，还没有能力和处于全球化顶端的国家一起主导全球现有产业的分工。但同时，中国在第三次、第四次工业化过程中和发达国家的水平接近，在新型信息化产业领域和数字经济领域可以成为规则制定者，甚至在很多方面处于领先地位。中国有可能成为一个没有经历完整的现代化过程，却又同时进入新型信息化和数字化时代的国家，这个状态在人类文明史上从未出现过。中国今天处于一个非常特殊的阶段，这个阶段就是第二次全球化浪潮与第三次全球化浪潮交织的阶段。

第五，第三次全球化浪潮有一个很大的特点是以人为中心。

第二次全球化浪潮是现代工业的全球化，产业的分工和现代化城市把人组织在现代城市和工业体系里面，人成为产业分工的被动劳动者和生产者。第三次全球化浪潮以信息和数字为中心，人通过新型信息化系统，通过智能制造、智能服务、智慧城市、智慧健康等数字化系统，从传统产业中解放出来，所有产业都以人为中心进行配置。以人为中心制造，以人为中心提供服务，超越时空，超越国界，超越种族，超越意识形态。产业链从重型变为轻型，不仅由资本决定，还会由知识产权决定，其价值被信息链价值取代。第三次全球化浪潮以人为中心的产业特点主要是，产业创新者、产业创造者、产业分享者主要是年轻人，也就意味着，这是由年轻人掌控、创造、消费的产业，而晚于发达国家进入老龄社会的中国，将在这个时代创造更大的产业价值。

尤其是区块链技术的发展，一旦进入大规模应用之后，就会形成许许多多分布式数据存储，直接形成人与人点对点传输，通过数字货币记账和交易，从而形成公开、公平、不可篡改的信用保障。这使得大量的交易行为直接在人与人之间进行，可以组织化，也可以非组织化。

在这样的时代，过去第一次、第二次全球化浪潮所形成的传统城市化模型有可能会解体。全世界自然条件最好、气候条件最好、最适宜生活与居住的地方成为人类最喜欢居住的地方。人口高度密集的大城市已经不是人们居住和工作的选择，大家更愿意选择偏僻、安静、生活质量更好的地方生活和居住。因为传统的物理空间对人的约束大大下降。

中国与第三次全球化浪潮

第二次全球化浪潮还没有结束，第三次全球化浪潮就已经开始酝酿了。在第二次全球化浪潮和第三次全球化浪潮交替的时候，中国在全球范围内跨越式地、超前地进入第三次全球化浪潮，甚至成为技术和商业方面的领头羊。

第三次全球化浪潮和第一次、第二次全球化浪潮最大的区别不仅在于技术上的突破，更会因为在应用上的创新，带来全球时空关系、地缘经济和地缘政治都难以决定的新的全球化模式。

第三次全球化浪潮是信息时代、数字时代、智能时代的全球化，表现出与第一次、第二次全球化浪潮完全不一样的形态。第一次、第二次全球化浪潮有非常清晰的时间、年代划分，有美国取代英国成为全球领导者这样明显的标志。而第三次全球化浪潮在第二次全球化浪潮还没有结束的时候就开始了，因此存在一个第二次全球化浪潮向第三次全球化浪潮演变的过程。

前文已经提到，第三次全球化浪潮的起点应该是计算机诞生那一年。计算机从 20 世纪诞生以来，经历了几个阶段。从大型机到小型机再到桌面电脑，都是计算机的初级时代。1969 年，美国的阿帕网第一次把计算机和计算机相互连接，这成为互联网的雏形。把单一的计算机通过网络系统连接，使一台计算机的功能和信息与另一台计算机的功能和信息进行交换，形成信息在计算机之间的传输，这是计算机技术发展的里程碑事件。然后，再把一个计算机网络和另一个计算机网络、一个国家的网络和另一个国家的网络连接起来，最后把全世界的网络都连接起来，就成了互联网，也称为因特网（Internet）。从此，计算机就从数据运算工具变成了传输平台和媒体，成为互联网这个虚拟世界的一个计算与传播的连接节点。如果将计算机作为第三次全球化浪潮的技术起点的话，那么真正掀起全球化浪潮的是互联网。

互联网诞生至今已经有半个世纪了。半个世纪以来，互联网发生了巨大的变化。早期通过互联网软件构成的操作系统提高了人们的办公效率，加快了信息的沟通速度；然后出现了互联网媒体，诞生了各种门户网站，中国的新浪网、搜狐网、网易网都是早期著名的互联网媒体；后来通过互联网开展电子商务活动成为主流，当当网、亚马逊、阿里巴巴、京东成为电子商务的代表性企业；再后来互联网的社交功能被发掘出来，比如美国的 Facebook、中国的腾讯 QQ；知识学习系统的谷歌、百度也是互联网时代的产物。

物联网在运行过程中，产生庞大的数据，于是，对数据进行储存、处理的云计算功能被开发出来，大数据产生了。大数据的产生使人们可以通过数据的采集、分析、挖掘、处理，反过来指导、影响人们的各种活动和行为，将大数据和机器人结合，诞生更大的想象——人工智能（AI）。另外，计算机逐渐被移动终端的手机取代，传统的广播、报纸、杂志、电视、电话、电脑的功能都可以集中在一部手机上。这些变化给全球带来的影响才刚刚开始。

计算机和互联网通过多次变革和发展，使一个多媒体融合的全息传播时代出现，这个时代足以把第一次、第二次工业革命带来的全球化形态都颠覆了。

虽然很多技术和商业模式都来自美国，但是已经非常开放、透明的中国，也渐渐从跟随走向了自主创新。当互联网引发的技术革命所带来的第三次全球化浪潮开始席卷全球的时候，中国已经不是一个跟随在别人身后的国家了，一个经典的例子事件就是华为事件。

2018 年 4 月 16 日，中美贸易冲突刚刚掀起的时候，美国突然宣布制裁中兴通讯。历经几个月的斡旋，2018 年 7 月 14 日，中兴通讯宣布解禁，恢复正常运营。中兴通讯和华为一样，曾经是中国通信领域的四大著名公司（巨龙、大唐、中兴、华为）之一，主要生产制造互联网和移动通信接入设备。当人们刚刚从中兴事件中缓了口气的时候，美国突然于 2018 年 12 月 1 日，通过加拿大司法部门在温哥华拘捕了华为首席财务官孟晚舟女士（孟晚舟还是华为创始人任正非的女儿）。2018 年 12 月 11 日，加拿大法院作出裁决，批准孟晚舟获准保释。

2019 年 1 月 29 日，在中国农历新年即将到来之际，美国司法部宣布就华为公司提起 13 项指控，被告包括华为公司以及旗下企业，也包括孟晚舟本人，并对孟晚舟正式提出引渡要求。这个时候大家才看明白，美国真正针对的是华为，而不是中兴通讯。

美国针对的不仅仅是一家中国公司，也不仅仅是中美间的贸易冲突，而是借华为事件，加大中美谈判的筹码。我认为，这是中美争夺第三次全球化浪潮主动权的战争。第三次全球化的核心模式是新型信息化技术推动的全球化，而华为作为全球新型信息化技术的领导者，已经打造了一个全产业链的产业生态，这在全球范围内没有第二家企业能做到。美国的苹果、韩国的三星都已经落在了中国的华为后面。第三次全球化过程中有可能产生超越金融、资本，超越军事力量，超越国家、民族、宗教概念的非资本推动的企业。今天在全球范围内找不到一家这样的公司。华为的身后，还有数不清的围绕 5G 技术的中国互联网、物联网、大数据、人工智能、虚拟现实、区块链领域的场景应用公司，会在全球范围内与华为形成传统产业和新兴产业生态。这样的生态会打破全世界地缘经济均势，从而影响国家政治均势。

记得几十年前有一句经典的广告词"人类失去联想，世界将会怎样"，这句话一语双关，赞扬当时如日中天的联想集团。几十年过去了，联想集团仿佛已经失去往日的辉煌，但是，当以生产桌面电脑、笔记本电脑作为生存之道的联想集团渐渐在互联网世界被遗忘的时候，人类却在更加频繁地"联想"。

现在到了"人类失去华为，世界将会怎样"的时候。如今的华为，面临以美国为首的一些国家的"绞杀"，华为在 5G 领域的优势让一些国家在世界通信和移动互联网市场上受到了巨大挑战。西方通过一系列公司构成了 4G 生态，而华为一个公司就几乎涵盖了 5G 的基础设施、硬件设备、移动基站和应用终端，而且还开始了 6G 的研发。

我觉得，这已经不仅仅是网络安全问题，而是未来产业生态的垄断。在资本主义的市场分工理论下诞生不了华为这样的公司，在西方国家，像华为这样的公司发展到一定阶段就有可能因为垄断原因而被强制分拆，史上的洛克菲勒、摩根都出现过这样的情况。社会主义公有制的高度集权下也出不了华为这样的公司，早期的"巨大中华"（巨龙、大唐、中兴、华为）4 个电信设备制造巨头，基本上只剩下华为和中兴，华为是社会主义市场经济的产物。当华为面临这样的挑战的时候，不应该仅仅从技术上考虑，而是应该找到对付资本主义世界的方法，师夷长技而不制夷。

也许华为公司，包括中国都没有完全意识到华为在第三次全球化浪潮中的地位和作用。

中国在第二次全球化浪潮中，没有完全实现工业化，发达国家今天所拥有的在全球产业分工中的优势是经过几百年的发展才形成的，中国对发达国家的整体超越还需要一个相当漫长的过程。所以，中国非常注重自己在新兴行业的发展。在新型信息化技术领域，包括移动互联网、物联网、大数据、人工智能、金融科技、区块链等领域，中国的发展速度非常快，同时还利用这些领域与传统产业之间的关系，加大这些行业对传统行业的改造、提升、融合，以弥补中国在传统行业的不足。中国在提出"互联网＋"的概念以来，中国的传统农业、制造业、服务业等领域几乎都和互联网产生了深刻的联系，在这些方面，中国已经处于全球领先地位。中国极有可能成为全球第一个后现代国家。如今，中国又提出"人工智能＋"的概念，并且开始在各行各业实施，人工智能已经渗透各个产业生态以及应用终端。

中国在第三次全球化浪潮中走在了前面，但是，中国没有完成工业化、现代化，在第二次全球化浪潮所形成的产业链、价值链、供应链分工中处于相对被动的地位，处于全球产业链分工的中下游，在价值链的分工中也处于不利地位，还达不到价值链的顶端。在供应链中，中国主要还是以传统产品贸易为主，缺乏服务贸易带来的附加值，这就使得中国的整个经济结构在全球范围内显得非常尴尬，存在一个从第二次全球化浪潮到第三次全球化浪潮的断层，这个断层导致中国无法从第二次全球化浪潮时期平滑过渡到第三次全球化浪潮时期。

第三次全球化浪潮和第一次、第二次全球化浪潮有着天壤之别。第一次全球化浪潮的形态主要是殖民模式，第二次全球化浪潮主要是通过金融资本手段，以跨国公司作为载体来组织全球产业链、价值链关系，资本链成为掠夺手段。和第一次全球化浪潮比较，国与国的关系发生了变化，控制方式、获利方式都发生了变化，资本链在全球范围内构成了对于全球产业的配置关系，产业链、价值链、供应链构成的庞大体系非常严密，严丝合缝，从上游到下游，从发达国家到不发达国家，都配置得井然有序。第二次全球化浪潮是第一次全球化浪潮的升级和转型，但第三次全球化浪潮极有可能是对第二次全球化浪潮的挑战和颠覆。

以汽车产业为例。第二次全球化浪潮把汽车产业推向了高峰。发达国家控制汽车产业链、价值链和供应链，让汽车集团背后的资本获得了巨大利益，让汽车制造大国获得了巨大的税收和就业机会，形成了世界级汽车生产制造巨头，包括戴姆勒、丰田、福特、宝马等，特斯拉的崛起已经挑战了传统汽车制造巨头的地位，但是这仅仅是一个开始。第三次全球化浪潮兴起之后，全球现有汽车产业生态将不复存在。首先是汽车有可能会被取代，未来的出行工具，或许可以同时在公路上、天空中、水中行进；其次，有可能不需要汽油，不需要驾驶员。功能上，它们既是出行工具，又是新终端，还是办公空间，不再需要大型汽车制造企业成批生产制造，而是根据个性化需求，非工业化设计和生产。也就是说，在中国还没有真正成为汽车研发、设计、生产、消费大国的时候，这些东西或许已经被第三次全球化浪潮抛弃了。

所以我认为，中国与第三次全球化浪潮的关系主要体现在两个维度上，一个是中国继续在第二次工业革命的基础上，不断通过全球化产业链、价值链和供应链的配置，达到和发达国家同等的水平，走向发达之路；第二个维度就是通过不断提升的新型信息化技术和应用的展开，通过数字经济的发展对第二次工业革命成果进行颠覆、改造、重组，从而创造出不断更新的全球化经济生态，构造出引领全球的"产业链、价值链、供应链、信息链、数字链"相互融合的第三次全球化浪潮经济生态。

进入21世纪之后，中国显示出越来越强大的市场优势，首先表现为进口的增加。2001年至2018年，中国进口总额从2435.53亿美元增长到21400亿美元，增加了约8.8倍；而同期，中国出口则由2001年的2660.98亿美元增加到2018年的24800亿美元，增加了约9.3倍。看起来是出口增加的比重比进口增加的比重略大，但是从近几年来看，进出口贸易顺差逐渐收窄，进口增速大于出口增速。中国已经从一个出口导向型制造大国转变成为对进出口依存度都非常高的制造大国，同时逐渐成为全球最大的市场之一。中国成为全世界最大的制造国，所有与制造相关的元素都被配置到中国这个市场，全世界生产的所有高端装备的最大买家将会是中国，比如机器人、高端机床、制药机械和设备等。

在这个阶段，中国的全球化模式应该是通过大量的海外投资或者导入全球发达国家的产业优势，与中国各地方形成"产城融合"模式，发展中国产业集群，优化这些产业集群之间的产业链、价值链、供应链、信息链、数字链关系，在实现产业转型升级、新旧动能转换的同时，拥抱第四次工业革命，构造中国与发达国家之间的新型产业生态，同时将这些产业生态输出到"一带一路"倡议。

从第一次全球化浪潮中被动的、落后的全球化角色，到在第二次全球化浪潮中迎头赶上，再到在刚刚开始的第三次全球化浪潮中可能立于世界之巅，中国在面对巨大机遇的同时，也面临巨大的挑战，而且，这些挑战是非常严峻的，它包括国际、国内两个方面。

从国内来看，我们需要面对和重视的问题是：

第一，中国必须保持经济政治的持续稳定性，不能出现严重的社会问题和重大政策变化。

改革开放至今，中国面临世界经济政治格局的巨大变化，其间也出现过对中国发展方向和发展方式上的各种争议，尤其是东欧剧变和苏联解体时期，让中国经受了严峻考验。最终，通过经济的增长、人民生活的改善以及综合国力的不断提高，中国共产党的领导地位得到进一步巩固。中共十九大提出中国特色社会主义进入新时代，随后，2018 年全国人民代表大会通过宪法修改，进一步保障了中国共产党对国家的领导，与此同时，坚决走改革开放的道路，是保障中国社会稳定的最重要的措施。

2019 年 10 月 28 日召开的中国共产党第十九届中央委员会第四次全体会议，审议通过了《中共中央关于坚持和完善中国特色社会主义制度、推进国家治理体系和治理能力现代化若干重大问题的决定》，这个决定，是新中国成立 70 年来最重要的关于国家治理模式的文件之一。在之前，中国采取了社会主义计划经济模式，之后，中国借鉴了资本主义市场经济制度，在社会主义市场经济发展几十年之后，终于形成了一个长期稳定的国家治理体系。从经济全球化和第三次全球化浪潮的角度来看，"经济、政治、社会、文化、生态"5个方面中，最重要的是经济建设。过去输入第二次全球化浪潮，使得中国经济取得了巨大的成功，在第二次全球化浪潮和第三次全球化浪潮之交的十分复杂的国际国内环境下，习近平主席提出的世界"百年未有之大变局"和中国面临的发展机会相互交织、相互激荡，中国经济的发展需要在中国特色社会主义市场经济中来实现。社会主义市场经济包括坚持以公有制为主体、多种所有制经济共同发展和坚持以按劳分配为主体、多种分配方式并存，把社会主义制度和市场经济有机结合起来，不断发展社会生产力。这是充分吸取人类文明共同成果，并且根据中国的历史和现实作出的选择。但是，这样一个经济治理体系需要在实践中解决好政企关系、行政和市场关系、公有制和其他所有制在政策分配、资源分配、市场空间关系等体制机制上，还需要大量的磨合。处理不好行政配置资源、公有制配置资源、多种所有制配置资源的市场化关系，就会严重阻碍社会经济的发展。

第二，在坚持对外开放的基本国策的前提下，制定国家级全球化战略和实施方案。

习近平主席在很多场合都讲到了反对多边主义，坚决主张经济全球化。在庆祝海南建省办经济特区30周年大会上，习近平主席指出："经济全球化是社会生产力发展的客观要求和科技进步的必然结果。经济全球化为世界经济增长提供了强劲动力，促进了商品和资本流动、科技和文明进步、各国人民交往，符合各国共同利益。"既然有这么清晰的对于全球化的理解和认识，中国应该全面系统地研究和制定经济全球化的国家战略，把"一带一路"倡议作为经济全球化的一个重要内容。

中国已经全面融入全球化，成为全球最大的贸易国，但是仅仅是从贸易的角度去理解全球化是不够的。贸易全球化是市场经济体制下，中国坚持对外开放的基本国策所取得的经济成果。如何通过对贸易全球化内在的产业链、价值链、供应链关系进行系统研究，制定科学的全球化战略，提高中国全球化的水平和质量，这是中国经济从高速度到高质量发展的客观要求。

第三，主动、系统地引导中国企业理解全球化，引导中国企业科学、正确地参与全球化实践。

经济全球化既然是中国对外开放国策中的重要组成部分，我们需要对全球化有深刻的理解，充分认识到经济全球化必须要有企业作为载体，国家和各级政府需要给企业全球化提供必要的条件和保障。

中国的经济全球化过去主要体现在进出口贸易的低水平全球化，近10年来才逐渐从贸易全球化进入资本全球化、产业全球化的阶段，但是，由于中国企业全球化质量不高，对于全球化的理解不够，过去的成长经历主要是在中国的市场环境里发展起来的，严重缺乏全球化经验，在过去的全球化过程中出现了很多错误，造成了很大的损失。

第四，全面理解全球化的内容，按照全球化本身的规律来推动经济全球化。

我们过去一直认为，全球化就是对外开放，对外开放就是引进产品、引进项目、引进资本、引进技术、引进人才。其实高水平和高质量的全球化一定是双向的，甚至是多向、多边的。应该根据全球化的规律和客观要求制定双向的、多边的、走出去的全球化措施。创办了几十年的中国进出口商品交易会主要就是针对产品出口的，直到2018年，中国才第一次在上海举办了中国国际进口博览会，这就是根据中国国际贸易的变化和全球产品、市场的变化而作出的科学应对。

第五，在国内各领域，凡是和全球化有关的机构和个人都应该积极推广全球化，提高中国公民，尤其是与全球化业务有关的人员的综合素质。

中国企业与民众对于国际化、全球化的理解程度不高，很多民众、企业、政府都在国际化、全球化过程中犯了错误，不仅是公务，也包括出国旅游方面。

我们需要充分重视经济全球化的专业性和复杂性，不断学习、研究和掌握经济全球化发展的新动向、新趋势。国家教委甚至可以将经济全球化列为专门学科，开展高校的专业研究和教育。

在国际方面，中国需要重视和注意的问题：

第一，积极主动地和全球主要发达国家重构第三次全球化浪潮的经济秩序。

一些组织、机构、企业等可以在原有的世界银行、国际货币基金组织、世界贸易组织、G20等全球化经济运行体系基础上，谨慎地根据世界经济力量的变化进行调整、改造和重构。但是同样需要在新的技术革命带来的新的全球经济秩序和金融产业生态体系内，进行比较大胆的改造或创新。

比如构建国际大数据联盟、国际人工智能联盟、国际新能源创新联盟、国际远程医疗合作组织、国际科技金融联盟等。这些机构和组织必须要在已有的全球性组织基础上，进行修改、调整和延伸，而不是轻易地推倒重来，需要尊重已有的全球组织秩序，努力得到世界主要国家的认同，得到国际社会的认同。

我们已经很欣慰地看到中国领导人推动全球数字经济的观点。2019 年 6 月在日本大阪召开的二十国集团领导人第十四次峰会上，习近平主席代表中国提出，要通过发展数字经济来适应未来的发展趋势。

第二，在经济全球化过程中，尤其是在处理国际经济事务中，弱化政府在全球的参与职能，发挥企业以及各种民间商会、行业组织在在全球产业链、价值链、供应链的协同组织作用，鼓励、支持中国现有各种行业组织走向国际、走向全球，和其他行业组织建立积极友好的合作关系。

第三，强化中国外交部的全球化经济职能，增强中国驻各国大使馆经济参赞的力量，为中国企业在全球化过程中所遇到的涉及外交的经济问题开展专业的保驾护航。

第四，积极培育具有全球化能力的各种专业服务机构，包括投资银行、会计师事务所、律师事务所、产业服务机构、专业化全球智库、全球化教育机构等。

第五，在积极探索海南自由贸易区建设的基础上，尽快探索海南自由贸易区离岸金融中心建设，在资本项目下的自由兑换、外汇结算、金融科技服务等领域试点支持第三次全球化浪潮中由全球金融机构和监管机构参与的金融服务创新模式。

如果中国能够处理好以上这些关系，那么中国在第三次全球化浪潮全面到来的时候，将会成为最大的赢家。

中国在第三次全球化浪潮中的角色和地位表现在以下几个方面：

第一，中国虽不是第三次全球化浪潮的发源地，但是会成

为第三次全球化浪潮当之无愧的领导者。

中国一定会成为第三次全球化浪潮主导产业的领导者之一。第三次全球化浪潮期间所形成的产业链、价值链、供应链和第二次全球化浪潮期间形成的产业链、价值链、供应链存在巨大差别，甚至第三次全球化浪潮的内在关系已经不再是产业链、价值链、供应链关系，还会因为科技、创新的特点，出现数字链、信息链关系，数字链、信息链与第二次全球化浪潮期间形成的产业链、价值链、供应链融合，成为第三次全球化浪潮的"五链关系"，这种关系将更加丰富，更加饱满，也惠及更多的地区。

虽然第二次全球化浪潮所形成的"三链关系"背后的金融链、资本链把主要价值贡献给了发达国家，但是，中国在过去40年改革开放过程中所构造的第二次全球化浪潮的产业、供应重心已经达到全球最大体量，全球最重要和最完备的制造都在中国扎根，那么，诞生在这个基础之上的第三次全球化浪潮被中国转换之后，就会以新的形态重构产业链、价值链、供应链、数字链、信息链关系。

比如说，全球汽车产业链、价值链和供应链的重心已经进入中国，中国汽车产量占全球的30%，中国正在全面引领第三次全球化浪潮的汽车发展趋势。这个趋势主要是智能网联，汽车从设计到生产制造方式、使用功能等都会被物联网、互联网、新能源、大数据、人工智能、自动驾驶等彻底颠覆。中国以后生产出来的汽车一定会重新定义世界汽车的发展方向，这个产业就会成为中国拥有绝对话语权的产业。

第二，中国已经在全国范围内快速发展数字经济，数字经济从总量到产业技术再到其他应用，都遥遥领先世界各国。中国的智慧城市、智慧家居、智慧终端将很快连接全世界的每一个地方，使原有产业链、价值链、供应链构筑起来的传统产业体系，增加数字链和信息链的内容，获得新生。

第三，智能制造将会很快成为中国的优势，而全世界的制造业几乎都集中在中国，中国一定会最快完成智能制造在第二次全球化浪潮产业体系中的应用。一旦制造智能化，供应链的智慧化就会跟着发生变化，价值链也会发生变化。当中国境内大规模展开这样的改造的时候，中国对全球化的改造就会加速。

第四，中国将成为全球创业和创新中心。以以色列为例，以色列在第二次全球化浪潮开始之后才创建国家，在第二次全球化浪潮发展期间，依靠来自全世界的优秀的犹太人所带来的技术、创新精神，把创业和创新带到全世界，成为全球创新中心，全球很多高端技术都来自以色列。最近几年我们看到，中国和以色列在技术、创新领域的投资合作越来越频繁，以色列未来所有先进技术和创新项目都将中国列为合作首选，中国一定会成为以色列最大的技术贸易伙伴。

第二次全球化浪潮和第三次全球化浪潮的交织

第二次全球化浪潮和第三次全球化浪潮的交织是整个中国都没有深刻理解的问题，也是当今世界绝对不可以忽略的问题。第二次全球化浪潮和第三次全球化浪潮的交织绝不仅仅是经济全球化不同类型的两种全球化生态的交织，它揭示了当今世界政治经济的焦点，这个焦点也可以解读如今非常流行的一个说法，就是我们今天所面临的"百年未有之大变局"。这个焦点的核心就是，目前，全球处在第二次全球化浪潮和第三次全球化浪潮交织的最重要和最关键的阶段，世界各国必须深刻关切。这个交织让全球政治、经济、外交都出现了异常的动荡和焦虑，这个交织和100年前的情况惊人的相似。

100年前，第一次全球化浪潮与第二次全球化浪潮也同样处在交织阶段，但是那个时候主要的交织不是科技变革的交织，而是因为科技进步所带来的国家经济均衡被打破后所构成的新旧力量的交织。从产业状态来看，主要资本主义国家进入第二次工业革命之后，形成了全球的领导地位，包括欧洲的英国、法国、意大利、德国、荷兰、瑞士、比利时等，以及美洲的美国和亚洲的日本。异军突起的德国和美国分别在19世纪后期和20世纪初期超越英国，世界已经出现国家主导力量的更替趋势，多个国家都有改变世界经济和政治领导地位的能力和野心。世界经济秩序面临重新调整，一个新的全球化趋势已经出现。英国主导的第一次全球化浪潮出现了被第二次全球化浪潮替代的现象，而第二次全球化浪潮的主导国家已经借助第二次全球化浪潮的经济力量发展起来，结果国家力量的变化主宰了新的全球化模式。面对这样的变化，没有任何一个国家和任何一个组织想到可以通过和平的方式来完成世界主导地位和领导力量的更替，战争最终成为世界政治经济版图改写的方式，人类的生命财产和文明与进步在这样一个野蛮的交替过程中遭遇巨大的损失。两次世界大战伤亡约1.2亿人，财产损失数万亿美元，人类文明遭遇巨大倒退。在这次交织之后，依靠第一次全球化浪潮创建的大英帝国在全球的领导地位被剥夺，在第二次工业革命中崛起的，想要争夺世界领导权的德国也未能如愿以偿，而远离欧洲大陆、亚洲大陆的美国一跃成为第二次全球化浪潮的掀起国，也成为世界经济政治新的主导力量。

100 年之后的今天，新的全球化浪潮的交织格局再次出现。第二次全球化浪潮在运行几十年之后，迎来了一个新的全球化浪潮。

第二次全球化时代从"二战"之后开始构建，伴随冷战和东西方不同意识形态的对立，西方资本主义国家在战后获得了经济的高速发展。到 20 世纪 90 年代，全球化进入第二个阶段，这就是两大意识形态对立的冷战时代结束，美国为首的西方世界主导的全球化版图扩大到了整个东欧。2001 年，随着中国加入 WTO，第二次全球化进入一个新的时代，到 2008 年，第二次全球化浪潮达到顶峰。

为什么说 2008 年是第二次全球化浪潮的顶峰呢？

生产力和生产关系在全球范围内到达的地方越多，覆盖的人群越多，全球化的程度就会越高，产业价值和企业价值才会达到最好的状态，全球经济总量和经济效益也会达到最好的水平。当中国这个全世界人口最多的发展中国家和全世界融合之后，就一定会把第二次全球化浪潮推向高峰。一个世界级公司把生意范围扩大到中国市场的时候业务会增加很多，甚至很多企业就是因为进入中国才延长了生存的寿命，不然早就破产了。很多小公司也是因为进入了中国市场才活了下来。2008 年，当美国次债危机引发全球性金融风暴的时候，第二次全球化浪潮带来的世界性发展机遇和利益空间也基本结束，就算是中国彻底地、全面地开放，也不会有太大的上升空间了。

也就是在这个时候，以半导体工业为核心的计算机世界开启了一个新的时代，个人移动通信时代到来了。苹果公司开发的系列移动终端产品使这个公司重新获得高速发展的机会。数字时代的产业形态进入新的时期，挑战和颠覆着第二次全球化时代的经济秩序。

由于人口和市场的优势，也由于年轻的"80后"成为中国巨大的人口资源，信息产业在中国快速发展，使还没有完成工业化、还处在发展中国家这个阶段的中国突然快速对接了信息、计算机、互联网、移动互联网产业的机会。

虽然美国取代英国成为了第二次全球化浪潮的领导者，但是美国与欧洲相比，在产业上还是有很大区别的。欧洲领先全球的产业主要是第二次工业革命和第三次工业革命带来的一部分产业。在传统制造业领域，包括化工、食品、汽车、快速消费品、工业服务、环境技术等领域，虽然也有领先的美国企业，但是欧洲的更加强大；而在半导体、军事工业、航空航天、生物技术和生命科学、物联网等领域，美国在全球领先的份额更大。

第二次全球化浪潮与第三次全球化浪潮的交织，一方面体现为全球发达国家与第二次全球化浪潮和第三次全球化浪潮的交织，另一方面体现为全面融入第二次全球化浪潮之后的中国与第三次全球化浪潮的交织。这两种交织状态使得全球范围内出现非常特别的经济转型现象。

第一种状况是发达国家在第二次全球化浪潮和第三次全球化浪潮交织下的状态。

发达国家本来更应该有条件在第二次全球化浪潮处于高峰期时，进入第三次全球化浪潮，实现向更高质量的经济水平的飞跃。在这一点上，德国的《国家工业战略 2030》提出的"工业 4.0"战略非常清晰。但是，发达国家在拥抱第三次全球化浪潮的速度上并不是很快，主要原因是其人口结构以及成熟的产业体系对于新经济缺乏变革的动力。总体来看，发达国家除了美国，其他国家基本上没有跟上第三次全球化浪潮的节奏。不管到日本还是到加拿大，或是到一些欧洲国家，在中国已经非常普遍的第三次全球化产业生态很难体验得到。没有便利的微信，也没有活跃的微信群创建的活跃的社群组织；没有新零售的概念，也没有在大街小巷飞奔的外卖人员；没有各种支付方式给生活带来的便利。虽然国外也有网约车，但是没有中国的网约车这么方便。全世界汽车投资都处于黄昏阶段，中国却在热火朝天地投资发展智能网联和新能源汽车。发达国家的智慧城市、智慧家居的基础条件还远远不够；4G 网络的覆盖范围非常有限，流量也极其不稳定；区块链的应用在发达国家也没有广泛推动起来；在 5G 时代，没有一个发达国家拥有从系统到基站再到设备、软件、产品终端以及各种应用这样的完整体系。也就是说，整个西方主要还是在第二次全球化浪潮阶段拥有固有的优势，基本上在处于按部就班的状态下，渐渐从第二次全球化浪潮升级到第三次全球化浪潮阶段。从第二次全球化浪潮产业生态向第三次全球化浪潮产业生态升级，发达国家具有一定优势。比如，在新能源汽车投资领域，日本的氢能源汽车，一骑绝尘，而中国就走了很多弯路。也就是说，发达国家由第二次全球化浪潮进入第三次全球化浪潮是顺势而为，是从第二次全球化浪潮向第三次全球化浪潮的延伸，所以在发达国家基本看不到第三次全球化浪潮袭来的景象。

　　而中国却有另一番景象。所有从中国到发达国家去的人都觉得不方便，而所有从发达国家来中国或者回到中国的人，都发现中国的变化很大，对中国在第三次全球化浪潮产业生态中的表现赞不绝口。发达国家为什么没有出现像中国这么明显的第二次全球化浪潮和第三次全球化浪潮交织的状态呢？主要有以下几个原因：

　　第一，发达国家是第二次全球化浪潮的主导者和受益者，更希望保持在第二次全球化浪潮时期的巨大的利益优势。

　　以美国为例，特朗普上任之后，一个很重要的战略就是要重振美国制造业。制造业是第二次全球化浪潮最重要的产业特征，在美国推进第二次全球化浪潮的时候，由于美国经济结构的变化，土地、税收、人工成本大大上升，制造业的平均利润大大下降，而全世界的高科技公司、高附加值公司都选择在美国上市，资本主要流向这些领域，导致制造业难以为继。我参与过美国的一个汽车内饰部件制造企业的并购，发现这个传统制造企业的利润还不错，研究后发现主要是因为这个企业税收很低，后来才知道这是由一位残疾的印度裔企业家经营的企业，免去税收之后才有这么高的利润。世界第一零售企业沃尔玛为了响应特朗普的号召，希望利用供应链的优势吸引制造业回归，拿出8000亿美金优先采购供应链上在美国生产制造和加工的终端产品。这都是为了维持在第二次全球化浪潮中的既得利益。

　　第二，从第二次全球化浪潮渐进式进入第三次全球化浪潮符合发达国家的产业优势和产业利益。

　　从第二次全球化浪潮渐进式进入第三次全球化浪潮，可以让发达国家通过在全球范围内已经形成的产业链、价值链、供应链关系所构成的经济秩序，有序地进入第三次全球化浪潮，继续保持发达国家在全球化中的领导地位，而如果让第三次全球化浪潮与第二次全球化浪潮中形成的产业优势进行交织，势必扰乱已有的全球化经济秩序，打破第二次全球化浪潮的均衡。

第三，发达国家缺乏第三次全球化浪潮产业生态的技术与应用优势。

从第二次全球化浪潮到第三次全球化浪潮，虽然都是产业的全球化，存在通过产业结构调整和产业升级带来的产业浪潮的延续，但是，从第二次全球化浪潮到第三次全球化浪潮所呈现的产业生态和从第一次全球化浪潮到第二次全球化浪潮的产业生态的逻辑关系完全不一样。比如，在第二次全球化浪潮中，咖啡产业就是一个非常成熟的产业，咖啡的品种繁育、加工、消费在全球已经形成了全球化的产业链、价值链、供应链关系，雀巢集团成为全球知名的咖啡生产制造企业，咖啡本身也会由品牌、产地、品质决定其价格和行业秩序，但是，在中国突然冒出来一个瑞幸咖啡，和传统的咖啡企业比较没有任何传统企业的优势，却仅仅创办 1 年多就在美国上市，在短时间内就把无数家咖啡企业的价值甩在了身后——这就是第三次全球化浪潮产业生态对第二次全球化浪潮产业生态带来的巨大颠覆。这样的创新带来的颠覆行为，发达国家是不愿意看到的。

第四，第三次全球化浪潮的产业生态最大的特点是创新，而创新的创造者和创新的消费者都是年轻人，发达国家的老龄化人口结构缺乏拥抱第三次全球化浪潮的动力。

同样以瑞幸咖啡为例，瑞幸咖啡之所以成功，是因为创新。瑞幸咖啡的创业者都是年轻一代，他们的创业激情、灵活的思维、好奇心都是天生的创新基因，这在发达国家的人口结构里，是难以出现的。

所以，第二次全球化浪潮与第三次全球化浪潮相交的状态，更多的体现在中国，也体现在中国和美国的产业竞争领域。

由于改革开放，中国选择主动融入世界，成为第二次全球化浪潮中全球化进程的一个重要节点，但是，中国与第二次全球化浪潮中的主流国家在整体产业水平上还存在很大的差距，在整个第二次全球化浪潮期间所形成的所有产业链、价值链和供应链关系方面，中国和发达国家还存在较大距离，包括技术、企业、产业水平、经营管理水平、人力资本素质、国际化和全球化程度，中国都和发达国家存在很大的距离。这种关系不仅是质量上的差距，主要是体系上的差距，这个差距主要是因为中国在过去几十年融入第二次全球化浪潮的时候，没有通过全盘西化的方式融入，而是采用渐进的、输入式的，也就是有限输入式的方式来融入全球化。中国已经出现的第二次全球化浪潮与第三次全球化浪潮交织的现象也许是这个世纪经济全球化最为壮观的行为艺术事件，其特点是：

第一，由于中国的国家性质，意味着中国承载的全球化浪潮是在社会主义经济政治制度下的全球化。

虽然中国在 2018 年提出，要进一步加大开放力度，但是，由于中国不一样的国情、不一样的政治制度、不一样的文化以及中国的开放不仅仅是让全球化涌进来，还需要中国自己的企业在全球化过程中要跟上发展的步伐，因此，中外产业和企业的融合就会给全球化浪潮的注入带来很多困难。我听过很多外国人对中国的评价，有一个共识就是"中国让人看不懂"。

第二，中国的全球化是公有制为主体的产权结构融入的全球化。

这样一个制度体系就要求中国所有企业需要在融入全球化的过程中，把发达国家的先进技术、创新方法、管理经验、产品，通过引进、吸收、消化尽量转化成为自己的。这样的制度要求，就使得很多发达国家企业在进入中国的时候，在资本、技术、品牌、管理等方面对中国保持着很高的警惕性。

第三，中国的政府职能、经济运行方式与发达国家不一样。

中国政府在经济运行中的角色与发达国家的是完全不一样的，这会对中国融入第二次全球化浪潮造成不利影响。所以，中国至今在国际上依然不被承认是市场经济国家。

第四，中国的市场规则、监管规则、法律制度、财务制度、产业体系没有完全融入发达国家的全球化体系。

第五，中国的文化背景、思维方式、生活方式和发达国家推动的全球化也不一定能够全面融合。

中国至少还需要几十年才有可能达到发达国家的水平，即使中国达到发达国家在第二次全球化浪潮时期的经济技术水平，其经济模式也和发达国家主导的第二次全球化的经济模式不一样。只是在这个时候，一个奇怪的现象出现了，中国虽然在第二次全球化浪潮时期，产业生态还落后于发达国家，但是中国在信息、通信行业的发展速度基本上和发达国家持平，甚至比发达国家发展和应用的速度更快，以至于中国的信息、通信产业走在了世界前列，这就使得中国在以通信、信息产业为基础的第三次全球化浪潮的产业生态领域，领先于发达国家，中国就出现了还没有站在第二次全球化浪潮顶峰，却突然掀起了第三次全球化浪潮这样的特殊现象。这个也是世界经济史上从未有过的现象，当年美国超越英国，或者更早时候的大英帝国崛起、超越欧洲主要强国都不是这个状态。

有一位美国未来学家曾经说："如果这个世界有哪个国家不经过现代化而直接进入后现代的话，这个国家一定是中国。如果中国取得成功，将成为引领世界走向未来的明灯。"

我有一位曾经担任过联合国环境规划署主席的朋友——英国人劳伦斯，他曾经在英国上议院说："自第二次世界大战胜利以来，工业化的高速发展，给人类带来了资源的枯竭、战争、疾病、污染并且导致环境破坏，诱发自然灾害。当世界越来越因为追求财富而导致走向毁灭的时候，我们看到了希望，这个希望就是中国的崛起。中国是一个古老文明的国家，追求着'天人合一'的价值观，中国的崛起给世界带来希望。"

国际上的这些观点听起来让我们很开心，很自豪，但是，如果是一个对自己国家非常熟悉和了解的中国人，并不会那么乐观。

很多人会因为过去 40 年中国获得的成就沾沾自喜，但是，未来的 40 年中国面临的挑战要比过去 40 年的难得多。如果过去 40 年是上小学和中学的话，未来 40 年就是读大学和研究生，如果中国依然抱着对于过去 40 年的观点和方法迎战未来 40 年的挑战，很有可能在学校一年又一年地"复读"。

处于第二次全球化浪潮和第三次全球化浪潮交织的状态时，中国绝对不能认为可以轻易地通过第三次全球化浪潮带来的机遇跨越从发展到发达，从高速度到高质量，从现代化到现代性的鸿沟。这既是机遇也是挑战，从机遇上来看，中国还没有实现现代化，没有从发展中国家发展成为发达国家，从人均 8000 美元到人均 20000 美元不仅仅是一个数字概念，还包括质量，还需要中国各行各业都和发达国家处在同等的收入和消费水平。在第二次全球化浪潮中所构成的产业生态领域，几乎使中国的每一个行业都有上升空间，这个上升空间就是利用进一步深化改革的机会，在全球化范围内和所有发达国家进行产业链、价值链、供应链的对接，通过企业、资本、技术、市场、产业的深度对接和融合，与发达国家处于同等水平，同时，利用信息、数字和智慧社会到来的机会，让中国在全球拥有优势的这些产业和第二次全球化时代的代表性产业进行深度融合，开创一个全新的智慧文明时代，这是完全有可能的。

2008 年世界金融风暴爆发之后，很多人都认为，这不过是发达资本主义国家的规律性、周期性经济危机，五六年之后就会恢复。但事实上，第二次、第三次工业革命推动的第二次全球化浪潮在全球范围内的经济红利随着中国经济发展到一定阶段之后，已经消失了。全球化浪潮的产业重心有很大一部分开始往东南亚、中东欧等地转移，中国的崛起让发达国家的获利空间缩小，必须有新的产业革命、新的科技突破，才有可能带来世界经济的持续增长。事实上，2008 年的金融风暴已经过去 10 多年了，发达国家的经济依然一蹶不振，除了美国。美国之所以可以独领风骚，是因为其策动了第三次全球化浪潮的主导产业形态，在互联网、生物技术这些最新科技领域依然走在世界前列。

虽然中国在第二次全球化浪潮这个经济生态里面，和发达国家之间的产业链、价值链、供应链、金融资本链基本对接，短期内还没有构成对发达国家的威胁，但是中国在第四次工业革命中追赶了上来，在很多方面领先美国甚至全球。人类历史上一个非常特别的经济景象出现了：

第一，中国在第二次全球化浪潮的推动下，产业体系达到全球最完整的水平，中国成为全球最大的制造基地。

这个世界上，从古到今的几乎所有产业门类在中国都有生存的机会，全世界的产品都有可能在中国生产，中国的整个产业体系从上游做到下游，从生产做到服务，而且价格低廉，应有尽有；由于中国国土面积巨大，人口众多，什么样的产业纵深都可以在中国找到立足之地。

中国还处于城乡二元结构比较突出的状态，改革开放之初，农村实行家庭联产承包责任制之后，农民从土地里解放出来，成为中国最廉价的劳动力，大规模进城推动了中国的城市化和工业化。几十年之后，城乡差距拉大，但是农民并不是没有钱，他们把大量的存款用于盖房子、孩子结婚和养老。接下来中国的城乡融合发展会带来巨大的投资机会和新一轮的国内产业布局，尤其是从种植到养殖、生产加工，这些领域的科技投入、产业服务都会形成新的经济增长点。

中国已经决定全面开展农村土地改革，这个改革会把农村的宅基地、集体建设用地和农业用地进行重新规划和整合，将使大量的城市资本参与农村城镇化投资领域，重振中国文化、家族传承的历史文明。近两年提出的"乡村振兴战略"和"城乡融合发展行动计划"，都能够给中国经济带来新的增长空间。

第二，由于国土面积大、人口多、中国人聪明勤奋，使得中国制造速度快、周期短、效率高、价格低。不仅拥有全球市场，中国自己的市场也发展起来了。由于历史以及成长方式的原因，中国企业基本不用到世界各国去发展，在本国就可以做得很大，赚到很多钱。在这些企业眼里，中国就是一个世界，能够在中国做好就已经了不起了。所以中国企业国际化、全球化程度不高。一旦把中国企业国际化、全球化的观念树立起来，打通中国企业在全球范围的产业联系，使其主动参与全球化市场，融入全球产业链，不仅会迅速缩短中国和发达国家的距离，还能在第三次全球化浪潮的产业特征的推动下，实现中国企业能力的提升。

第三，虽然在全球产业分工中，中国总是吃亏，但是，中国正在快速地从产业链的下游进入产业链的中上游；从价值链的低端渐渐走向价值链的高端；从供应链的被动走向主动；尤其在金融资本链上，也开始进入发达国家占据的主要领地。但是，中国要在这个环节和发达国家平起平坐，还有很长的路要走。越往后难度越大，就像自然生态给我们的启示，生物链的高端利益高度集中，分享的人越少，人均拥有的财富才越多，这是资本主义利己主义价值观的核心，核心利益是不愿意被分享的。

如果中国通过渐进式的方式，完成产业、资本、技术、人才、资源的积累，渐渐成为发达国家，实现中华民族的伟大复兴，就容易和发达国家在经济、政治秩序上相统一。但是，突如其来的第四次工业革命带来与第二次全球化浪潮期间所形成的产业生态完全不一样的体系，突然打乱了资本主义世界，尤其是乱了美国的阵脚。

第四，第四次工业革命推动的技术应用和产业之间的关系越来越清晰。从门户网站到电子游戏、社交平台、电子商务，互联网的应用层次越来越丰富；互联网支付、互联网服务、大数据应用开始对传统服务业构成了破坏和颠覆；5G 时代来临，云计算、大数据、物联网、人工智能会更加深入地与第二次全球化浪潮融合。城市管理被纳入智慧城市体系，传统生产制造会被智能制造取代，传统物流会被人工智能物流改造，电力系统从发电、供电、输变电到照明系统、动力系统、电力设备系统都会被数字化。发生最大变化的领域将会是第二次全球化浪潮中的经典产业领域——汽车制造和服务领域，第三次全球化浪潮最终有可能彻底消灭汽车这个行业。汽车将不复存在，而被"出行工具"取代，再也不会发生设计一个汽车品牌就可以规模化生产几十万辆汽车的情况，丰田、宝马、奔驰、福特、通用这些在第二次全球化浪潮期间统治全球汽车业的企业有可能不复存在。

第五，当这些事情发生的时候，发达国家几乎都在被动地接受着。德国率先意识到这个危机，于是制定了"工业 4.0 计划"，想应对这个情况。这个计划叫《国家工业战略 2030》，这个战略的开篇写着："在全球化趋势不断发展、创新进程极大加快、其他国家扩张性和保护主义工业政策日益抬头的背景下，如何可持续地维护及发展德国的私营部门和公共部门的高度繁荣？"这就是德国的危机感。德国认为："如果德国失去了关键的技术技能，在全球经济中的地位将因此严重受损，这会给人们的生活方式、国家在几乎所有政治领域采取行动的能力和行动空间带来重大影响，并最终会影响德国国家机构的民主合法性。"

在产业领域，德国充分认识到，作为工业大国，汽车产业的成功对德国至关重要。然而，这一产业面临着尚未攻克的难关：越来越高的减排要求、替代性交通工具与电动汽车快速发展、自动驾驶技术取得重大创新、全新的移动出行理念也可能造成颠覆性的运营模式。在第二次全球化浪潮阶段，德国是汽车产业的最大赢家之一，德国汽车产业对中国汽车产业和市场的渗透也因为达到了极限，终将走到尽头。

德国的《国家工业战略2030》指出："在人工智能领域，虽然德国的基础研究仍然强大，然而在人工智能技术的实际应用和商业化领域却明显落后。德国必须在人工智能领域集中企业、科研和政策的力量，消除主要竞争差距，创立自己的数据主权，充分利用新关键技术中的经济潜力。"这个战略还写道："在工业政策方面，一个特别成功的国家是中国，在2015年启动了'中国制造2025计划'，通过积极的工业政策来加强这个关键技术领域。中国宣布在2030年之前，成为人工智能领域的世界领先者。"

其实从这些观点来看，只要未来依然维持着全球化的市场机制和开放的氛围，第二次全球化浪潮和第三次全球化浪潮在产业生态上的相互融合会是一个相当长的时间，而这个融合还主要是新兴国家与发达国家之间的融合，在这样的融合成功之后，还将扩展到更宽广的地理范围，使东南亚、非洲以及南美洲的国家深入融合。

第六，不同行业呈现出不同的交织方式。

第三次全球化浪潮对设计、创意、文化、传播、娱乐行业的生态冲击是最大的，传统的方式几乎完全被新的产业生态颠覆，但是场景更加丰富、美好。

2014年，李克强总理提出"大众创业、万众创新"的策略，要求全国各地鼓励年轻人创业、创新，几年过去，成千上万的"80后""90后"创业者展开了在新科技支持下的创业行动，国家与地方政府也出台了很多支持"双创"的政策，TMT（Technology，Media，Telecom）创业领域异常活跃，这个领域几乎是第三次全球化浪潮主打的产业形态。

传统的报纸、杂志、广播、电视、广告纷纷遭到颠覆，单一的电视成为"三网融合"的综合媒体终端。过去，我们只能被动地按照电视台的时间安排等着看电视，而今天，电视视频可以用手机随意看，接下来装在家里的电视机，会逐渐成为家庭的多功能智慧终端之一。电视机除了自身的功能发生巨大变化之外，会与家庭机器人、家用电器、家庭出行工具、家庭的所有成员以及家庭安防系统形成万物互联关系。携带、搭载在这些智慧系统中的，又是各种广告、创意、娱乐应用场景，带给人无限的想象空间。在过去的报纸、杂志、电台、电视台等领域工作的人，都会成为这些新兴业态和场景的就业者或者创业者。

几乎所有制造业都会被大数据、人工智能、工业互联网、物联网、机器人所取代和改造。

出行领域的融合模式更加精彩。第二次全球化浪潮席卷全球的时候，最成功的产业领域就是以汽车产业为核心的产业集群。中国改革开放之初，我们惊呼美国、日本的高速公路和家用汽车，羡慕发达国家的交通状态，把美国称为"建在汽车轮子上的国家"，这几乎成为发达的代名词。以汽车为核心形成的产业生态把第二次全球化浪潮演绎到了极致，中国的开放给发达国家带来的最大经济利益也是汽车制造。如果没有中国的开放，发达国家的汽车工业以及和汽车相关的钢铁、汽车电子、汽车零部件甚至石油，都不可能在这几十年里赚得钵满盆满，翻开全世界著名汽车制造商的会计报表，一定是中国市场为其销售业绩和利润作出了最大的贡献。

第三次全球化浪潮到来之后，第一步当然是带来新的能源，使汽车成为电动汽车或者氢能源汽车，电源管理的智慧化，就是第三次全球化浪潮的产业形态与第二次全球化浪潮的融合模式之一。最大的改变来自 5G 的应用，5G 在汽车上的应用首先就是自动驾驶，自动驾驶会带来汽车生产制造、价值链的巨大变化。自动驾驶系统除了使人工驾驶的设备向自动驾驶的方向改造之外，会增加全新的硬件和软件，而这些硬件和软件的附加值都很大，原有的软硬件会被淘汰，技术含量更高的软硬件改变了汽车的价值构成，电子、半导体、芯片、传感器、自动控制系统成为自动驾驶汽车新的元器件。

在 2019 年上海国际汽车展上，尽管华为轮值董事长徐直军一再表示"华为不造车"，但是大家还是不太相信。毫无疑问，华为是本届车展最热门的企业。一个不造车的企业，为什么会成为汽车展览的热点呢？关键是华为作为第三次全球化浪潮的弄潮儿，怀有万物互联的愿景，有强大的 ICT 技术（Information and Communication Technology）优势。在汽车产业处于第二次全球化浪潮和第三次全球化浪潮交织的阶段时，华为的定位，就是帮助汽车制造商造好车。如何帮助呢？就是在已经形成的智能网联汽车系统内提供帮助，这个系统日趋完善，进入应用之后，可以充分发挥华为的技术优势，整个汽车产业生态的命运就将被第三次全球化浪潮彻底改写了。传统汽车价值中枢就会发生很大变化，原有的制造存量虽然继续存在，但是被简化了，价值下降了。新的增量系统在汽车制造领域没有这样的技术储备，也没有这样的技术人才，汽车增量附加值就有可能成为华为的巨大利润来源，也会为增量应用场景的配套企业带来利润。

一旦汽车产业的价值结构发生变化，汽车制造企业和行业的重组整合不可避免，再加上设计自动化、新材料的变化、消费者需求的变化，汽车大规模、流水线制造的模式将会被终止，柔性制造、智慧制造、低成本制造将成为主流。全球几大汽车厂商垄断全球汽车制造的历史必将结束，分布式、个性化制造方式将彻底取代传统汽车的制造方式。第二次全球化浪潮期间形成的产业生态将渐渐被颠覆。

第七，第二次、第三次全球化浪潮在中国交织的时候，会产生一些可怕的问题。

中国与第二次全球化浪潮和第三次全球化浪潮的交织，首先表现在中国市场。中国创造出来的引领第三次全球化浪潮的内容，首先会实现与中国的交织，第三次全球化浪潮产业生态通过颠覆、融合、转型、升级、淘汰这些方式，与中国在第二次全球化浪潮时期形成的产业生态进行交织，这些交织取得成功之后，下一步就会冲出国门走向世界。这时候，就不会再有发达国家、发展中国家与不发达国家之分了。比如，"被动房"的概念是德国发明的，中国把"被动房"的理念和方法引进之后，绝不仅仅是对德国式"被动房"的借鉴和继承，中国一定会在"被动房"的基础上加入中国的物联网和人工智能，使其成为中国式的智慧家居"被动房"，这样的"被动房"进入中国市场之后，再通过"一带一路"倡议进入世界各国，中国将成为全球智慧"被动房"的领导者和最大的市场占有者。在一次对以色列的考察之后，我发现，在第二次全球化浪潮形成的全球产业生态中，以色列几乎占据着大部分产业链的最高端。以色列将大量的科技和创新研发成果，在日本、欧洲、美国进行转化，再通过这些国家和地区的产品和服务使这些成果走向全球，很少看到以色列企业在全球经销产品中从事制造投资的。如今，这些企业成群结队地来到中国，深入中国的每个城市和乡村，这就意味着，接下来的第三次全球化浪潮中，会有很多以色列的科技和创新技术在中国完成转化，随着中国拥有的第三次全球化浪潮的优势，走向全球，使中国企业和产业的全球化翻开全新的一页。既然如此，那为什么可怕呢？因为当第二次全球化浪潮与第三次全球化浪潮在中国交织的时候，也是中国在第三次全球化浪潮中的产业生态与中国在第二次全球化浪潮中的产业生态进行的交织，容易产生一些问题，比如像拼多多这样，打着无孔不入的广告，把一堆真假难辨的低价产品卖到全世界，很有可能会制造出一个又一个侵权纠纷。中国企业和中国产品在中国市场留下的不良印象，会给我们带来一个什么样的未来，确实难以预测。

第二次全球化浪潮与第三次全球化浪潮在中国的交织催生出来的经济形态有可能比世界很多经济学家们预测的发展速度更快，中国会超越美国，成为世界经济第一强国。同时，由中国实现的在第二次全球化浪潮与第三次全球化浪潮交织时所建立的全球化产业链、价值链、供应链、数字链、信息链生态关系会快速地从中国走向世界，对全球市场进行推动和覆盖，必然带来世界各国对中国产品、工具、模式的理解、接受、融合。由于美国预感到第二次全球化浪潮与第三次全球化浪潮交织的过程就是全球经济政治文化主导权的更替过程，因此，美国就会自发地认为中国对美国构成了威胁。

在 100 多年前，经济力量超过英国的德国想要成为世界霸主，从而发动侵略战争，同样，在东方的日本也认为自己可以通过侵略中国，以中国为跳板然后主导全世界。今天的美国虽然不是因为侵略别人而成为世界第一的，但是，美国通过第二次全球化浪潮拥有了在全球范围的话语权、主导权和巨大的利益，当这一切都被挑战的时候，这个国家是否可以接受被崛起的中国超越，会不会因为想要阻止中国的崛起而发动世界性战争呢？我相信，这绝不是危言耸听。虽然我们今天经历的是第二次全球化浪潮和第三次全球化浪潮的交织，但是背后却存在着第二次全球化浪潮的领导者与第三次全球化浪潮领导者的竞争，实际上就是中国和美国之间的竞争。这也带来了今天的中美关系是否脱钩，中美是否各自建立全球化秩序，再次重演"二战"后两种不同经济政治制度构成的"二元全球化"等敏感而棘手的话题。

如何避免 100 多年前那场史无前例的灾难，确实是今天全球政治家们面临的难题。对于中国来说，不管面临什么样的困难，只要存在实现民族复兴的巨大历史机遇，没有什么力量可以阻止中国发展的势头。尽管大众对今天中国的发展存在各种各样的疑问和争议，但是从世界范围来看，没有一个国家具备中国这样的条件和优势。作为一个中国投资银行家，我非常熟悉发达国家的经济政治体制及其通过工业革命崛起的历史，绝不会否认其优势，也不认为美国会衰退、欧洲的发达与繁荣会倒退，只是认为，由于各种原因，中国会超越这些国家。我熟悉今天的中国，虽然很多人对今天的中国在经济政治上所作的路径规划有很多看法，但是，中国是一个大国，走自己的路不是哪一个人的选择，中国也没有要求全世界的国家都像中国这样发展，我相信，中国一定不会是灾难制造者。也许再过 10 年，中国式经济社会发展模式才会稳固成型，世界才有机会读懂中国。

第三次全球化浪潮由谁领导？

我们都知道，第一次全球化浪潮由大英帝国领导，取代了古老的中国在农耕文明时代的强国地位，多个完成工业化的国家形成强大的欧洲国家体系，分布在世界各地，建立其殖民地地盘。第二次全球化浪潮由美国"一股独大"，以美国为首，联合欧洲发达国家以及日本共同组成由发达国家主导的、以贸易为核心的全球化协同体系。现在，全世界都在议论：什么时候中国会超过美国，中国会成为第三次全球化浪潮的领导者吗？

这是一个很难回答的问题。

中国的经济总量超过美国是一个大概率事件，因为中国有近 14 亿人口，人口基数是美国的 4 倍多，而中国的 GDP 只有美国的 70%，说明中国还有若干年相对高速的发展时间。过去的 40 年证明了中国具有高速度发展市场经济的能力，再往前，中国曾经有世界最发达的文明的历史。所以，中国一再说自己是需要实现"中华民族的伟大复兴"。

作为中国人，我每时每刻都希望我们的国家能成为世界经济强国，成为世界文明的楷模。但是，即使中国最终成为世界上最强大的国家，中国与世界的关系既不会是大英帝国与殖民地的关系，也不是美国与世界的霸权关系。国际上有一个关于"中国威胁论"的观点，认为中国一旦成为世界强国，就是对世界的威胁。我觉得这里至少有两个含义：

第一，中国超越美国就会造成美国利益的流失，中国的强大就是美国的衰落——我认为这个理论不成立。第一次全球化浪潮结束和第二次全球化浪潮掀起虽然导致了大英帝国的衰落，但是当年的英国殖民地模式和今天美国经济的强大是完全不一样的。如果今天的英国还拥有当年的殖民地，今天依然强大，一定还是世界第一，问题是殖民地模式是人类发展进程中的一个阶段性的扩张模式，是一种野蛮、粗暴、简单的掠夺模式，不能代表人类的进步和文明，是一个不可持续的模式。而今天的美国不一样，即使中国经济总量超过美国，但是美国同样可以利用其资本实力、人才优势、科技优势长期保持发达和繁荣，人类进步带来的更多是增量财富而不是此消彼长。所以我认为，中国经济的发展不是以牺牲别国利益为代价的，也不会构成对别国的威胁。

第二，中国的意识形态、价值观、经济政治制度和现有发达国家相比有很大的差距，作为信仰共产主义的社会主义国家，很容易让西方发达国家联想到冷战时期资本主义和社会主义的对垒——这个观点也同样不成立。西方发达国家很难理解中国过去40年所进行的一系列改革，这与中国和当年的苏联以及国际共产主义联盟向全世界输出革命的社会主义、共产主义已经完全不一样了。中国虽然选择了自己的发展路线，坚持社会主义核心价值观，但是没有必要到全世界去提倡社会主义，中国一再向世界宣称，可以求同存异，和而不同，中国会尊重其他国家对于政治制度的选择，就像今天的朝鲜、越南也都是社会主义国家，中国同样没有要求和朝鲜劳动党、越南共产党建立可以跨越国界的组织联系。对于中国自己来说，也在不断根据国情，寻求改革开放的措施和方法，找到最好的发展道路。中国甚至主动提出创建人类命运共同体，从而承担更多的世界责任。

中国是否会成为第三次全球化浪潮的领导者这个问题之所

以很难回答，是因为一个世界强国，绝不仅仅是一个经济强国，如果那样，这个世界强国就是一个庞大的经济动物。经济全球化的背后必须有符合人类社会共同价值观的文化和稳定的政治体制，也必须有强大而持续的科学技术和研发能力作为支撑，有强大的军事力量作为保障，还需要素质高、文明程度高的人民作为基础。

一个世界强国必须在经济、政治、文化、社会、环境等各方面都很强大，是这个世界上绝大多数国家能够接受的楷模。中国的经济总量达到世界第一后，必须在以上各领域得到世界大多数国家和人民的认同。中国显然已经非常清楚地意识到了这一点，于是不失时机地提出了"构建人类命运共同体"的伟大目标。

2019 年开始，中国改革开放进入新时代，中国的发展从高速度向高质量转变，在未来的数十年里，如果中国实现了自己的目标，完全可以重回世界之巅，成为新的全球化浪潮的领导者。这个新的领导者首先是经济全球化的领导者，而要实现经济全球化就必须解决、处理好与所有发达国家在经济、政治、外交、文化、民族、宗教等方面的关系，必须处理好全面超越美国、欧洲、日本的过程中可能会遇到的所有问题。而目前，中国必须要对未来出现的所有问题保持清醒的认识，针对世界未来的发展趋势提出具有高智慧的解决方案。

面对第三次全球化浪潮这个百年未有之大变局，我预测会有以下几个趋势：

第一，以资本主义民主制度作为国家经济政治制度的发达国家已经遭遇了严重的经济增长和持续繁荣的瓶颈。这个瓶颈是其社会制度以及科学技术与经济形态的发展变化带来的，已经不可逆转。即使没有中国的崛起，这个结果也会出现，是中国的崛起延缓了这个瓶颈的出现。

比如，如果没有中国市场，很多发达国家的汽车制造企业都破产了，特斯拉不可能有这么好的市场表现；波音和空客也不会给美国和欧洲带来巨大的税收和就业机会；美国的大豆农场主也没有那么多好日子；澳大利亚、巴西、加拿大、美国、中东的金属矿、石油、天然气市场也不可能这么景气；苹果、三星、微软以及美国、欧洲的资本也不可能有这么好的市场与业绩表现。这些国家和地区的收入和社会保障水平变低，社会需求得不到满足，资本主义的民主就会遇到非常严重的挑战。

第二，第三次全球化浪潮带来的技术和工业形态使发达国家失去了技术和产业的优势。

第三次全球化浪潮在产业形态上具有以下特点：

一是传统的以制造业为主的，依靠化石能源做动力的，通过对自然资源的高度占有、采掘、消耗的产业，以及被资本所积聚、整合、集中的市场经济方式，将让位于新能源、大数据、互联网、物联网、云计算、人工智能这样的产业。后者最大的特点是产业的创造、供应、需求、消费主要是由年轻人主导的，年轻人多的国家、经济基础好的国家才具有这些产业优势。

二是这些技术不仅自身可以构成新的产业业态，创造就业、创业和创新机会，带来税收，创造利润，关键是可以改造传统产业，弥补传统产业中的不足，跨越传统产业遇到的障碍。通过与传统产业的融合，使虚拟产业生态和实业生态之间相互借势，创造出更多的产业生态。

三是彻底改变我们对资本的传统认识。如果说第一次全球化浪潮主要是靠殖民地和早期资本主义的优势，第二次全球化浪潮主要是靠发达资本和发达产业的融合所产生的资本主义优势的话，第三次全球化浪潮最大的变革是对于资本的再认识。资本和产业的关系将再也不是用资本去积聚产业、整合产业、集中产业的"产融结合"关系，而是技术、创意、商业模式和智慧对资本的主导。

这个变化使巨大的财富增长方式和新的财富拥有者出现，改变了存量财富的运动轨迹，尤其是控制美国的各大传统财团财富缩水，或者增量财富与存量财富脱节，导致社会权利的平衡被打破。如果说，比尔·盖茨还处在传统财富和新财富的交替阶段，那么扎克伯格这样一批"80后"新贵的不断涌现，就会打断美国的财富传承脉络，从而影响美国的经济政治平衡。

四是金融业态的变化和创新。支持第一次全球化浪潮和第二次全球化浪潮经济形态的货币金融也好，资本金融也好，都是在政府或者依法设立的监管机构监管之下，经过审批或者备案，在严格的行业、法律、税务监管之下有序运行的，而第三次全球化浪潮由于数字经济的发达，数字金融所形成的新的交易媒介、货币形态、交易方式对国家主权货币、资本、资产都构成监管上的挑战。为什么美国的扎克伯格推出的 Libra 虚拟货币模式会遭到美国监管机构的打击，就是因为扎克伯格代表了新生代财富利益集团，与控制美国政权的利益集团存在冲突，而中国则可以推出国家主权数字货币。

五是第三次全球化浪潮对于地缘的覆盖率超过任何时代。比如，"抖音"在中国才刚开始风靡，很多国内人士都还没有下载的时候，它已经远涉重洋开拓全球市场去了，而且，由于操作非常容易，"抖音"吸引了很多不发达国家的贫民下载。随着 4G 的逐渐普及，"抖音"很快可以覆盖全球。仅以美国为例，"抖音"进入美国仅 1 年时间，下载量已经超过 8000 万。

第三，世界经济力量、政治力量和军事力量的均衡不会出现"修昔底德陷阱"。2019 年，中国的国庆阅兵让全世界都看到了中国军事、国防力量的强大，中国重构了这个世界的军事力量对比关系。在经济领域，中、美、日各有优势，相互竞争也相互融合，但是，中国在第三次全球化浪潮中所拥有的优势，将会使其保持在经济全球化中的领先地位。**最大的可能是世界大国通过重构全球化经济、政治、文化的秩序，建立新的国际经济、政治和金融组织，协同全球治理。把过去一国主导的模式改变为主要发达国家维护全球秩序的共同主导模式。**美国放弃全球的主导地位和责任，中国倡导的构建人类命运共同体的系统性、整体性方案得到世界主要发达国家认同——关于这个预测，我保持观望的态度，因为今天中国的经济社会和国家治理体系刚刚完成系统的顶层设计，这个设计让走过改革开放 40 年的中国在内部也存在一定的争议，国内也还有比较长的适应期，更不用说世界秩序了。

虽然我认为不会爆发世界大战，因为没有人承受得了世界大战，也基本不存在发起世界大战的决策机制，但是大国之间在第三国发起战争的几率很高，局部战争也很难避免。德国著名的管理学思想家、《隐形冠军：未来全球化的先锋》一书的作者赫尔曼·西蒙认为，根据全球化的进程，未来全球化就会形成世界经济共同体。在他预见的未来世界经济共同体中，美国、中国、欧盟将会是未来全球化的主导者，至少在 2030 年也是这样。但是若要以国家而论，主导未来世界经济的，还是美国和中国。

根据"2012 世界经济展望论坛"的报告和美联储预计，2030 年世界经济 GDP 主要排名是：美国 245200 亿美元，欧盟 223700 亿美元，中国 209000 亿美元。西蒙认为，如果要实现这样的增长结构，必须有两个前提：这几个发达经济体的企业必须在欧洲、美国这样的主流市场拥有强大的市场地位；必须在中国和印度建立强大的市场地位。但是西蒙认为，未来十几年全球经济重心依然会在美国和欧洲，不太赞同"新兴国家推动下一个全球化浪潮"。

这也许和大多数西方学者的观点有些相似，他们主要看到的还是传统产业的进步和发展，提出的产业进步还是传统产业的转型升级，对新兴经济模式带来的第三次全球化浪潮的产业生态以及对传统产业的冲击和影响感受不深。第三次全球化浪潮的产业有个很大的特点就是这些产业生态的搭建者、创造者主要是"80 后""90 后"这样一代年轻人，他们有极强的产业、产品、业务生态创建能力，这些业务生态的组织模式和传统产业的组织模式有很大的区别，不需要把人与机器紧紧地绑在一起，成为流水线上的奴隶。华为的十几万员工可以分布在全世界各个角落，他们之间也不需要集中起来开会，一封电子邮件就可以把领导的意志传达给每一个员工。另一个特点就是这些行业的服务者、执行者、操作者主要也是年轻人，而最大的消费市场也来自他们。越是人口多、年轻人多的国家，越是第三次全球化浪潮的受益国。面对这个经济特征，欧洲最大的劣势就是年轻人数量太少，产业生态搭建者和消费者的严重不足将严重影响欧洲的发展。

像印度这样的人口大国，在传统产业领域的市场经济秩序、市场体系、法律体系、技术研发都没有多少优势，但是到了 5G 时代，相对较弱的传统产业基础，并不能阻挡其在新的全球化浪潮的推进过程中对 5G 技术的广泛应用以及与传统产业的融合。印度虽然没有全球领先的 5G 技术，但是一定会成为全球 5G 产业生态和产业应用的巨大市场。

　　中国和美国或许会成为未来第三次全球化浪潮的主导大国。虽然这个话题在目前这个阶段说起来比较困难，因为中美正在进行一场尚未看到未来的经济冲突。中美贸易冲突也好，美国制裁华为、中兴也好，在没有看到一个清晰的结论之前，我们清楚的只有，中美过去多年建立起来的"蜜月"关系结束了，未来 10 年将会出现中美经济在全球范围内的竞争。表现在数字上，就是世界第一经济体和第二经济体之间的关系。其实这个数字没有多大意义，中国经济总量超过美国是很正常的事情。中国近 14 亿人口，美国 3 亿多人口，中国比美国多出 10 亿人，中国经济总量是美国的 4 倍以上才可以称为发达国家。所以说，即使中国经济总量超过美国，成为世界第一，也没有达到领导世界的水平。世界最大和世界最强对中国来说还是一个遥远的，需要努力争取的梦想。关键还是第三次全球化浪潮的突然兴起，让我们看到了中国成为发达国家的另一种模式，这种模式可能会减少中国与发达国家的冲突。虽然经过多轮艰难的谈判，中美双方都宣布谈判取得了阶段性成果，即将签署一个阶段性协议。不管这个协议最后是否成功签订，都不会改变中美之间根本性的竞争状况，中美之间存在一个较长的互相适应的时间。

　　从中国目前的全球化战略来看，主要是"一带一路"倡议。"一带一路"倡议是习近平主席在 2013 年提出的，到现在，"一带一路"倡议得到世界上越来越多的国家的支持。虽然名为"一带一路"倡议，实际上已经成为中国式的全球化战略，通过亚洲基础设施投资银行、丝路基金这样一些金融机构的创建，加大"一带一路"倡议的资金投入。目前，已经有几十个国家和地区与中国签署了"一带一路"倡议合作协议。

中国倡议的"一带一路"和第一次全球化浪潮时期英国的殖民地模式、美国的市场经济模式都不一样，中国倡导与世界上很多发达国家、发展中国家、不发达国家共同分享和创造"一带一路"机会，包括提出与发达国家共同把"一带一路"倡议作为合作开发的第三方市场，不要构成"一家独断"的合作模式。中国更是在"一带一路"倡议中，投入了大量的人力物力，帮助相关国家和人民发展经济。

"一带一路"倡议的发展模式不是国与国之间的竞争模式，而是加大对相对落后国家的投资，改善不发达国家发展经济文化的条件，包括大规模基建投资、产业投资，发展"一带一路"沿线国家的经济基础，让这些国家发展的同时，培育未来世界级市场。这样的全球化战略可以缩小发展中国家和不发达国家之间的产品落差、技术落差、市场落差、产业落差、文明落差。

中国的"一带一路"倡议和美国主导的第二次全球化浪潮也不一样，第二次全球化浪潮进入中国的时候，发达国家主要是通过直接投资模式、技术输出模式、品牌输出模式、产品代工模式，在中国形成了巨大的产业链、价值链和供应链的分布，通过技术优势、品牌优势、产品优势、资本优势获得利益。中国并没有效仿这种做法，而是通过互联互通、大规模投资帮助相关国家搞基础设施建设，帮助其创建各种产业园，为其提供资金支持和文化教育支持，在这样的过程中，获得中国的利益。这显得中国倡导的全球化更加人性化、更加符合中国传统文化和人类命运共同体的价值观。中国的全球化从此具有了更加丰富的内容。

一方面，过去几十年，中国通过改革开放引进发达国家的产品、技术、设备、资本、服务、工艺、品牌等，让第二次全球化浪潮滚滚而来，在延伸以美国为首的发达国家主导的产业链、价值链、供应链体系的同时，中国获得了巨大的发展机会，这本身就是东西方双赢的结果；另一方面，中国通过"一带一路"倡议，向沿线国家输出中国已经相对具有优势的基建、能源、交通、原材料、产业园区、产品技术、金融资本，此外，中国还将会迅速进入 5G 时代，将第三次全球化浪潮与第二次全球化浪潮交织下的产业形态融合到世界各地，开始主要是发达国家，之后逐渐进入发展中国家和"一带一路"沿线国家，从单一的输入国家发展成为全方位输出输入国家。

由于中国过去几十年以输入型经济为主，中国经济融入全球化之后出现的一个巨大问题就是中国经济的全球化与中国企业的全球化存在巨大反差。中国的企业都是在学习发达国家的产品、技术、工艺、管理、服务过程中成长和发展的，都是被动学习的，在和发达国家的企业打交道的时候，缺乏国际化和全球化经验。

中国要成为世界的领导者，绝不光是依靠领先的技术和创意，中国企业必须要达到国际化、全球化的水平。所以，即使中国即将迎来第三次全球化浪潮的机会，即使我们在技术上有了一些优势，我们仍然不能成为全球领导者。

第四，以美国为首的发达国家非常清楚，中国从输入型经济体系转型为输出型经济体系，就要去争夺其市场份额，因此，中国必然会遭到发达国家的阻拦和干扰。

发达国家，尤其是第二次全球化浪潮的领导者美国，习惯了输出，难以接受别国的输入，即使中国今天向美国输入了大量的中国制造，但是绝大多数都是贴着美国企业或者其他发达国家企业的牌子，如果华为生产的手机贴着苹果的牌子，可能在美国很容易被接受，但是一旦贴的是华为的牌子，便很难进入美国市场。这就是第二次全球化浪潮的潜规则。

发达国家之间相互的输出、输入都是容易的，这些国家处于同等的文明体系、法制体系、制度体系、财务体系，甚至处于同等的语言体系、宗教体系，而中国输出首先遇到的就是非市场经济的待遇。中国的意识形态、价值观以及国有企业体制与发达国家的不同，都会成为中国输出的障碍。

不管是谁主导第三次全球化浪潮，全球的地缘政治和地缘经济都将发生很大的改变。中国这样一个既有公有制优势，又有市场化特征，同时还主张对外开放的国家，不管引进来还是走出去，都会在全球化过程中表现出强大的优势。但是对于中国来说，在国内，我们首先需要解决公有制下的政府行政力量和市场力量的关系，需要解决国有企业管理模式和民营企业市场化运作模式的冲突、资源不对等这样的问题。国际上，我们需要解决中国与发达国家在全球化过程中存在的体制机制的冲突、价值观的冲突、公有制和私有制的冲突等问题。同样，强大的美国需要处理好第二次全球化浪潮时期和第三次全球化浪潮时期不一样的国家关系，美国不会轻易衰落，但是需要接受不能独霸世界的现实。因为美国的盟友会因为美国经济的衰退降低与其的亲密度。

天下没有不散的筵席，一旦第三次全球化浪潮全面袭来，美国与盟友之间的利益链条就有松动甚至断裂的可能。

欧洲国家在第三次全球化浪潮到来的时候，总有些雪上加霜的感觉，其在传统产业的优势本来就在逐渐下降，同时又受到第三次全球化浪潮的冲击，从过去的输出型经济转变成为输入型经济，经济全面衰退。这种状况一旦发生，欧洲地缘政治结构就有可能改变，如果不是像历史上用战争那样的方式来解决，那也会有扩大欧盟的可能，淡化欧洲的国家概念，强化欧洲一体化概念，也许才是欧洲的希望。也只有这样，亚洲、欧洲、北美洲才会相对平衡。

而日本最大的可能就是重回亚洲，从当年的"脱亚入欧"回到"脱欧回亚"，借助亚洲巨大的人口优势与日本的传统产业优势，在第二次全球化浪潮向第三次全球化浪潮转型升级的过程中，充分发挥自身优势，保持在亚洲的领先地位。从历史上来看，日本由于国土面积和自然资源的关系，对外部世界和世界资源的依存度超过许多国家，中华文明的精髓帮助日本创建了辉煌的农耕文明文化，传承至今。第一次全球化浪潮让日本认清了数千年之大变局，崛起成为发达国家；第二次全球化浪潮和第一次全球化浪潮交织的时候，虽然日本一度走错了道路，造成了巨大损失，成为最终的受害者之一，但是其借助第二次全球化浪潮很快再次崛起。我们应该相信，日本一定会在第三次全球化浪潮与第二次全球化浪潮交织的时候，作出正确的选择。

鉴于中国的国家体制和传统，以及中国和非洲的关系，中国一方面会大规模投资非洲的基础设施建设，同时帮助非洲发展教育，中国的"一带一路"倡议会将中国的优势产业转移到非洲。另一方面，中国作为第三次全球化浪潮的重要推动者，也会帮助非洲经济实现全面发展，非洲也将会在整体上缩小和世界各国的差距。

总的来说，国家对第三次全球化浪潮的主导力量，将让位于企业和市场，包括虚拟世界对全球的主导，这对于国家之间建立什么样的全球治理模式，以及对高度经济全球化、社会全球化、文化全球化、语言全球化、科技全球化带来的秩序如何管理，是一个非常大的考验。比如，Facebook 关于 Libra 的白皮书发布之后，就是对传统金融体制的挑战，这样的挑战会对国家金融体制带来什么影响，美国政府、美国监管机构、美国联邦储备局，以及其他国家的相关机构是否认可，这些都是新问题。

为什么是华为？

在本书写作过程中，发生了华为创始人任正非的女儿、华为财务总监孟晚舟在加拿大被拘禁的事情，华为作为一家非常低调的中国企业被美国起诉，而且，美国利用其全球领导力在 1 年多以来，采取了一个又一个措施封杀华为。美国将华为等中国公司列入管制的"实体清单"，不允许美国使用、进口清单上的产品，包括华为与海思的产品；所有已有的或新的相关订单都要暂停或终止；停止访问华为的电子采购网站。这样的禁令将严重打击华为的全球供应链。不仅如此，美国还向可以影响的国家施加压力，以遏制、制裁华为，阻止华为 5G 业务的开展。美国几乎用举国之力，来制裁一家中国民营企业。历史上，还从来没有一家中国企业受到全世界舆论如此高度的关注，有一段时间，媒体上几乎全都是华为的新闻。没有想到，中美之间的冲突会聚焦在一个中国的民营企业身上，而且这个企业还一点儿都不示弱，敢于面对世界头号强国，甚至其盟友国家的制裁，不亢不卑，毫不退让，还向全世界彰显正义。

那么，今天的美国为什么要以举国之力对付华为呢？在华为成为全球关注的焦点的时候，我相信有各种各样的分析和解读。我从以下角度来分析：

美国为什么要制裁华为？

美国人有美国人的观点，一是认为华为违反了美国的法律，包括向美国的国际制裁对象提供服务和交易，美国通过拘捕孟晚舟来调查这个内容，同时也通过直接起诉来支持此观点。美国认为，华为窃取了美国的技术，此事也在通过起诉程序进行调查。最明目张胆的观点表达就是特朗普的公开演讲，特朗普认为，美国绝不允许世界上有别的国家在5G这个领域领先于自己，美国必须要有自己的5G网络，他还指责华为的网络有可能危害美国的国家安全，但是又找不到证据。

外界也流传着很多的说法，有的人认为，因为美国情报部门经常要攻击很多网络，获取其需要的各种情报，一旦使用了华为的网络，会因为没有漏洞，难以攻击了；也有人认为，一旦用了华为的5G网络，中国很容易借助华为的网络掌握大量的美国数据，美国的数字安全没有保障。

不管哪一种说法是真实的，至少我们可以庆幸的是，华为已经对世界头号强国产生威胁，成为世界头号大国的对手，足以证明华为的强大，中国那么多大大小小的企业，至今也没有哪一个企业有这样的待遇。所以，我已经对美国为什么要制裁华为不感兴趣，我更关注的是，华为到底是一个什么样的公司，值得成为美国的对手。

华为到底是一个什么样的公司？

作为一个资本市场的专业人士，我曾经对华为和任正非是有微词的，主要是我不认同他们的金融和资本市场观念，我一直认为任正非没有真正掌握资本市场的意义和作用，对资本和金融有一种来自价值观和意识形态的抵触，似乎要证明自己不需要资本或者金融也能做好企业、做好产品、做好科研。

一直到 2019 年读华为年报，我才认真研究华为这个企业。认真解读之后，给我的感觉就是，华为这个一直喜欢潜伏的企业，终于藏不住了。这个感觉很像多年前一位海归朋友，有"金融天才少年"之称的金岩石在和我一起讨论德隆的时候说过的话：德隆就是一个巨大的核潜艇，一直潜伏在水里，谁都不知道，当其浮出水面的时候，已经是一艘航空母舰了，不可能垮掉。这个预言没有成功，德隆还是倒下了。但是华为更符合这样的评价，任正非过去几乎从来不接受采访，和唐万新一样，但是他清楚这个时候必须站出来，向世界讲明白华为是什么。

一口气把华为的年报读完后，我才彻底明白华为是一个什么样的公司。华为是一个立足于中国的全球化企业。一个全球化企业绝不仅仅是把产品卖到全球或者是挤进了世界 500 强的排名——好多进入了世界 500 强的中国企业并不是全球化企业。华为也不是企业做大后再来进行全球化布局的公司，而是一开始就有全球化眼光、全球化战略、全球化系统建设的企业。

20 年前，我曾经短暂接触过制造网络系统接入设备的企业。

在窄带接入系统，最早进入中国的都是世界著名企业，包括阿尔卡特、AT&T、爱立信这样的公司，曾经有一家云南的企业在短时间内异军突起，这个公司叫做卡苏欧卡。其实这是美国的窄带接入技术，通过日本公司进入中国，与中国云南邮电公司成立的合资企业。由于技术先进，又有国企背景支持，卡苏欧卡迅速把AT&T赶出了中国市场。遗憾的是，这样一个成功的企业后来因为内耗倒闭了，通信技术专家武爱平即使获得了宽带接入技术也没能拯救这个企业。当时，我参与这个项目的时候，觉得这个行业技术更迭太快了，没有极强的技术更新能力和快速反应能力很难发展。华为能够在这个领域异军突起，成为全球最大的通信和信息设备提供商已经非常成功了。

而华为的脚步远不止于此，他们从一个B2B公司，突然杀入消费者市场，习惯于机构客户的企业要突然进入消费终端市场，直接为消费者服务是极其困难的。华为的这个华丽转身没过多久，就依靠强大的技术储备把国内外长期做手机的竞争对手远远地甩到后面去了。早就听说华为在研究5G，设立了5G的研发部门，但是市场对5G时代还没有什么憧憬，也不知道5G带给市场的到底是什么东西。"4G改变生活，5G改变社会"也是最近才出来的一种期待。当华为作为5G时代最为耀眼的企业突然华丽亮相的时候，便悄悄地修改了人们的愿景。

2018年，华为的年报第一次发布了其全新愿景。华为过去的愿景是：聚焦客户关注的挑战和压力，提供有竞争力的通信解决方案和服务，持续为客户创造最大价值。而华为新的愿景是：华为是全球领先的ICT基础设施和智能终端供应商，致力于把数字世界带入每个人、每个家庭、每个组织，构建万物互联的智能世界。

解读一下华为的愿景，第一句话表明其地位和能力。华为在电信基础设施和智能供应终端都是全球领先的企业，从这个表述上来看，世界上已经没有同时具备这样能力的企业了。苹果、三星的智能终端不错，但是基础设施没有；诺基亚、中兴、爱立信的电信基础设施不错，但是在移动智能终端处于下风。而华为在整个 5G 生态链上，拥有 5G 系统标准、基础设备、接入系统、移动基站、智能终端，其完整的产业链和技术是全球第一。具备了这样的能力，华为将要做什么呢？就是要把 5G 全产业链的能力"带入每个人、每个家庭、每个组织"。这不是一个国家可以做到的，如果一个国家把全世界每个人、家庭、组织连在一起，那就涉及主权问题了，但是华为是一个公司，这个公司内在和外在都会关联难以计数的全球企业，因为，到了应用场景，没有国家、民族、宗教、文明、男女老少之分，全球被一个没有时空限制的虚拟世界更加具象地融为一体，这个连接的背后将会产生难以估量的经济利益。

如果按照最新的观点"4G 改变生活，5G 改变社会"，就意味着华为的 5G 生态到达哪里，哪里的社会就被改变。如果华为的 5G 生态全面覆盖美国的个人、家庭、组织，那么美国也将被改变。按照这样的逻辑，华为就在全世界搭建了一个非常快速、容量巨大、完全低延时的万物互联的虚拟世界，不仅华为将获得巨大利益，和华为合作的所有同伴也将获得巨大利益，这些同伴是没有国界的。除此之外，在华为搭建的这个巨大的虚拟世界后面，将伴随无数的创意、应用场景、社会交往、娱乐、创业机会等，可以在这个数字世界里畅行无阻。

一个公司，创建一种生态，这种生态将影响全球，带来巨大的社会变化，形成新的第三次全球化浪潮，从而结束第二次全球化浪潮给全球带来的巨大影响，改变第二次全球化浪潮中的整个产业形态。而这个公司没有被分拆，没有上市，不需要披露股东信息，不需要公开财务报表。这个公司属于中国。如果这个公司成功，中国将成为第三次全球化浪潮的领导者。这也将改变美国在世界经济领域中的地位。这样的公司当然是美国的天敌。

为什么华为有这样的气魄呢？从王育琨先生在 2013 年与任正非的对话中可见一斑。任正非说："华为不是一家中国本土公司，经过奋斗有实力了，再去'国际化'，再到全球去发展'殖民地'，华为一开始就是全球化公司。"

华为与第三次全球化浪潮的关系是什么？

我不知道任正非有没有思考、研究过世界第三次全球化浪潮，但是我们很清楚，华为很早就开始了全球化之旅，创建了全球化战略。作为一家民营的基础电信设备运营商，要在国家很重视的产业领域取得一席之地，竞争对手就是强大的国有企业，那个年代的"巨大中华"4 家企业，只有华为是民营的，如今还剩下 2 个——华为与中兴。在中国取得成功之后，华为进军世界市场，同样避开了国际巨头拥有的主流市场，进入世界不发达国家，在不发达国家、发展中国家取得成功之后，华为才凭着技术优势、成本优势、效率优势进入全球主流市场，最后成为全球最大的也是最领先的通信基础设备企业。

全球横向战略取得成功之后，华为开始了纵向战略的布局，那就是从机构、组织客户端进入个人消费者客户端，为个人消费者提供移动智能终端产品和应用。今天的华为，除了资本之外，其产品战略、技术战略、研究开发、团队建设、市场布局、经营管理无一不是全球化的思维。除了资本之外，华为可以说是中国全球化程度最高的企业。

如果说掀起第一次全球化浪潮的是以英国为代表的西方发达国家，掀起第二次全球化浪潮的是以美国为首的西方发达国家再加上中国这个后起之秀，那么，第三次全球化浪潮会由一个公司推动吗？

可以说是，也可以说不是，或者不完全是。第一次全球化浪潮需要英国逐步去扩大其殖民地范围，占有殖民地之后还要去经营，而且距离遥远，效率极低；第二次全球化浪潮是通过公司、资本、货币来发展的，时空距离都大大缩短；而第三次全球化浪潮把资本淡化了，依靠虚拟世界的连接，全球时空同步。华为这样的一个公司所建立的虚拟数字生态，可以承载庞大的贸易行为、交易行为、数字交换行为。

如果我们不去设置更多的人为障碍，一旦华为的愿景能够实现，商品的全球化更加容易实现；C 端对 C 端的贸易更加频繁，这会创造无数的小单元创业机会，甚至根本不需要注册公司就会开展创业活动；人与人的即时社交场景会更加丰富，全世界人民之间的沟通更加便捷，国家、民族、宗教、语言、文明之间的鸿沟会大大缩小；国家的独立性和整体性上升为世界的整体性；家庭智慧终端是给老年人带来的巨大福音，养老产业的内容更加丰富；经济组织之间的合作、交流也更加便捷，会大大降低商务成本；第二次全球化浪潮时期形成的大工业化、大城市化模式会逐渐解体，城市压力渐渐缓解；金融产品、金融业态、金融工具渐渐被颠覆，分布式区块链的应用改变金融和资本市场。

　　类似的例子实在是描述不完。在这样的生态下，第三次全球化浪潮还会带来什么？哪些超越国界、超越种族、超越宗教的秩序会被重构？会不会影响国家政治秩序、国家经济秩序、全球商业关系、全球金融关系等？实在难以预测。

　　随着华为遭受美国的制裁，华为在全球产业链、价值链、供应链中的关系图谱也越来越多地被披露，同时，任正非也从后台走到前台，多次接受世界著名媒体的视频采访，通过这些采访，我们对华为的了解更加深入，对于华为的全球化战略以及华为在第三次全球化浪潮中的角色更加清楚。我深信，不论美国怎么制裁华为，华为都不会破产，而且华为代表了数字时代最大的产业生态构建商，代表了世界产业发展新方向，代表了全球化的新时代，其发展符合第三次全球化浪潮最典型的产业生态。就像Facebook推出的全球化数字货币一样，现有全球化格局被挑战的时候，一定不是先进的、代表未来趋势的东西被消灭，而是现有的、传统的事物必须适应新事物。

第六章

比较中看清浪潮的走向

通过三次全球化浪潮，人类文明高度进步，经济高速发展，人类社会的进步也是过去几千年文明史上从未有过的。精神财富与物质财富获得极大丰富。与此同时，也带来了许多残酷的战争，带来了疾病，带来了贫富不均，带来了对环境的破坏和对资源的消耗，人类在生存环境上也付出了巨大的代价。三次全球化浪潮虽然都是经济全球化浪潮，但是，每一次全球化浪潮都和政治有关，和民族有关，和宗教有关。每一次全球化浪潮的潮起潮落也都会改变人类文明的进程，改变社会利益关系，改变国家经济秩序。经济和文化、政治、民族、宗教从来都不是割裂的。

纵观三次全球化浪潮，每一次都有不一样的推动方式，都有不一样的内涵，也都有不一样的结果，对于人类社会也同样有不一样的影响。我们也没有办法简单地判定全球化浪潮好还是不好，它总是不以人们的意志而展开，虽然每一次全球化浪潮也都有规律可循，但是很难预测。谁能够预测到改革开放 40 年后的今天，中国是这样一个中国？但是，把这三次全球化浪潮的爆发原因、运行方式、特点、运行规律、对人类社会进程的影响等诸多方面进行比较和分析，还是很有意思的，**尤其在第三次全球化浪潮刚刚到来，形成与第二次全球化浪潮交织的这么一个特定的、复杂的背景下，对于这三次全球化浪潮特点、规律的比较，绝对有助于我们看清今天和一定时期内第三次全球化浪潮**

的走向。

2019 年 6 月 27 日和 28 日，从日本的大阪传出 C20 峰会的照片，本次峰会的几位主要国家领导人，包括美国总统特朗普、中国国家主席习近平、日本首相安倍晋三的表情都非常凝重，似乎传递了第三次全球化浪潮的主导国家有可能发生变化的信号。曾经饱受侵略之苦的中国，在 G20 峰会上大谈经济全球化，作出全面开放的姿态。特朗普总统所领导的美国，曾经因为开放并挣脱殖民束缚而崛起，也因为开放而走向全球，推动了第二次全球化浪潮，而今天的美国却在挥舞利己主义、保护主义、单边主义的"大棒"。百年时间斗转星移，会带来什么样的未来？我们希望从过去找到未来的答案。

三次全球化浪潮的推动力量

虽然前面已经描述过，每一次全球化浪潮都是由科技革命推动的，但是，为什么会在这个时候、在这样的国家出现这样的推动力量才是我们更应该清楚的，否则，我们不能从历史中找到真正答案，也难以理解未来和把握未来。

第一次全球化浪潮之所以称为全球化浪潮，是因为它和历史上以往的和全球有关的活动都不一样。既不是丝绸之路的贸易行为，也不是海上丝绸之路的贸易交往，也不是中国明朝的郑和下西洋。蒸汽机的产业化应用带来了第一次工业革命，大英帝国利用工业革命产生的强大的国力和军事力量，通过殖民模式对全球数十个国家进行大规模占有，形成了全球化的、持续性的体系。大家一致认为，是科技的力量推动了第一次全球化浪潮。

蒸汽机是第一个工业机器，其发明也使其他工业科技成果迅速在工业化的过程中诞生。之后，又发明了内燃机，发现了电力的开发运用方式等。最终，由科技进步带来的第一次、第二次工业革命，推动了第一次全球化浪潮。

科技成果需要发展和转化为工业成果，创造出商品价值和商业价值，其产生的经济利益必须经过非常多的环节和复杂的市场运行规则。没有科研经费，技术不可能持续研究下去；没有技术成果达到的应用效果，技术也无法走向市场；没有市场购买能力，产品便不具有商业价值，便不能规模化生产，从而达不到产业化的目标；没有产业规模，产品不可能走出欧洲，到达美洲、亚洲，也不可能推动全球化。今天，我们在国内一些残留的洋务运动时期留下的工业遗址中可以看到，中国早期的造船厂、纺纱厂、军工厂、钢铁厂引进的第一次全球化时期的工业产品不一定都是英国制造的，大多是来自德国、法国的，甚至是来自比利时的。所以，实际上，**第一次全球化浪潮最主要的推动力量是封建社会后期所诞生的资产阶级，因资产阶级的推动而产生的工业化生产方式又开创了资本主义制度，当资本主义制度与国家政权结合，才出现了国家力量的远征与殖民力量的强大。**只是因为第一次全球化浪潮时期，资本主义制度发育还不成熟，产业规模不大，资本规模也不大，还没有真正形成成熟的社会化大生产，也没有带来高度的城市化，工业革命只是在提高劳动效率方面发挥了作用，对生活方式进行改变的作用还没有发挥出来。所以，早期的工业革命还处在从农耕文明向现代文明过渡的阶段，而且由于早期的工业革命在全球的推广范围和推广深度远远不够，也使得第一次全球化浪潮涉及的受众也非常有限，这个时期的全球化方式还主要是殖民地、军事侵略、强制贸易。

第二次全球化浪潮虽然同样是科技革命推动的，但是与第一次全球化浪潮相比，具有更加深刻的经济社会原因。虽然从时间节点上来说，第二次全球化浪潮的经济政治秩序是在第二次世界大战之后才重新建立起来的，但是，就是因为科技的进步，改变了国与国之间的工业实力。第一次全球化的领导者大英帝国在拥有了世界霸主地位之后，把大量的时间和经济力量用到殖民统治去了。当然，也因为资本主义的本质，大量的国家力量被少数贵族、资本家所侵吞。今天去英国的城市、乡村旅游，一眼望去，可以看到其当年辉煌的影子，这个美丽的国度，光是建设那些古堡、庄园就不知道花了多少通过殖民统治所掠夺来的财富。所以，英国并没有继续在技术上有更大的突破和创新，这个国家有过劳斯莱斯这样的世界一流的航空发动机企业，也有过曾经享誉世界的汽车品牌，第一次、第二次工业革命的很多成果都诞生在英国，但是后来都在市场化竞争以及第二次全球化浪潮之后被逐渐超越。大量的新技术反而不断地在德国、美国、法国、意大利、日本等国诞生。第二次工业革命的很多技术成果都诞生在德国和美国。1879 年，世界上第一个商业化的电厂在美国旧金山诞生，20 世纪三四十年代，美国成为电力工业先进的国家；同样在 1879 年，德国人卡尔·本茨制造了世界上第一台单缸煤气发动机，1886 年，本茨又研究出来第一台单缸汽油发动机。德国在第二次工业革命期间，由于技术与工业的高速发展，积累了大量财富，建立了强大的德国工业体系，成为世界上数一数二的强大国家。遗憾的是，德国没有把这种强大用在经济建设和发展上面，而是选择用强大的军事力量做后盾，发起了世界大战来争夺世界领导地位。

第二次世界大战之后，世界经济政治秩序重建，在前两次工业革命推动下的第二次全球化浪潮，在全球范围内推进，全球科学技术再次取得一系列突破，新的技术领域被开拓。人类开始从机器工业进入计算机工业时代，于是产生了第三次工业革命。

第三次工业革命也被称为第三次科技革命，主要以原子能、电子计算机、空间技术、生物工程的发明应用为标志，涉及信息技术、新能源技术、新材料技术、生物技术、空间技术、海洋工程等方面。这次工业革命把美国主导的第二次全球化浪潮推向了一个新的高度。如果说第二次全球化浪潮来自科学技术的发明和推动，为什么这些科学技术成果会诞生在美国，而不是在英国或者其他国家？

虽然美国利用第二次世界大战与各主要国家重建了战后的国际经济政治秩序，但是如果没有一整套推动科技力量的创新的经济制度和生产方式，也不可能有第二次全球化浪潮的成功。如果探究原因，主要是因为美国在资本主义市场经济制度的微观操作机制上，有了巨大的创新。第一，美国没有经历封建社会这个历史阶段，其国家制度是先进生产力的第一推动力；第二，资本主义制度更加成熟，资本主义市场经济体系更加完整；第三，第二次工业革命的产业生态也从以生产资料为主的产业，进入到消费与生活资料生产制造领域，导致生活方式的改变，使得第二次全球化浪潮获得更加广泛的市场和受众人群；第四，产业生态所代表的新的生产力推动资本市场更加成熟，以资本市场为核心的市场经济体系所构成的生产关系也更加成熟。尤其是经历1929年世界性经济危机之后，资本主义自由化、无节制的市场经济遭受惨痛打击，"罗斯福新政"对资本主义生产关系进行的一系列调整和改革，对于后来建立以美国为首的全球化经济模式起到了至关重要的作用。

20世纪后期和21世纪初期，在第三次工业革命创造的半导体、计算机、集成电路这些硬件产业基础上，诞生了一场新的技术革命，这场技术革命主要是以互联网作为虚拟产业形态的科技革命。这场革命从20世纪末期出现，经过一段时间的发展运行之后，显示出变化迅速的科技现象。这就是从互联网开始的一场虚拟世界、数字世界的技术革命。这次革命被称为第四次工业革命。

我把这次工业革命的开始作为第三次全球化浪潮的推动力量。这样一种推动力量与第二次全球化浪潮的推动力量进行比较，又有不一样的特点。第四次工业革命的产业生态和第三次工业革命的产业生态相比，发生了很大变化，这个产业生态的变化形成的生产力和第三次工业革命的生产力同样有许多不同，同样需要新的生产关系与之相适应。而目前第二次全球化浪潮形成的生产关系是美国主导的，这个生产关系从 1945 年至今，已经运行了 70 多年，这个生产关系已经明显地显示出与第四次工业革命爆发出来的生产力不相适应。正好在这个时期，中国导入第二次全球化浪潮取得了成功，而中国自身的特点正好与第四次工业革命创造出来的生产力相匹配。

中国第一个互联网公司瀛海威创办于 1995 年，公司创办之后，一开始还不知道怎么赚钱，渐渐地淡出了公众视野。之后，新浪网、搜狐网、网易网成为中国三大门户网站。第四次工业革命一开始，中国就有机会和发达国家站在同一起跑线上。这次工业革命的推动者同样是美国，但是由于中国的产业基础不断加强，产业规模不断扩大，科技人才队伍也不断壮大，美国在第四次工业革命中创造出来的技术和应用成果就非常迅速地传到了中国，美国制造出来什么，中国很快就有了什么，间隔时间越来越短。

随后的几十年里，互联网发生了快速的变化。门户网站发展到电子商务，中国以阿里巴巴为代表，美国以亚马逊为代表；再往后就是社交网站的发展，比如中国的腾讯和美国的Facebook；然后就是互联网和通信的融合，诞生移动互联网；之后在中国掀起"互联网+"，使互联网与传统产业融合，产生出来很多新的业态，如物流、移动支付、共享单车……

尤其是2010年，当互联网和通信的融合产生越来越大的虚拟空间的时候，虚拟空间的数据海量增长，于是出现云计算，需要把大量的数据存储在巨大的存储设备里面，大数据产业化开始了。有关大数据的挖掘、分析、处理产生了各种各样的应用，这些应用产生的深度学习能力远远超越了今天自然人的能力，人工智能成为新的科技发展的方向，带给我们无限的想象。而这些想象，会通过5G的应用逐步实现。于是，互联网、人工智能给我们的全球经济生态带来了完全不一样的生产力。

而且我们发现，第一次全球化浪潮因为科技的进步而掀起的时候，是科技与工业革命改变了人类文明的进程；第二次全球化浪潮虽然同样是科技进步带来的，但是其对第一次全球化浪潮产生的科技方面的冲击，实际上更多的是第三次工业革命在第二次工业革命基础上的升级，这个升级与资本主义新的生产关系相结合，催生了第二次全球化浪潮；而第三次全球化浪潮虽然刚刚到来，但是我们已经看到，推动第三次全球化浪潮的生产关系已经与第二次全球化浪潮的生产关系格格不入，对于第二次全球化浪潮构成的冲击，远远大于第二次全球化浪潮对于第一次全球化浪潮的影响，而且，第三次全球化浪潮给第二次全球化浪潮带来的变革、颠覆、融合、提升，将会远远超乎我们的想象。

当然，我们千万不要忘了，所有科技，尤其是应用技术的推进背后，都有大量基础科学的积累。第一次全球化浪潮诞生于蒸汽机时代，但是当时的背景是，文艺复兴以来欧洲出现了一大批自然科学家，他们在数学、物理、化学、生物领域取得的伟大成就奠定了工业革命爆发的理论基础。比如，第二次工业革命的主要技术基础理论是法拉第的"电磁感应技术理论"，第三次工业革命的基础理论是爱因斯坦的"相对论"。所以，第三次全球化浪潮的引领者之一华为，其未来的科研投入战略，就是花大价钱在全球范围内培养和发掘科学人才，同时呼吁中国各级政府加大对基础学科的投入，以及重视对基础学科研究人才的发现和培养。

第三次全球化浪潮的发展受到基础理论的约束，一个是香农定理，还有一个就是摩尔定律。按照基础理论，第三次全球化浪潮有可能受制于摩尔定律的极限，而这个时候，新的物理科学又带来新的希望，那就是量子科学的新成果、新发现。

但是，互联网上的想象并没有终止，有人发明了互联网的社群经营，然后把每个社群内的个体账户进行加密，只让自己知道，不让别人知道，一旦保存，自己都不可以更改。当交易行为在这个加密社群产生的时候，所有的交易行为就形成了一个又一个主题交易社区，这个社区被称为区块链。每一个区块链都会形成一个交易系统，每一个交易系统也会产生结算行为，随后就会诞生虚拟结算的数字货币，把线下的货币功能移植到区块链上，就出现了数字金融。每个区块链都是跨国界的，没有地理边界，没有税收，而只有不可更改的账户保障信用。目前，全球已经发行了数千种数字货币。超越监管、超越意识形态、超越国界的虚拟金融会给传统的、严密的、复杂的、庞大的线下全球金融体系带来什么样的变化呢？

当然，第三次全球化浪潮的技术推动力量远远不止 5G 以及由 5G 带来的人工智能。关键是万物互联之后所有被关联的物质、系统都会产生数字化反应，这种反应让数字世界渗透到这个世界的任意领域，在渗透过程中又产生新的知识、科技、应用，由此层出不穷，改变我们的生产方式、经营方式和生活方式。

按照这样的逻辑发展下去，第三次全球化浪潮的推动力量将带着互联网、物联网、大数据、区块链、人工智能在新能源、新材料、新工艺、高端制造、医药和医疗、教育、农业、生物技术、生命科学、食品工业、工业服务、社会治理等领域产生无比强大的推动力量。这样的推动力量将使第二次全球化浪潮中已经构成的产业链、价值链、供应链被数字链、信息链重构，这就使得具有全球最大的制造业的中国在没有完成工业化的情况下，采购和运用全球最新技术，在第三次全球化浪潮的支持下，再次获得高速发展的机会。经历 2018 年、2019 年、2020 年这几年的深度调整，互联网企业下沉，传统产业上升，再加上吸引全球技术和创新，中国经济可能会因为第三次全球化浪潮与第二次全球化浪潮的深度融合，再次释放出惊人的增长潜力。

很显然，中国的以公有制为主体的社会主义市场经济制度在生产关系方面的优势，以及中国巨大的人口红利，非常适合第三次全球化浪潮所需要的生产关系和社会形态，这就使得中国在第三次全球化浪潮来临之际，能够迅速成为其领导力量。比如，推动第四次工业革命并带动第三次全球化浪潮的最重要的一个技术基础投资是光纤网络的覆盖以及卫星导航系统，中国人口众多，但都集中在东南部，西北地区拥有大量的国土资源和少量的人口。在资本主义国家，基础电信供应商都是私有制的，光纤覆盖面积必须和人口密度相关，否则流量不够，不可能赚钱。但是，中国的三大电信运营商中国移动、中国联通、中国电信都是国有控股，社会主义的制度要求必须村村通网，因此，中国就会成为全世界光纤覆盖程度最高的国家。到哪里都有很好的信号，中国的移动支付才能够充分发展，通信和信息的结合才会产生巨大的市场效应，这是所有资本主义国家的生产关系所做不到的。集中力量办大事，集中力量保证社会资源使用的公平性而不是少数资本的垄断性，才有机会让第三次全球化浪潮得到最快速度、最大力度的推动。

经济浪潮背后的制度体系

科技推动的第一次工业革命使人类第一次进入工业化时代。工业化时代最大的特征是人类进入社会化大生产时代，而社会化大生产需要更多的资本，需要更大的投入，需要更多的劳动力，需要更大的厂房，同时还需要更有秩序的组织模式。这个组织模式的发展奠定了早期的资本主义制度。而这个制度不管是在英国还是在法国，不管是在东方还是在西方，都可以离开某一个地域，复制到其他地方，在其他国家形成一个区域与一个区域之间的经济联系。

当若干国家、地区都有这样的体系之后，就形成了产业分工的第一次全球化的分布和标准化的扩散。各种度量标准、生产制造标准、产品标准慢慢形成，企业之间的分工进一步细化，管理逐渐先进，这个地区和另一个地区，这个国家和另一个国家生产出来的产品都有了相同的外观、质量、工艺技术、品牌和包装等，这就是产业体系初步形成的过程。所有产业体系的背后，存在一个巨大的制度体系，这个体系不仅存在于一个国家内部，而且存在于整个全球化进程中，是全球化很重要的制度保障。**这个制度保障可以分为两个部分，一个部分是全球化主导者的国内制度，没有这个保障，就不具有领导全球的能力；另一个部分是全球化过程中在全球范围内采用了什么样的制度保障和制度优势。**

在第一次全球化浪潮时期，大英帝国率先通过光荣革命于1688年结束了封建统治，创建了资产阶级执政的君主立宪制。资产阶级的执政有力地推动了社会生产力的解放和进步，当然也促进了科技的进步。政治和经济永远都是一对孪生姐妹，没有好的政治制度绝对不可能有好的经济发展，反之亦然。大英帝国领导的第一次全球化浪潮，在英国重要的金融历史学家尼尔·弗格森的《帝国》一书中，被描述得淋漓尽致。由于有了政治制度的先进性，保障了大英帝国科技的进步、经济的发展和军事的强盛，才有了其在全球进行扩张的能力。虽然本书主要是写经济的全球化，但是实际上，第一次全球化是一次真正意义上的全方位的全球化。用尼尔·弗格森的话说就是：商品市场全球化、劳动力市场全球化、文化全球化、政体全球化、资本全球化。

在第一次工业革命的发展过程中，扩张方式是从发生工业革命的地区和国家扩张到没有发生工业革命的地区和国家，由于信息严重不对称，所以当工业革命的成果向没有开始工业革命的封建制度的国家进行推广的时候，总是伴随着战争。大英帝国的强大海军攻下一个国家之后，马上和这个国家签署殖民地协议，被占领国成为殖民地，占领国成为殖民地的宗主国。殖民地的主权、军权、司法权都被宗主国剥夺，宗主国对所在国拥有完全的殖民管辖权、立法权、司法权和执法权。

大英帝国通过经济、政治、文化、军事的全球化掀起了第一次全球化浪潮。以香港为例，我们今天还能看到第一次全球化浪潮留下的遗产。比如香港地区的人都擅长说英语，他们中的很多人是"英超迷"。

资本主义殖民地统治模式虽然是用强权创造的，但是历史学家们对于大英帝国的评价还是各执一词。尼尔·弗格森的一个评价我还是比较认同的："历史上没有一个国家或组织在促进商品、资本和劳动力的自由流动方面比 19 世纪至 20 世纪的大英帝国做得更出色，也没有任何一个国家和组织比大英帝国更热衷于向全世界强行推广西方的法律、秩序和统治模式。"

所以，第一次全球化浪潮不仅仅是经济的全球化，还是政治制度的全球化、政治权利的全球化、意识形态的全球化、价值观的全球化、语言的全球化、生活方式的全球化。但是，第一次全球化浪潮是一个国家或者少数发达国家向世界上若干个落后的国家发起的全球化，实际上是强国强制性地向弱国推行的全面的全球化。所以，总结起来，第一次全球化浪潮实际上主要是国家与国家之间相对初级的，不发达的，从农耕文明向工业文明过渡期间的全球化，是全球化的初级阶段。

第二次全球化浪潮和第一次全球化浪潮在制度上有了很大的变化。**从制度上来说，如果第一次全球化浪潮更像是一个国家统治的全球化浪潮，那么第二次全球化浪潮就是一个国家通过经济，在保持多个国家主权独立的基础上建立的全球化。**大英帝国殖民模式的结束证明这个模式已经不被世界接受，美国主导的第二次全球化浪潮没有采用殖民模式。美国的独立就是在挣脱大英帝国殖民统治的基础上形成的独立，所以美国选择了更加自由的，没有君主的，完全是"三权分立"的民主资本主义制度。《独立宣言》中"人人生而平等"摆脱了曾经的宗主国世袭的封建贵族等级制度，这个制度比大英帝国的制度更加自由、平等和民主，更加适应科学技术的进步和生产力的发展。

美国领导的第二次全球化浪潮虽然没有采用殖民地模式，但是有另外一个制度在市场经济发展过程中成熟起来，那就是资本主义市场经济制度。资本主义市场经济制度的核心是资本市场，美国在华尔街创建了全世界最发达的资本市场，经营着全球化的大型跨国公司，这些跨国公司通过在全球范围的产业链、价值链、供应链关系，在交易中创造经济价值，实现财富的增长。所以，美国在第二次全球化浪潮中，不是通过殖民模式而是通过资本主义市场经济制度模式来经营全世界，连文化、科技、教育的输出，都是产业化的，美国也是市场经济程度最高的国家，连军事工业都是私有企业。美国更多地通过法律、税收、利率、汇率等手段来影响企业、科技、经济以及全世界，当然也向全世界输出美国民主模式，通过市场经济无孔不入的渗透力输出美国商品、美国服务、美国科技、美国文化和美国价值观。

以中国为例，1978年改革开放之后，大部分人选择去美国留学，这些留学生去学习美国的语言、文化、技术、管理、金融等，然后在双边贸易中，美国产品、技术、设备、资本源源不断进入中国，美国的可口可乐、肯德基、麦当劳布满了中国的城乡市场。美国是全世界最强大的国家，也是中国改革开放以来主要学习的标杆，中国的大部分经济指标、社会指标、环境指标、科技指标，都是参考美国的，市场经济的许多内容都是向美国学习的。

美国还联合了西方主要发达国家，在市场经济制度方面建立了前所未有的复杂的经济体系，从最近美国宣布对华为公司的制裁以来，这些体系被我们看得清清楚楚——凡是和华为所处的信息行业有关的美国以及全球的行业组织，都会因为美国的发号施令而共同采取行动来阻挠华为的正常经营及5G市场的开发。

中国改革开放40年来，大量的精英到美国学习之后，毫无疑问会带回美国对于中国的影响力，这些影响力一方面成为中国了解美国的窗口和沟通合作的渠道，另一方面也成为推动中国经济改革开放的有生力量，成为国际化、全球化思维和改革开放的创新力和引导力，成为推动中国前进的有生力量。当然，也有一部分会成为另外一种声音，只要中美产生了冲突，一定是站在美国立场上，对中国的一切都唱反调。

综上所述，第二次全球化浪潮是美国主导的，以发达国家为体系的，在成熟的资本主义市场经济制度的设计下，由大量的全球性跨国公司作为载体而推动的全球化浪潮，国与国的主导方式演变为公司与公司之间的操作模式。

第三次全球化浪潮悄然来临的时候，将会形成什么样的全球化制度体系呢？

这得说一下第二次全球化浪潮开始的时候，实际上有两种不同的经济政治制度进行竞争，即以美国为首的发达国家实行的资本主义制度和以苏联为首的国家实行的社会主义制度，双方都表现得激进和强势。最后，以苏联为首的社会主义阵营解体，发达国家没有了经济和军事上的对抗，全球在几十年内没有发生大的战争，第二次全球化浪潮获得了最佳发展时机。然而，新世纪走过将近两个 10 年之后，事情变得复杂起来。

中国作为一个发展中国家，经过几十年发展后进入世界的主要舞台。当中国经济总量位居世界第二的时候，当中国企业在全球化的舞台上扮演越来越重要的角色的时候，发达国家感受到了来自中国的威胁。继苏联之后，又一个社会主义国家成为其竞争对手。但是，今天的中国与苏联完全不一样，没有公然地在全世界输出革命，没有去帮助世界上任何一个国家建立社会主义制度。同时，今天的中国也没有公开挑衅西方资本主义国家，形成意识形态上的对立。中国也没有在经济制度上走"闭关锁国"的计划经济道路，而是通过改革开放，融入发达国家的全球化体系，采用了市场经济制度。所以，中国与发达国家之间的关系既复杂又微妙，这就让西方发达国家难以一致地将中国当成对手。

关键是，中国发展的步伐不可阻挡。中国在经济、政治、文化、社会、生态等多方面协同发展，再加上习近平主席上任以来在全球范围的运筹帷幄，突然让美国感受到了来自中国的压力。

所以，在这样的背景下，第三次全球化浪潮拉开了特殊的竞争序幕。

过去的美国以为，其自由、民主、平等的经济政治制度具有强大的优势，只要中国采用市场经济制度，就一定会发展成为其所期待的样子，但现在看来，这已经绝对不可能，不仅不可能，中国还发展成为美国最大的竞争对手。

这个时候的全球化已经完全不是经济的全球化了，而是涉及全球经济、政治、外交、文化、文明等一系列问题的全球化。

虽然这个问题走到今天的历史原因和各方面的背景关系我们都非常清楚，但是，这个冲突毕竟刚刚开始，任何可能都会随时出现。就在此时，一个非常有代表性的观点提出来了，这就是2019年5月31日，新加坡总理李显龙在第十八届香格里拉对话会上的主旨演讲。这个演讲站在一个相对中立的角度，对中美贸易冲突引发的一系列问题表达了一个发达国家领导人的观点，看起来大有"劝架"的意味。

在李显龙看来，美国及其他发达国家必须要接受中国崛起的事实，并在和平环境下竞争，他提出，因大国的竞争与冲突而受损的绝不仅仅是参与竞争的两个国家，而是全球经济，也不排除产生更大危机的可能性。他认为，只有依靠政治家的高超智慧才有机会帮助世界渡过危机。他也对"二战"以来东南亚地区的地缘经济和政治作出了一个全面的解读，这个解读包含了新中国成立以来在这个地区的角色和立场，以及今天南海和东盟地区的地缘经济政治格局。

对于第三次全球化浪潮的推动者来说，至少我们不主张这个世界是一个国家主导的霸权主义世界，未来应该是中国、美国、欧盟共同主导的世界。刚刚崛起的中国既没有选择美国式的资本主义市场经济，也没有选择苏联领导的社会主义计划经济。而不管怎样，人类文明发展到今天，从来就没有哪一种经济政治制度可以一成不变，成为这个世界唯一的制度，每个国家选择什么样的经济政治制度，完全是这个国家根据自己的历史和文明进行的自主选择，只要这个制度不是危害他国，也不是反人类的，就应当尊重这个国家的自主选择。

不论西方国家把中国描述成为国家资本主义也好，修正主义也好，都没有意义。我们更不需要哪个国家再来给中国指导什么经济政治制度，中国在这个阶段选择这样的制度不是哪一个人可以随意决定的，是中国根据自己的国情和发展所作的合理选择。中国的经济政治制度也会在社会经济发展过程中不断调整、改革，以适应世界的变化。尤其是我们发现，习近平自担任中共中央总书记以来，高强度反腐、大力度推动军队体制改革；通过一系列深化体制改革、一系列对外开放政策制定，遏制金融领域的脱实向虚，清除金融腐败，防范金融系统风险；尝试加大混合所有制经济力度，用公有制维护国家安全，保障国家集中精力办大事的能力。同时，毫不动摇地发展市场经济，让市场在资源配置中起主导作用；不反对一部分人率先富裕的同时，遏制两极分化，动员全社会力量打赢脱贫攻坚战，减少低收入人群；从严治党，建立了防止腐败的长效机制；加大科研力量投入，加大环保执法力度等。一个全新的经济社会发展图谱，已经呈现出来。虽然在这个过程中，别说让美国理解、让欧洲理解，就是在国内，也还有很多人没有真正理解今天中国的发展模式，要达成全社会的共识，路漫漫其修远兮。

美国主导的第二次全球化浪潮创造了世界经济在和平时代持续、长期的发展奇迹，第三次全球化浪潮的特点也许更符合今天中国所实行的具有中国特色的社会主义市场经济制度。

也许，第三次全球化浪潮越发展，越有可能会出现一种新的制度性挑战，那就是对政府制度和国家制度的挑战。由于第三次全球化浪潮的全球化程度比前两次全球化程度更高，由于技术和市场因素，很容易让成品和服务在全球范围内实现配置。没有国籍、宗教的分别，可以自由地表达价值观和文化观，这样的沟通方式、社交方式、生活方式不见面就可以完成，虚拟世界越来越强大，使得现实世界和虚拟世界之间的关系也越来越紧密，虚拟世界对现实世界的改造就会加速，这会使得第三次全球化浪潮在制度上的变革囊括更大的范围，更加具有颠覆性。

遍及全球的金融体系

推动三次全球化浪潮的除了科技、全球化治理模式之外，还有一个极其重要的内容，就是金融。

第一次全球化浪潮掀起的时候，一开始仅仅是发明了蒸汽机，以及将蒸汽机在纺织、铁路、轮船上进行应用，在当时来看，需要大量的资金，而当时资产阶级力量还不强大，财富规模也不大，资产和经济的全球化还处在初级阶段，在这个阶段金融也不发达，处在刚刚起步阶段。

1688 光荣革命之后，工业革命之前，英国初步形成了国债制度、银行体系、证券市场三者构成的金融体系。到 1816 年，英国率先实行了金本位制，随后主要资本主义国家都实行金本位制。金本位制的建立，确立了英国在第一次全球化浪潮期间的世界金融霸主地位，支撑了世界金融体系。

在这个阶段，金融工具和金融产品也不丰富，但是金融的作用很大，信贷金融为主要金融手段，短期借贷、高息借贷以及国家债券是这个阶段的金融主流，长期资本还不成熟，金融与产业之间的关系非常紧密，金融和产业的分工还不太清晰。甚至银行业都还不发达，直接由民间分散的金融掮客来提供信贷、发行债券。金融的总量远远跟不上产业发展的要求，资金也严重缺乏。直到金本位制崩溃，在伦敦证券市场交易的产品主要也是英国和其他资本主义国家的各种债券，股票的数量和规模都不太大。

当工业革命早期的技术进入美国之后，推动了美国主导的现代金融业的发展，自由市场经济的发展方兴未艾。此期间，第二次工业革命爆发。第二次工业革命带来的产业规模和产业门类远远超过第一次工业革命时期，电力和电子工业呈现出爆发式增长，工业革命的成果不仅带来了社会生产能力的提高，还带来了生活质量的改善和生活方式的变化，由此，财富增长速度加快，长期资本经过积累之后渐渐形成。金融业进入美国之后，主要产生的变化是国家债券更多成为公司债券，由于债券市场过度发展会给公司带来债务偿还压力，融资空间受到限制，于是股票发行和交易的比重开始上升。股票发行带来的资金大大缓解了股份公司的资本结构，公司大量推进并购重组，来扩大企业规模，资本家长期成为美国金融的主角，美国金融业以华尔街为代表，构造了与第一次全球化浪潮时期完全不一样的金融市场结构。这个金融市场结构主要由摩根、高盛、美林这样一些投资银行，参与铁路、钢铁、石油、化工、汽车、机械制造等企业和产业的投资、融资、上市、并购、重组，把资本的创新功能发挥得淋漓尽致，聚集了大量的长期资本，投资于第二次全球化浪潮期间那些高速发展的行业，形成了资本的高度集中和产业的垄断性经营。这些产业在资本的推动下，开始了全球化的征程，掀起了第二次全球化浪潮。

和第一次全球化浪潮比较，第二次全球化浪潮中金融业的规模和运行方式都发生了巨大变化。华尔街金融以资本形态为主取代了伦敦金融以货币形态为主；大英帝国时期的金本位制变成了以美元作为结算货币。美国可以充分利用美元的利率、汇率、结算、发行这样的货币金融手段，以及股票、公司债券、基金这样的资本金融手段，来主导全球金融市场。在第一次全球化浪潮时期，资本是稀缺资源，第二次全球化浪潮时期，资本成为产业垄断和获取全球利益、价值的工具。

第三次全球化浪潮中出现了一个新的现象，技术创新、技术应用、商业模式、市场资源、人才能力显得更有价值，知识产权价值化、资本化的时代出现了。资本金融的价值让位于 IP 金融的价值。京东、阿里巴巴、腾讯、美团这些公司最大的资产不是厂房，不是机器设备，而是人和知识系统，是 IP。阿里巴巴的马云自嘲不懂电脑、不懂互联网，但是他懂得设计商业模式，然后又用一个商业模式作为资本进行对价，自己虽然是小股东，但是可以通过同股不同权的设计，让出钱的人没有控制权，不出钱人的还拥有控制权，货币资本下降到这样的一个程度，在第二次全球化浪潮期间是不可出现的。包括华为，任正非虽然是最早的创业者，但是在公司经营过程中，他不断地把公司的人才资本化，通过人才资本化来吸引、留住大量的优秀人才，而不是通过投资银行引来巨大的市场资本，让市场资金"烧"出来一个华为。

随着第三次全球化浪潮的推进，一个新的金融技术上的变革出现了，一开始，大家称之为互联网金融，现在，称之为金融科技，就是利用最新的科技手段直接干预或者创新金融产品。比较早期的科技金融类似于互联网支付平台、互联网信用平台、互联网货币基金交易平台等。后来，产生了区块链。区块链就是利用互联网组成的加密信用平台，通过分布式记账的方式，形成不可更改的数据和交易系统，所有在这个链条上的交易可以直接用货物或者虚拟货币进行对价，金融成为一种虚拟的可靠的信用支付方式、结算方式。这样的金融生态一旦普及，第一次全球化浪潮和第二次全球化浪潮所创造的金融概念就会被彻底颠覆。

数字金融刚刚处在萌动阶段，这种分布式的去中心化、去监管的全球化金融体系一出现就是惊世骇俗的。我们很难想象，之后的数字化金融会给我们带来什么样的变化，解决可能面临的一系列挑战，既需要颠覆式的智慧，也需要防止谬误、控制风险、防范欺诈的智慧。

所以，Facebook 关于 Libra 的白皮书发布之后，这个世界从政府到民众都感到无比震惊。

全球化操作实体的变化：国家、公司、个人

三次全球化浪潮中，在经济全球化体系中的交易主体不一样。

第一次全球化浪潮的主要操作主体实际上是国家。直接带着强大的军事力量和经济力量对落后国家进行殖民统治的模式是第一次全球化浪潮的基本模式。所以，第一次全球化浪潮虽然是科技推动的，但是操作行为主要是国家行为，一个个通过资本主义、通过工业革命发展起来的国家直接进行全球化的占领和管理运营。主要发达国家直接与落后国家签署殖民条约，将殖民国家据为己有，表现为一个国家对另一个国家主权的占有。虽然，大英帝国创办东印度公司等企业来实施公司行为，但是，这些公司打着商业贸易的旗号，在强权之下进行不公平、不对等的交易。

只有大英帝国的公司可以去某殖民地进行贸易，而殖民地的公司是不可能主动去大英帝国进行贸易的。大英帝国旗下的一些公司拥有女皇的授权，拥有军队，拥有行政权，公司不过是一个商业外衣而已。

这样一个历史阶段充分反映了现代文明的发展进程，工业革命早期，资本主义还不发达，刚刚结束了封建社会时代，尤其是大英帝国，虽然通过光荣革命开始了资本主义的时代，但是，资本主义和封建时代的君王、贵族阶层是分不开的，世袭的贵族依然是主要的资产阶层，富有的贵族摇身一变也成了资产阶级，他们身上还难以洗掉封建社会的痕迹。在这样一个阶段，国家经济主要还是政府主导下的市场经济，政府在经济中占有主导地位。

到了第二次全球化浪潮时代，市场经济已经高度发达，以美国为首的国家构建了完全有别于第一次全球化浪潮时期的经济体系。资本、科技、产业水平迅速提高，国家在经济中的地位让位于私有资本控制下的跨国企业组织和金融组织，自由的、市场化的经营行为在市场资源配置中起到了决定性作用。这个时期，以美国为首的西方发达国家通过发达的资本市场，汇聚了更多的资本投资于产业领域，成熟、发达的资本市场规则吸引了全世界的资本进入美国。然后，这些资本注入优质的上市公司，这些上市公司通过投资、并购、重组、整合，在全球范围内配置产业和金融资源，再把分布于全球的利润通过证券化、红利分配、股票置换等资本市场渠道，回流到华尔街，进入产业资本、金融资本领域。

所以，第二次全球化浪潮主要通过资本控制下的公司，在全球范围内形成了庞大的产业链、价值链、供应链关系。在这些关系的背景下，发达国家为了提高全球化的产业和资本效率，不仅需要通过研究各种新的技术来不断提高效率、降低成本，还需要按照产业链、价值链、供应链的逻辑关系，建立和这些国家相关的产业政策、产业标准、产品标准、多边贸易和关税协定，促进产业的配置效率。哪个国家的全球化企业数量越多、企业资本市值越大、企业在全球产业分工中占有的市场份额越多，哪个国家的经济就越发达。当今世界著名的全球化企业，如汽车领域的丰田、奔驰、宝马、通用、福特；航空领域的波音、空客；医药行业的辉瑞、强生、诺华、葛兰素史克；零售行业的沃尔玛；制造行业的西门子、卡特彼勒、飞利浦等，几乎都是发达国家的。

这就构成了第二次全球化浪潮的经济体系，在这个体系里面，市场决定一切，而市场的主体就是企业，尤其是全球化的企业。这些全球化的企业在资本、技术、管理、人才、品牌等方面都优于发展中国家以及不发达国家的企业，它们拥有全球化的能力，拥有全球化的战略，拥有全球化的人才，熟悉全球化的规则，也成为全球化企业的领导者。全球化的贸易行为大多数都是发达国家企业和不发达国家企业在价值极其不平等的环境下进行的。在全球化产业链、价值链、供应链布局中，发达国家的企业总是处在产业链和价值链的最高端，发展中国家的都处在产业链、价值链的中低端。全球化程度越高，全球化范围越大，全球化产品越丰富，发达国家获得的利益也就越大。大者恒大，强者恒强。

由于制定了关于全球化的产业、金融的一系列规则，并且形成了"二战"以来最丰富的全球化市场经济秩序，发达国家通过企业、产业、金融、资本的全球化，不需要战争和落后的殖民模式，一样可以达到目的。国家与国家之间只需要在保障主权的前提下，通过政治和外交秩序的建立，来保证经济利益。当然，光靠这个还是不行的，美国还拥有史无前例的强大军事力量，虽然没有在全球发展殖民地，但是在全球建立了100多个军事基地。虽然苏联崩溃之后，美国的冷战竞争对手没有了，但是，由于美国在全球树敌太多，恐怖分子劫机撞击曼哈顿的世界贸易中心大厦事件、美国入侵伊拉克颠覆萨达姆政权等地区性战争也时有发生，这些都构成了美国领导的第二次全球化浪潮的重要内容。也就是说，美式的全球化模式背后还有强大的军事力量和巨大的军事成本。

虽然，同样有代表第三次全球化浪潮的推动企业，包括微软、苹果、亚马逊、阿里巴巴、百度、腾讯、软银、特斯拉，但是，这些企业和第二次全球化浪潮时期的企业、产业的特征已经大不一样了。

第一，科技在企业中的比重远远超过第二次全球化浪潮时代；第二，轻资产结构的企业成为主流；第三，一个人或者社群化的组织成为群体性商业载体。以阿里巴巴为例，阿里巴巴虽然同样通过投资融资创建了互联网商业平台，但是在这个平台上形成了全球化的生产加工和贸易结算生态，个人、小群体几乎不用有限公司模式，就能成为多过蚂蚁般的交易群体，大有把第二次全球化浪潮时期形成的B2B、B2C这样的交易结构变成C2C结构的趋势。随着5G时代的到来，万物互联将会给个人创业者、个人经营者带来更多的商业机会。尤其是区块链的发展和应用，分布式的各种链接，在无数个跨越国家、跨越种族、跨越宗教的个体之间通过不可修改的账簿建立起频繁的交往、交易行为的时候，虚拟世界无数个体的叠加将会成为第三次全球化浪潮最重要的经济生态。

三次全球化浪潮有可能会是这样的经济运行生态吗——第一次全球化浪潮中，是国家与国家的交易；第二次全球化浪潮中，是公司和公司的交易；第三次全球化浪潮中，是个人和个人的交易。

如果个人和个人的交易成为现实，第三次全球化浪潮是不是回到农耕文明时代了呢？以物易物、以币易币、以币易物？

对于刚刚开始的第三次全球化浪潮来说，只能够看到眼前的和即将发生的变化——我们知道人工智能将要给我们带来的变化已经充满了幻想和不确定，我们知道第二次全球化浪潮形成的产业生态会被人工智能颠覆得体无完肤。20 世纪 80 年代初，我的一位从事政治理论哲学研究的老师，曾经给我讲过一种可能，当时让我觉得目瞪口呆，他说："未来地球上生活着三种人，一种是我们生物人，一种是机器人，还有一种是外星人。"

总之，不管是成为颠覆者还是被颠覆者，我们都应该认同任正非说过的——拥抱颠覆。

三次全球化浪潮的时空关系

纵观三次全球化浪潮，其时空关系非常有意思。

从时间上来看，掀起第一次全球化浪潮的科技发明，虽然是以 1776 年蒸汽机的成熟应用作为标志，但是，蒸汽机的雏形，其实是公元 1 世纪的古希腊数学家希罗发明的汽转球；1698 年托马斯·塞维利和 1712 年托马斯·纽科门制造了早期的工业蒸汽机；1807 年罗伯特·富尔顿第一个用蒸汽机来驱动轮船。正是有了欧洲在第一次工业革命期间上千年的探索，才有了第一次全球化浪潮在欧洲的兴起。从空间关系来说，合乎情理。但是，当第一次全球化浪潮展开的时候，东西方的主要交通工具是轮船，即使到了第一次全球化浪潮的鼎盛时期，东西方的交通也是依靠轮船，从欧洲到东方需要几个月时间。那个时候的飞机虽然诞生了，但是还飞不到这么远。时空关系约束了全球化的发展，导致技术信息、社会信息、语言信息不能像今天一样透明和对称。所需时间的漫长、地理距离的遥远，严重影响到了产品、产业全球化的推进。

　　和第一次全球化浪潮相比，第二次全球化浪潮在时空关系上有了巨大的变化。从 1945 年开始至今，仅仅 70 多年时间，人类文明在第二次全球化浪潮推进之下，发展到如此的高度，时空关系起了非常重要的作用。世界上再遥远的地方，坐飞机和轮船都能较快地到达。在一定条件下，任意两个地点，利用现代通信信息技术，可以同步交流。科技和经济的发达，使得全球范围内产品贸易、服务贸易、交通运输、商品物流的关系发生了巨大的变化。在同等的时间里，全球的交易量、商品的交易品种在两次全球化浪潮期间是完全不一样的。通信、物流运输的速度决定了全球供应链的成本、效率、价值，对于全球化的程度影响巨大。

　　比如，茶马古道时期，中国云南的普洱茶从树上摘下来的时候，是生茶，一路经过风吹雨淋，马帮叮叮当当行走几个月，经过戈壁沙漠的干旱高热到达西域，生茶就已经变成陈茶了。大量的食品、生鲜产品、药物在第一次全球化浪潮期间就不可能开展全球贸易。

第二次全球化浪潮不仅在时间上加快了速度，也在空间上拓展了宽度。虽然发达国家掌控着第二次全球化的主动权，但是全球化浪潮根据产业的不同和产业链、价值链的关系分布到了全球更加广阔的市场。高端产业链主要集中在英国、法国、德国、意大利、美国等国，中高端产业集中在中国、印度、马来西亚、俄罗斯、巴西、阿根廷、南非这些国家，而相对低端的加工业则到了越南、缅甸、印尼、非洲等国家和地区。以中国这个巨大的市场来说，由于全球化浪潮的影响，在中国几乎可以买到世界任何一个国家的产品，中国生产制造的产品也几乎卖到了世界上任意一个国家。

第三次全球化浪潮虽然才刚刚开始，但是我们可以清晰地预见到，第三次全球化浪潮在时空关系上相比第二次全球化浪潮，有突飞猛进的发展和变化。在移动通信领域，5G技术可能就是一个新的起点。

如果第一次全球化浪潮时期，从东方去西方需要几个月的时间，第二次全球化浪潮时期，这个时间缩短到十几个小时，那么第三次全球化浪潮，这个时间将缩短为几个小时，甚至零。

我们暂且不去管马斯特在研发的"超级管道"高速铁路，或者中国已经开始测试的时速600公里的磁悬浮列车，因为，第三次全球化浪潮的概念主要不是现实物理的时空关系，而是指虚拟空间的时间关系。5G时代信息传输速度和大容量、高密度、低延时概念，和第二次全球化浪潮时期的电报、电话的概念是完全不同的。电报、电话虽然也能够在最短的时间里建立近距离的时空关系，但是，只能是点对点的信息交互，也是小容量的信息交互，而 5G 带来的完全是一个全球无障碍的数字虚拟即时空间，在这个空间里，人与人、物与物、人与物的万物互联将给我们的生活和工作带来零距离的可能。这是电报、电话时代完全不可能发生的事情。

比如，我要送我的在纽约的情人一束玫瑰，如果是第一次全球化浪潮时期，需要几个月才能送到，玫瑰已经凋零；在第二次全球化浪潮时期，可以 10 多个小时送到，也可以采用保鲜物流手段通过民航飞机快递；但是，到 5G 时代，就可以直接通过互联网的方式，通过 VR 在北京挑选纽约的鲜花店里的玫瑰，在北京支付，让纽约的玫瑰直送到情人手上。

除了交往、贸易，人工智能的远程化也会把今天全球供应链的关系彻底颠覆。教育、娱乐、医疗等领域也会在低延时这个特点上获得巨大的市场空间，频繁的远程医疗、远程的智慧手术也是第二次全球化期间不可能出现的场景。

VR 和 AR 是增强现实和虚拟现实，这两项技术的逐渐成熟会在很大程度上改变时空关系。通过虚拟现实，未来我们可以把分布在世界各地的人，在同一个时间内，集中在一个虚拟现实的场景里，让每个与会者沉浸在现实场景中一同进行活动。

从几个月到十几小时再到低延时，让全球任意两点或多点同时在线，三次全球化浪潮带来的时空关系竟然有如此的差别。第三次全球化浪潮才刚刚开始，在零延时状态下的万物互联，将会给世界经济、文化、社会带来什么样的变化，大可以自由想象。

第七章

三次全球化浪潮影响下的世界

虽然我们讨论的都是经济全球化，但是，每一次经济全球化浪潮的前后，都有影响经济全球化的其他推动因素，或者经济全球化浪潮带来的对其他因素的深度影响，包括政治、宗教、文化、语言、人口、文明、自然环境、经济地理等，每一次全球化浪潮之后，都是一次世界经济政治和文明秩序的大重构。

　　这个世界的经济、政治、文化、社会从来都是相互作用、紧密联系的。经济作为推动人类文明的重要力量，是人类文明联系所有文明成果最重要的节点。没有经济的发展和繁荣，人类文明不可能进化到今天的阶段。

　　已经发生的三次全球化浪潮背后都有不同的推动力量，带来了三次经济全球化浪潮的滚滚洪流，同样，三次全球化浪潮也推动全球经济、政治、文化、社会、生活方式的变革。而每一次全球化浪潮对世界经济、社会、文明的推动，又有巨大的区别。

第一次全球化浪潮中诞生了第一批发达国家

第一次全球化浪潮给世界带来了什么样的影响呢？

前文介绍过，影响第一次全球化浪潮的是中世纪结束之后出现的文艺复兴运动、人文主义思想和西方民主思潮，个性的解放迸发出思想的火花与创造的激情。文化的发达、艺术的繁荣、科学研究的活跃、商业的兴旺酝酿出越来越多以人为本、崇尚自由的社会氛围以及资产阶级群体。资产阶级专政下的社会进步给发明创造、工业革命的爆发创造了条件。英国率先进行了资产阶级革命，创建了资产阶级政权。在资产阶级政权领导下，英国爆发出惊人的创造力，充分利用工业革命，促进了社会生产力的发展、市场的繁荣、交通的便利。通行速度加快，载重能力增强使得农耕文明时代的地理关系、时空关系发生第一次变化。工业化带来地域的扩张需求、原材料的占有和控制的需求，产品丰富之后带来的市场扩大的需求，使得工业革命经由英国传到不同的国家，工业化带来的工业文明传播到整个欧洲和美洲大陆。日本也在遭到第一次全球化浪潮的冲击之后，意识到了第一次全球化浪潮可能会给世界带来的变化，也终于意识到，邻国中国在发达的西方国家面前已经落伍了，他们要吸取教训，向西方学习。

工业化导致了全球化的出现。那么，第一次全球化浪潮给世界带来了什么呢？

第一，第一次全球化浪潮推动了人类文明的进程，具有划时代的意义。

工业革命所形成的生产方式、经营方式在欧洲大面积推广和发展，然后走向全球，成为推动全球经济发展的强大动力，整个全球化的生产方式的改变创造了巨大的财富，加强了世界各国人与人的交往和文化的沟通交流，同时，因为经济的发展带来整个人类社会思想、政治、文化、科技的发展和繁荣，使得第一次全球化浪潮在人类文明发展进程上，具有史诗般的意义。

第二，改变了人类社会的生产方式，提高了社会生产力和生产效率。

第一次全球化浪潮把工业革命从一个国家、几个国家带到全世界，把全球从农耕文明时代的生产方式中解放出来，大面积地提高了生产力，开创了社会化的生产方式，创建了社会化生产组织，建立了社会化生产关系。使人类社会从几千年的蛮荒时代、狩猎时代、农耕时代进入工业化、城市化时代，促进了全球性第一次社会大分工。

第三，所有跟随参与了第一次、第二次工业革命，成为第一次全球化浪潮的领导者之一的国家，都成为了发达国家。

因为第一次、第二次工业革命是人类文明从农耕时代进入到工业文明时代最重要的转折点和起点，参与这两次工业革命的国家，都具备了成为发达国家的基础，而错过这两次工业革命的国家，要跟上发达国家的步伐非常艰难。所以，第一次全球化浪潮奠定了强弱分明的世界经济秩序。

从第一次全球化浪潮到今天已经 200 多年了，当年的发达国家今天还是发达国家，虽然世界经济的领导地位发生了很大变化，各个国家在世界经济地位中的排名也有了很大的变化，但是没有一个当年的发达国家沦落为贫穷国家。当年的大英帝国虽然早已没有日不落帝国的辉煌，从世界第一的位置上跌落，但是，今天的英国，还是世界经济强国。最典型的是日本和德国，日本经历第二次世界大战，人员伤亡 185 万人以上，重要城市也基本被夷为平地，但是战后日本很快发展起来，一度成为世界经济第二。德国更是第一次世界大战和第二次世界大战的主要发动者，也是战败国，第二次世界大战德国死亡约 800 万人，但也在战后快速崛起，成为欧洲第一经济强国。这两个国家的崛起绝不仅仅是因为战后美国的扶持、人民的奋发图强，主要还是因为二者都是第一次、第二次工业革命和第一次全球化浪潮的先锋，存在工业化的基础以及在这个基础之上的一系列体制机制。我们一定要承认资本主义市场经济与工业革命相结合的制度优势。

第四，关于殖民地的争议与后殖民地模式。

第二次世界大战结束，也宣告了第一次全球化浪潮的结束，第一次全球化浪潮建立的经济政治秩序迅速解体。如果没有第一次全球化浪潮奠定的产业基础、技术基础，也不可能有发达资本主义市场经济在战后的迅速发展，美国也不可能凭空而起，成为世界头号经济大国。所以，在经济上，第二次全球化浪潮在经济上实际是在第一次全球化浪潮基础上的转型和升级，递延和传承。真正变化的是政治秩序。

大英帝国的衰落，导致了殖民地模式的快速解体，第一次全球化浪潮时期的殖民地国家纷纷要求民族独立，重建国家主权。同时，由于苏联的成功以及在第二次世界大战中的卓越表现，全球范围内掀起了一股共产主义运动高潮，很多殖民地国家在摆脱殖民地模式之后，纷纷加入了社会主义阵营，从封建社会到殖民地再到社会主义国家，这些国家都没有很好地经历资本主义社会这个历史阶段。

即使这些国家后来都改弦易辙，但基本上都没有成为发达国家。

第一次全球化浪潮构筑的殖民地模式崩溃之后，比较普遍的观点是，英国等发达资本主义国家通过对殖民地的控制，逼迫殖民地国家接受与宗主国在贸易上的不平等关系，制造了宗主国对殖民地国家的剥削关系，掠夺了殖民地国家的资源和劳动力，尤其是廉价劳动力。还有一种观点认为，大英帝国在殖民统治期间，也向所有殖民地国家投入了大量的资金，促进了殖民地的经济发展，为殖民地带来了文明，对于整个世界文明进程，还是起到了积极作用。

第五，比较农耕文明时代和工业化时期，全球的经济总量出现了爆发式增长，促进了人类社会的发展、人民生活水平的提高。

农耕文明时代，中国的经济总量能占到全球的 60%，但是工业革命之后，中国经济总量所占比重逐年下降，到 1913 年降到了 8.9%，而经过工业革命近 100 年之后，1860 年，英国的工业总产值已经占到了世界的 34%。

当然，经济发展变化的同时，全球的经济力量也发生了巨大变化。欧洲的主要国家英国、法国、意大利、荷兰、德国、葡萄牙、比利时、西班牙等，在早期获得迅速发展，后来形成欧洲经济整体上的优势。美国、加拿大、澳大利亚这些在农耕文明时代还是蛮荒的土地，都在工业革命之后成为了发达国家，改变了世界经济的版图。

第六，地缘经济的变化改变了地缘政治的均势。

在第一次全球化浪潮产生之前，欧洲就是一个长期由农耕文明时期的封建帝国主导的农业社会，在宗教统治下经历了漫长的中世纪。第一次全球化浪潮之后，欧洲整体崛起，世界经济政治的中心发生巨大的变化。

英国从一个封建君主专制的国家成为曾经的世界第一大经济和军事强国，在政治上也成为拥有最多殖民地的国家，大英帝国的艺术、宗教、体育、语言等，都随着国家的强大而影响了世界各国。直到今天，全世界的很多体育项目都是由英国传到世界各地的，英语依然是世界上使用范围最广的语言。

不仅是英国，包括意大利、法国、德国、荷兰、瑞士、西班牙、瑞典等欧洲国家，都成为了发达的资本主义国家。

东方的日本，国土面积狭小，土地资源贫乏，同样是由若干岛屿组成，从一个长期学习中国、依附中国的封建国家，通过经济政治改革，跟上了工业革命的步伐，走上了发达国家的道路，成为亚洲地区第一个现代化国家，至今还是世界经济强国。

第二次全球化浪潮带来世界范围内的秩序重构

第一次全球化浪潮持续了 100 多年，但是对世界经济、政治、文化的影响远远不及第二次全球化浪潮。虽然第二次全球化浪潮是在第一次全球化浪潮的基础上的进一步发展和升级，是第一次全球化浪潮的延续，但是，第二次全球化浪潮对世界的影响和改变是惊人的。

第二次全球化浪潮几十年来对世界经济、政治、文化、社会、科学、环境等方面产生了深刻的影响，带来了巨大的改变——不管是宏观上还是微观上。

第一，全球化的模式完全不一样，带来世界政治秩序的重构。

第二次全球化浪潮和第一次全球化浪潮的运行模式发生的根本变化对全世界形成的影响完全不一样。第一次全球化浪潮的殖民地以及早期资本主义模式对世界最大的影响，是国家对国家的控制，发达国家通过殖民控制开展不平等的商业贸易和劳动力交易，包括奴隶贩卖。第二次全球化浪潮开始之后，全球化是在尊重和保障各国家主权，以及商业平等和自由的市场化交易原则下展开的。第二次全球化浪潮开始之后，第一次全球化浪潮运行模式解体，世界掀起了一场国家独立、民族解放运动的高潮，若干个殖民地国家纷纷宣布独立，亚洲、非洲、拉丁美洲的几十个曾经的殖民地国家纷纷从英国、法国、葡萄牙、德国独立出来。中国也是在此期间，通过世界反法西斯战争，结束了日本对中国部分地区的占领，收回了若干欧洲国家在中国上海、天津、青岛等地设立的租界。国与国之间的主权关系重构，实现国家无论大小一律平等，使全球政治秩序重构，是这个世界一个非常了不起的进步。

由于意识形态以及战后国际力量与经济、军事力量的秩序重建，战后分裂出两大意识形态和不同价值观组成的国家联合体，一个是美国主导的资本主义国家体系，主要宗教是基督教，实行私有制，政治制度实行资产阶级领导的多党制民主制度，经济上实行市场配置资源的市场经济制度，弱化政府对于经济的干预。另一个是以苏联为首的社会主义国家建立的国际共产主义联盟，包括中国、南斯拉夫、罗马尼亚、波兰、民主德国（东德）、保加利亚、阿尔巴尼亚、蒙古、朝鲜、古巴等。信仰共产主义，实行公有制，实行计划经济，政府是配置资源的唯一手段。后来，中国与苏联产生分歧，1978 年开始，中国实施经济体制改革，逐渐建立起中国特色社会主义市场经济，由市场和政府共同配置社会资源。两大政治力量的对峙到 1991 年结束，世界由美苏两个超级大国主导变为美国拥有绝对和霸主地位。

第二，全球化的经济制度变革使全球化的经济质量和效率大大提高。

第一次全球化浪潮时期，资本主义制度还和殖民主义高度融合，掠夺、剥削、不公平造成严重的两极分化，还包括资源的浪费与环境的破坏污染。

第二次全球化浪潮掀起之后，资本主义市场经济更加发达、成熟，产品的丰富、产业门类的丰富聚集了更多的资本，创造了更多的财富，资本市场也更加成熟，以美国为首的发达国家建立起来的一系列全球化的经济、政治、金融系统推动产业向全球的纵深发展，产业链、价值链、供应链在全球范围的分布越来越广，市场越来越大，加大了全球化的广度和深度。

当一个产品、一个企业以及背后的资本从一个相对较小的地域范围扩大到全球的时候，先进的、发达的、成熟的产品、企业、资本就会获得更大的市场空间，产生更加强大的竞争能力，也会有更多资本参与技术研发，然后从一个企业到企业的上下游关系，形成产业链的布局，再打造产业供应链，按照价值链的配置规律形成价值链的不断再造，由此加深全球化的产业程度。

第三，真正创建了全球化的经济秩序。

第一次全球化浪潮创建的经济秩序还主要是以殖民主义为核心的经济秩序，并没有形成全面的全球化经济规则。第二次全球化浪潮在冷战期间逐渐建立了以产品、企业、行业、产业、制造、服务、贸易、关税、金融等为要素和体系的全球化系统，这个系统真正构建了全球化的产业链、价值链、供应链关系，这些关系的确立，帮助全球化主导国家在全球范围内完成了经济分工和经济层次的建立，虽然这些秩序的建立同样存在着产业、技术、资本的不公平交易，但是这些制度创造的全球经济财富的总量已经达到了史无前例的水平。1960 年，全球 GDP 仅为 1.37 万亿美元，而到 2018 年，全球 GDP 已经达到 80 万亿美元，58 年间增长了近 60 倍。

第二次全球化浪潮创建的经济秩序可以理解为真正意义上的经济全球化，对产业链、价值链、供应链在全球的分布和演进了解得越是清楚，往往越难把它们说清楚，因为太复杂、太庞大、也太精妙。20 世纪苏联解体，西方暂时失去了对抗力量，中国又向发达国家敞开大门，特别是在 2001 年加入 WTO，那时，人类开创了一个新的无比美妙的全球化时代，这个世界上的主要大国全部打破藩篱，加入到全球化大家庭里来，构建了人类文明最伟大的全球化时代。

全球范围内的发达国家、发展中国家、不发达国家横向与纵向之间，按照资源的分布，按照产业链的布局规律，按照价值链的财务和数学模型，按照供应链的节点和路径以及物流工具，按照全球货币的结算兑付规则，按照国与国之间的关税政策，按照合同约定的贸易规则，按照资本市场的市值变化趋势和价值投资逻辑，按照欧盟的规定，按照WTO的政策，按照东盟的约定，按照数不清的产业政策、技术壁垒、服务合同、支付条款、反垄断调查、各种产品进出口标准等，每时每刻都在全球范围内运转着。这个全球化运转的机器竟然在拥有70多亿人口的这个世界上，和每个人都发生着关系，每个人既是全球化运行的参与者，也是全球化的受益者。就是这个体系，曾一年产生了80多万亿美元的GDP。

第五，第二次全球化浪潮在价值观上对全球的影响。

我肯定不是一个殖民主义的拥护者，但是，我赞同在殖民模式下，同样存在殖民地对世界文明进步所做的贡献。以美国为例，如果没有移民，没有殖民地，没有宗主国带去的移民人口、先进技术、资本主义生产方式，没有为了美国梦去新大陆闯荡的资产阶级和科学精英，也不会有后来的美国。美国本身就是殖民模式的产物。

第二次全球化浪潮展开以来，由于有序的经济体系的建立，现代市场经济体系日趋成熟，人们渐渐认识到世界可持续发展的必要。资源的枯竭、环境的破坏、贫富不均的出现、恐怖主义和战争的威胁，使得工业革命以来产生的经济成果在繁荣了世界经济和改善了我们的生活的同时，让世界付出了巨大的代价，这种代价给经济社会综合协调发展制造了新的损失，人们开始忧虑社会财富无节制的增长让世界的发展变得越来越不可持续。于是，人们开始研究环境，从土壤到空气，从河流到大气层，全球变暖让我们面临未来的生存和发展危机。

于是，所有发达国家开始联合起来，制定了很多保护环境的规则和法律，形成了全球巨大的环境保护机制和产业技术。经过几十年的治理，早期被第一次、第二次工业革命破坏的环境得到改善，当然，发达国家由于提高环境保护标准，空气质量和排放标准，那些不利于环境保护的产业在全球化过程中转移到了发展中国家，也同样形成了全球环境保护产业的市场化分布关系。经过治理，发达国家的环境得到很好的改善。

价值观的改善还体现在资本主义生产和社会管理方式上，第一次全球化浪潮到第二次全球化浪潮期间，早期产业与资本的融合方式导致了资本高度集中于少数人手上，随着科学技术的进步以及国家法制在财政、税收、社会福利、社会保障等方面的调节和改善，发达国家早期的贫富两极分化现象和剥削现象大大减少，资本的社会化也能够让知识阶层和白领阶层都有机会拥有资本性投入和资本性收益。社会阶层的对立减少，民主价值观的确立也使资本主义生产方式和资本主义自由民主价值观影响了世界很多国家。

当然，这不包括所有国家，尤其是第二次全球化浪潮的领导大国美国。毫无疑问，美国是一个非常强大也非常伟大的国家，在第二次世界大战结束之后的几十年里，其科学技术、经济发展都取得了非常伟大的成就，担当了一个大国在世界范围内的许多责任，美国的核心价值观"自由、民主、平等"也成为几十年来世界的发展主题，其现代市场经济与科学技术以及教育文化，让世界很多国家学习、模仿。但是，美国在纯粹的市场经济手段之下，市场化过度，制造了与世界上很多地区与民族的矛盾，以及自身的内部矛盾，市场化的无节制和利益追逐的无节制，导致美国的产业结构和经济结构出现不平衡，这种不平衡导致的矛盾很容易让美国将国内问题转嫁到国际市场解决，并且不惜代价地破坏全球平衡，成为世界上最大的霸权国家，世界上几乎所有的民族问题、领土问题、宗教问题、地区冲突、资源问题、贸易冲突、安全问题，都有美国的身影。

第六，第二次全球化浪潮在科学技术领域对全球的影响。

第二次全球化浪潮期间，早期的冷战对垒，两大阵营大搞军备竞赛，在很多技术上都有突破，包括新材料、半导体、现代通信、互联网、核能科技、航天科技、生物技术等，冷战结束之后，这些技术被大量运用到民用领域，包括互联网，一开始都是军方的。

从1945年第二次世界大战结束至今，虽然在冷战期间也发生过朝鲜战争、越南战争，冷战结束后，美国还经历了各种大大小小的局部战争，但是，总的来说，这个世界上维持了有史以来难得的和平。旷日持久的和平和繁荣，使人们有更多财富和时间投身于科学技术的研究和应用，尤其是发达国家之间展开的在全球化的产业和金融、资源、市场的竞争，使得和平时代将科学技术的开发和应用作为竞争手段成为每一个发达国家的竞争战略。

冷战结束之后，第二次全球化浪潮席卷进入东欧，同时也大举进入改革开放之后的中国，全球化浪潮到达的地方越多，范围越广，影响和覆盖的人越多，全球化的市场也就越大。尤其是新增加的这些市场，从产业、技术、管理等很多方面来说，和发达国家的差距都很大，形成了巨大的产业落差，形成发达国家企业既相互竞争，又共同分享的发展态势，使得发达国家在全球产业链、价值链、供应链关系的重构过程中，分享了几十年的丰盛大餐。

于是，全球范围内的电子、半导体、新材料、新能源、生物技术和生命科学、航空航天等领域都取得了巨大的成就，对于推动人类社会进步和经济繁荣，起到了巨大的作用。

当然，第二次全球化浪潮给世界带来的影响用这么简短的篇幅是非常难以阐述完整的，除了以上这些影响之外，第二次全球化浪潮还酝酿了第三次全球化浪潮的技术基础。第三次全球化浪潮的技术基础主要是"工业革命3.0"和"工业革命4.0"，电子技术的发展，计算机的小型化、家庭化，半导体技术和硅基基础的进步，给这个世界带来了一个从实体到虚拟的空间。虚拟空间的广泛应用给世界增加了一个生存维度，这个生存维度的生产方式、交流方式、交易方式、价值创造和实现方式和第二次全球化浪潮时期的完全不一样了。不仅不一样，而且会从虚到实，使第二次全球化浪潮期间形成的现实世界的所有存量产业生态，包括覆盖全球的产业链、价值链、供应链产生难以预计的改变。

这个改变，刚刚开始。

两次浪潮交织中的多重可能

从工业革命至今200多年的历史中，存在非常清晰而系统的全球化浪潮，每一次浪潮都有其运作规律和特征，都有不同的内涵、表现形式、运行周期。更有意思的是，今天正处于第二次全球化浪潮和第三次全球化浪潮的交替阶段，这个交替或曰交织，和100年前的一幕极为相似。

2019年5月，中美之间的经贸冲突来了一个大转弯，美国冲动地挥舞世界最强国家的大棒，不惜动用国家之力，来对付一个中国的民营企业——华为。

从这一刻起，第二次全球化浪潮和第三次全球化浪潮交织阶段的深层次冲突已经到来，给世界带来疑问和焦虑。

中美之间自 1979 年建立外交关系以来的既竞争又合作，但主要是合作为主的美好时光暂时结束了。

2018 年和 2019 注定成为未来历史学家们书写的重要年份。

如此重要的历史转折点，必然对未来产生巨大的影响，这些影响在世界范围内，从 1945 年至今，只有 1989 年到 1991 年的东欧剧变、冷战结束可以与之相比。此期间最大的特点是第二次全球化浪潮虽然还没有结束，但是因为中国在这个阶段的作用、地位，开始对第二次全球化浪潮后期的美国的领导地位构成威胁。第二次全球化浪潮时期形成的产业链、价值链、供应链关系渐渐以中国为中心，发生秩序的重构，原有的世界地缘经济和地缘政治关系也开始变化，同时，中国作为第三次全球化浪潮产业和生产关系的主导者之一，给全球化带来新的信号，使得这个世界更加复杂。

第一，是中国的角色对世界的影响。

虽然中国经济增长速度开始放慢，但由于经济总量、经济基数太大，即使 6% ～ 6.5% 的增速，中国仍然是世界上经济增长速度最快的国家之一。中国经济的持续增长必然对第二次全球化浪潮构成的内在经济结构产生巨大的冲击，这个冲击最直接的影响者就是美国，原有的由美国主导的世界经济格局就会发生变化。以以色列为例，以色列是中东地区唯一的发达国家，而以色列在全球产业链、价值链、供应链的角色主要是通过技术创新给第二次全球化浪潮提供产业链的最高端技术，然后再进行全球转化、应用。几十年来，以色列形成了一个特殊的密码，这个密码的核心是美国，由于世界上所有犹太人中大约有 30% 居住在美国，而且他们中的一些人在美国拥有一定的地位，多年来，美以之间的科研人员、科研机构、科研资金、应用开发、投资融资的关系都十分密切。而最近几年，以色列的举动在发生深刻变化，越来越多的以色列技术成果进入中国，正在成为中国高端产业链对接的技术创新资源，来往于中以之间的科研人员、金融和产业资本、科研合作越来越密集和频繁，一旦持续下去，很有可能中国就会成为以色列最大的技术转化市场，改变第二次全球化浪潮高端技术创新走向。这样一些微妙的变化使得全球的地缘经济以及牵引的各种关系都在发生改变。再加上美国在应对此时的中美冲突时，采取了一系列激烈的保护主义对抗政策，一再单边增加美国对中国的出口关税，撕裂着全球的供应链关系，给现有全球产业链关系制造了浓厚的紧张气氛，尤其是对中国华为的单边制裁，使得华为这个全球化企业在全球的产业链、供应链方面出现巨大的不确定性。2019 年 8 月，在大阪召开的 G20 峰会落下帷幕 2 个月后，日本就对韩国挥舞大棒，决定限制部分半导体材料对韩出口，掀起日韩贸易争端，即使同时是两国贸易伙伴的美国的调停也没有起作用，争端继续升级。不管是为了什么目的，我相信这都和中美贸易冲突的深层次原因有着密切联系。

第二，是中美贸易冲突对世界的影响。

中美贸易冲突是第二次全球化浪潮与第三次全球化浪潮交织带来的，涉及的最根本的两个国家就是中国和美国。而中美也不是两个孤立的国家，中美的贸易、产业、经济构成的产业链、价值链、供应链关系是全球最重要的关系之一，牵一发而动全身，中美的贸易冲突必然引发全球贸易关系重构，这个重构生态的裂变走向带给世界极大的不确定性，而这些影响也必将从经济贸易走向外交、文化和政治。世界上很多国家，尤其是与中美经济政治关系非常紧密的国家和地区，都有可能发生各种不可预知的事件。很多人都在预测中美贸易冲突的走向对全球化的影响，其中不外乎这么几个可能性：1. 中美之间关系的性质已经变了，中国过去给两个国家的既得利益者筑造的利益关系也变化了，原有的中美红利渐渐消失；2. 中美之间不管是什么关系，发展是两个国家的共同主题，由于两国的规模以及国家利益的驱使，中美之间还是有非常多的合作空间，美国还有很多值得中国学习的地方，尤其是生活、消费、健康、医疗等很多不涉及国家机密的领域，两国都是可以合作的；3. 美国不管怎么增加关税，依然是中国产品的巨大市场；4. 中美在竞争中会重新建立起符合自己发展要求的产业全球化模式，但是由于中国产业结构的复杂性，其产业层次比美国丰富，再加上第三次全球化浪潮特有的产业链、价值链、供应链、数字链、信息链的产业生态特征，中国会在第三次全球化浪潮中，比美国更有优势。

第三，中国在第二次全球化浪潮中还需要不断进行自我研发，通过与发达国家的投资、合资合作，继续强化中国在第二次全球化浪潮产业生态中的角色，提高自己在第二次全球化浪潮产业体系中的地位，走完在这个时期的道路。

这个方面对全球的影响主要体现为中国市场能力的增强。中国通过举办国际进口博览会释放自己的全球采购能力，产生对世界贸易的影响，间接提高中国在第二次全球化浪潮产业生态中的地位和能力，让全球优势企业来中国市场获得发展机会。以日本为例，日本首相安倍晋三清晰地看到了这个局势，于是积极主动地修复了中日之间中断 8 年的首脑交往，同时，中国也不断调整"一带一路"倡议的运作方式，邀请日本与中国合作，共同开发第三方市场。这都是在这样一个特殊阶段出现的世界经济政治变局。

第四，中国在第三次全球化浪潮中的能力已经在全球范围内表现出巨大优势，开始产生对世界的影响。

这方面最大的影响是由华为带来的，其实，在华为背后，成千上万的中国企业已经把第三次全球化浪潮的产业形态带到世界各地，因为第三次全球化浪潮和前两次全球化浪潮最大的不同在于个人行为。在过去的 20 多年里，中国在互联网领域已经实现了从模仿到原创的改变，中国在移动互联网领域的原创已经走向世界，尤其在移动互联网应用开发方面，三五个人随便找一个地下室就可以创业。于是，大量在海外工作学习的"80 后""90 后"迅速把中国原创的各种 APP 带向世界，中国生产出来什么原创产品，很快就能在美国或者印度出现。更大面积的影响和冲击将来自 5G 技术，我们拭目以待。

第一次全球化浪潮和第二次全球化浪潮之交，大英帝国衰退了，美国借势取得了全球霸主地位，那么第二次全球化浪潮和第三次全球化大潮之交会是怎样呢？中国经济超越美国是不可逆转的历史潮流，但是，中国就一定要像美国一样去领导全球、称霸全球吗？

不得不说，特朗普是非常适合美国的"CEO"，他的当选是美国这个历史阶段最恰当的选择，不是选民选举了他，而是历史选择了他。看似是历史的偶然，往往就是历史的必然。

　　从美国福克斯商业频道主持人翠西和中国国际电视台主持人刘欣的电视对话来看，你会发现，其实美国人没有真正读懂中国。美国这个国家，阶层分化极其严重，像是一个"资本集权主义社会"，资本的利益在哪个阶段需要表达什么样的意志，就会有代表这个意志的总统获得大选。也就是说，当美国人理解中共十九大作出的一系列战略决策之后，代表着美国国家意志的政治经济力量就自然生成了与中国对抗的机制，这和美国几亿人民没有半点儿关系。当然，特朗普要制造把所有责任都推给中国的谎言，这才会让翠西这样的人跟着瞎起哄。特朗普不过就是"资本集权主义社会"那个"集权股东"和"集权董事会"的 CEO 而已。所以，不要再对美国有任何幻想。

　　问题在于，很多事情一旦被误判，就会产生难以想象的结局。美国有非常成型、非常成熟的国家机器，运行了 200 多年了。中国所走的道路是美国从来没有走过的道路，中国不可能成为美国第二，美国也不可能让中国发展成为"中美国"或者"美中国"。毛泽东时代必须通过无产阶级武装革命才有可能夺取中国的政权，必须改变儒家文化的传统文化思维才能够让中国民众觉醒。中国经济在奋力追赶的过程中才刚刚吃饱了饭，以后一定会需要包括儒家治国思想在内的传统文化，这是一个相当漫长的过程，这个过程是今天美国这样文化积累不深的国家难以理解的。为什么欧洲对于中国的崛起没有那么反感，因为欧洲人尊重中国的历史和文化。我在和很多欧洲企业家打交道的过程中，感受得到他们对于历史和人文的尊重，对于传统的尊重。中国在20 世纪七八十年代，刚刚改革开放的时候，非常敬仰美式文化，什么都模仿，但是一旦中国经济发展有了变化，中国传统的历史文明自然而然会重新找回应有的位置，绝不会因为喜欢了咖啡而丢掉对茶的热爱。

今天的中国，走在回归中国的路上，这是世界上很多国家对中国完全不了解、不理解的地方。美国绝不应该把中国看成和苏联一样的假想敌，中美的对峙，绝不是70多年前冷战的重复。

按照第一次全球化浪潮和第二次全球化浪潮发展历史来看，英国、德国、日本、美国都在两次全球化浪潮中争夺过世界经济领导权。那么，第二次全球化浪潮与第三次全球化浪潮的交织会不会带来世界领导权之争呢？

全球化浪潮的领导者必须是全球化浪潮的规则制定者，也应该是全球化浪潮经济秩序的维护者，有着一个大国在全球化浪潮中的责任和担当。这些年来，随着中国经济力量的增强，中国开始在全球性事务中扮演着越来越多的角色，不仅遵守很多国际秩序，还积极主动地发起、创建了很多有影响力的国际组织，促成了"一带一路"倡议、亚洲基础设施投资银行、上海合作组织、博鳌亚洲论坛、中非合作论坛、金砖国家峰会的产生。但是，主动搭建国际舞台，完全是出于一个大国维护地区和世界和平以及发展经济的需要，是希望通过这些国际舞台的搭建，给地区和世界创造更多的经济文化交流的机会，中国并不是去谋求在这些组织中的权利和利益——这就是中国古老的传统文化回归的表现，和美国领导世界地区事务在价值观上存在天壤之别。

所以，我们应该拥护习近平主席提出的"创建人类命运共同体"的倡议。就是到了中国成为世界第一经济大国，第三次全球化浪潮处于绝对的领先地位的时候，中国也绝对不会是"人类命运共同体"中最大的利益获得者，而是人类经济社会发展和文明进步的最大贡献者。

第三次全球化浪潮掀起之后，不管中美之间是竞争还是合作，一定是中美共治。第三次全球化浪潮由于主要产业生态完全被通信和信息连接起来了，虚拟世界的零延时与第二次全球化浪潮时期还存在的各种贸易壁垒相比，有很大的不同。全球的政治秩序有比较明显的价值观差异，但是在经济上，相互之间的融合完全没有摩擦和影响国家概念。第三次全球化浪潮最终会把我们今天的经济生态彻底颠覆。

最大的不幸可能发生在欧洲。这个地区在第一次全球化浪潮和第二次全球化浪潮的几百多年里获得太多利益了，在老化的机制、人口结构、社会组织的影响下，将会从第一次全球化浪潮和第二次全球化浪潮的输出型经济转化为第三次全球化浪潮的输入型经济。来自中国、美国的第三次全球化浪潮带来的产业生态、生活方式、人工智能、智慧社会遍及欧洲的每一个角落。德国的默克尔、法国的马克龙、英国的特蕾莎·梅，这些欧洲政治领袖都十分清楚今天的欧洲面临的困境，我们也希望欧洲能够迅速找到应对和拥抱第三次全球化浪潮的方法。

重视实用主义的日本一定会重构和中国的关系，虽然不会再重现唐宋时代的中日关系，也不可能再出现甲午战争和抗日战争这样的占领和侵略行为，中国也不会对日本发动战争，但是美国对日本的影响力一定会下降。中日之间的那些不堪回首的往事不会再成为我们电视屏幕上的"抗日神剧"，在中日高度互补的经济链条上，日本永远有我们需要的产品、技术、服务。

在未来不长的时间里，一旦中国大陆和台湾地区实现统一，日本很快就会"脱欧回亚"。当然不是这样一个简单的关系，而是日本重新找到经济发展的重心，在第三次全球化浪潮过程中，与中国协同开发"一带一路"沿线的第三方市场，这是很好的回归。

再出现世界大战的可能性不大，军国主义和法西斯独裁政府难有生存的土壤。鉴于当前主要核大国的决策机制和世界军事力量的对比，没有任何一方具备发起核大战的能力，除非遭遇来自外太空的攻击。

但是，地区性战争热点还是不少，而且，第二次世界大战之后相对和平的年代持续了这么久的时间也已经不容易了。中东、南海、朝鲜半岛、台湾海峡都是存在战争风云的。如果中国参与战争，不是因为中国的领土主权受到威胁，就是因为中国统一的目标受到了法理上的干扰，还有就是因为涉及中国领土纷争。中美之间不可能发生在两国领土上的战争，但是为了某种利益，在某个敏感之地，涉及中国领土和统一这些原则立场的地方，发生冲突和战争也不是没有可能的。和平不能保证没有战争，战争永远都是为了更好的更加持久的和平。

两次全球化浪潮之交发生了很多变化。第三次全球化浪潮创造的经济总量，提供的就业机会，对我们社会经济结构的改变会超过第二次全球化浪潮时期的，人类社会完全进入第三次全球化浪潮时代。几个科学技术领域的相互融合与交叉将开创一个全新的世界文明。生物技术、能源技术、材料技术、通信信息技术、人工智能等各行各业给全球经济、政治、文化、社会治理、生态环境都会带来颠覆性改变。全球产业链、价值链、供应链也将随着这些变化而重构，世界经济重心和地缘政治重心也将会发生很大的变化。

当然有个前提，这样的结果在不发生全球性战争或者严重经济危机的情况下才能实现。这是第三次全球化浪潮实现的高度全球化的结果。全球的单边贸易壁垒和双边贸易封锁必将被彻底拆除，如果有政治因素、宗教因素而造成全球化的障碍，必将给这些国家带来经济上的严重损失。

如果有严重的地缘政治争端、单边贸易政策以及意识形态和国家体系的冲突，第三次全球化浪潮与第二次全球化浪潮不能有效地实现交织、融合、转化、渗透，不管是什么原因，都很难避免一场世界性经济危机。

原因是第二次全球化浪潮期间，中国经济的快速增长大大延缓了第二次全球化浪潮的衰退，给世界经济和社会作出了重要贡献，中国的这些贡献也有很多是以大规模过度投资拉动的，也是牺牲了中国经济的财务质量的。包括在 2008 年美国金融风暴期间大规模购买美国国债和大规模发行货币支持中国基本建设投资。10 多年前的通胀隐患一直没有得到解决。第二次全球化时期经济的高速增长已经伴随中国经济放慢增长速度而减缓了，第二次全球化浪潮需要和第三次全球化浪潮融合，因为第二次全球化浪潮已经失去了扩张时的增长动力，在高杠杆的压力、低增长的压力之下，如果再受到逆全球化的打击，爆发全球性金融危机、出现全球性经济衰退很难避免。

两次全球化浪潮交织，最大的热点一定是中美关系到底怎么发展。如果冲突减少、对抗减少，有利于两国也有利于世界。如果冲突加剧，也许就是美国走向衰退的起点。虽然中国和美国的差距很大，中国还存在很多问题，但是中国的政治稳定性将会一直持续，中美之间的各种力量对比基本上会发生根本性变化。中美经贸谈判如果顺利达成协议，有利于中国通过美国的压力，倒逼改革；而目前谈到一个好结果的协议已经不太容易了，美国对中国的施压，已经让中国对美国丧失了信心，不再抱期望。这对中国来说，压力确实增大了，但是美国最不了解的中国的另一面就会释放出来，中国反而会高度团结一致，激发出奋发、智慧的一面。貌似当年两个超级大国的局面可能会出现，但是，中国的朋友圈更多，中国的手段更多。这个时候的美国与中国比较，比较缺乏更多的竞争手段，对这么一个成熟的国家来说，变革太难！而中国的变革一直在路上，从未停息。

第二大热点就是，不管中美之间怎么发展，满世界都会看到中国的身影。这个身影最大的场景供应就是 5G 展开的万物互联。中国的创意，中国的创业者，中国大大小小的企业，中国在 5G 应用场景上的各种制造，就会像很多年前全世界的百货公司一样，要找到一种不是中国制造的商品都很难。按理说，印度和中国一样具备全面发展 5G 和移动互联网的条件，印度一度在全球软件领域占有很大的优势，但是在移动互联网时代，印度的很多 APP 公司都是中国的，阿里巴巴、京东、小米、华为这些公司很有可能成为第三次全球化浪潮中在印度市场的领导者，而美国的 Facebook、亚马逊未来很难在印度市场战胜中国企业。第三次全球化浪潮一定是由中国创业者、中国企业家全面走向全球化而推动的浪潮，这个浪潮不带多少意识形态，没有多少公有制走向全球的色彩，一旦中国企业和创业者的全球化力量被激发出来，我相信这不是第一次全球化浪潮时的洪水猛兽，也不是第二次全球化浪潮时的巨浪滔天，而是终日持续的泛起白沫的细浪，无处不在，细致无声。

第三次全球化浪潮，信还是不信，它都来了。

后记

　　这本书的第一个字是我在飞往以色列特拉维夫的航班上开始写的，没想到这本书又是在从以色列飞回北京的航班上画上句号的。以色列这个神奇而发达的国家，给我带来了不少的灵感。

　　可能是因为，这是一个最具全球化特点的国家。

　　当第一次全球化浪潮席卷而来的时候，犹太人还飘荡在世界各地。在第一次全球化浪潮与第二次全球化浪潮交替期间，犹太人在第二次世界大战中惨遭不幸，残酷的战争没有让他们销声匿迹，反而让他们获得新生。1948 年，这个从古老的文明发祥地——耶路撒冷失散流亡 2000 多年的民族，在亚伯拉罕、大卫王和所罗门的召唤之下，再次重逢，回到希伯来人的原点，不屈不挠地开始他们艰难的国家重建历程。

　　在地中海东南沿岸这么一个狭长地带，周边强敌如林，气候干旱少雨，以色列人从零开始，用了 70 多年时间，建造了中东地区唯一一个发达国家。

更为可贵的是，以色列是一个真正意义上的全球化国家。以色列建国，犹太人移民潮一浪高过一浪，从世界各地回到这里。他们没有第一次全球化浪潮带来的工业基础，但是却依靠在科学、教育、农业等领域的创新精神，给世界各国提供技术应用、科研成果、创新方法。几乎每一个发达国家都在使用以色列的技术成果和创新项目。如果要在全球范围内做科研和创新能力的评比，以色列一定是当之无愧的冠军。

感谢这个神奇的国度给我们树立了全球化的榜样，并给予我们信心。

我怀着激动而感激的心情来写这本书。关于三次全球化浪潮的见解也许是我的一个发现，遗憾的是，我很难把它写好。我觉得写好这本书至少需要 2 年时间，需要进行大量的文献查阅和整理工作，这样才会成为学术著作。但是，我的主要工作还是在推动中国企业全球化的具体项目上，我没有太多时间从事这样的研究，我希望我的这本书是抛砖引玉，能够引起更多专业人士关注、学习和研究全球化。

但我还是感到庆幸，因为我是第一个写全球化浪潮的中国人，我也是世界上第一个将三次全球化浪潮进行系统书写的人。我感谢这个时代给我的机会和勇气。

多少年来，我看惯了中国大小企业的潮起潮落，计划经济时期的国有企业、外商独资企业、中外合资企业、乡镇企业、民营企业等，40 年来，我观察很多、接触很多，总体感觉就是中国和全球化的关系与发达国家和全球化的关系有着根本上的区别。在过去的两次全球化浪潮中，中国都是被输入的一方，中国的全球化也主要体现在产品的全球化、贸易的全球化，而不是企业的全球化、资本的全球化、人才的全球化以及战略的全球化。

中国经济的全球化如果没有企业的全球化作为载体，如果中国企业不从输入式全球化转型成为输出式全球化，成长为真正意义上的全球化企业，中国经济的全球化也只能是低水平的全球化。

来自全球 100 多所大学的教授早在 2006 年就创办了一个国际化学术组织，叫"中国走向全球化协会（CGA）"，他们所创办的"中国走向全球化论坛（CGG）"已经举办了十二届。我非常荣幸地受邀出席了 2016 年在意大利古城马切拉塔举办的第十届论坛和 2018 年在上海举办的第十二届论坛。但遗憾的是，国内除了王辉耀先生创办的中国全球化智库之外，对于全球化，尤其是经济全球化的研究还不活跃。我希望本书能够唤起国内对于全球化浪潮的关注、重视和热情。

希望通过这本书，给中国打开一道全新的全球化天窗。